SERGIO FELLETI

I DOMINATORI DEL

MONDO ATTUALE

Amazon Independently published

Titolo | I DOMINATORI DEL MONDO ATTUALE
Autore | Sergio Felleti

ISBN | 9781710628890
Agenzia ISBN: International Standard Book Number
AIE: Ass. Italiana Ed. EdiseR srl – Milano - Italy

sergiofelleti@gmail.com
https://www.sergiofelleti.it

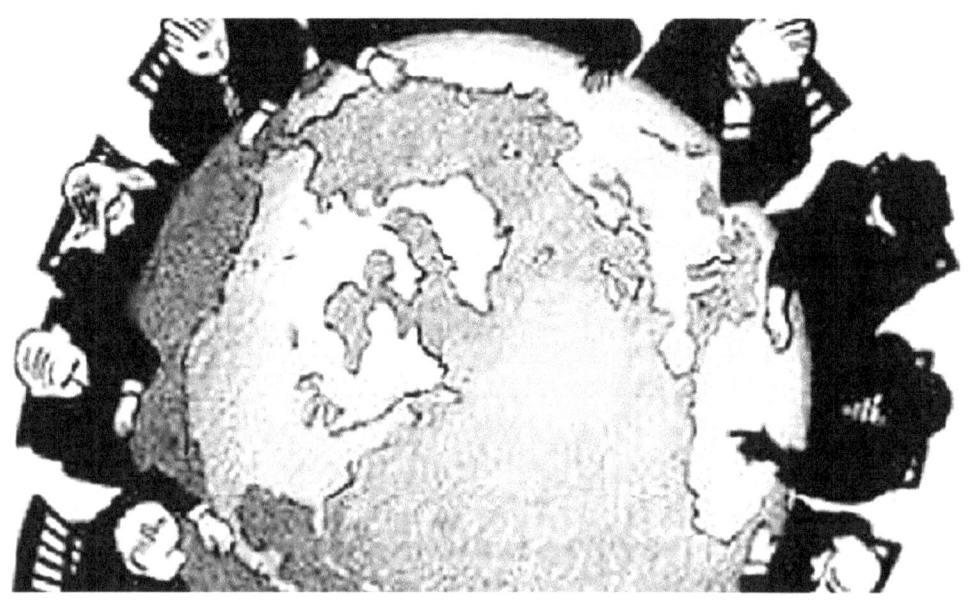

INDICE

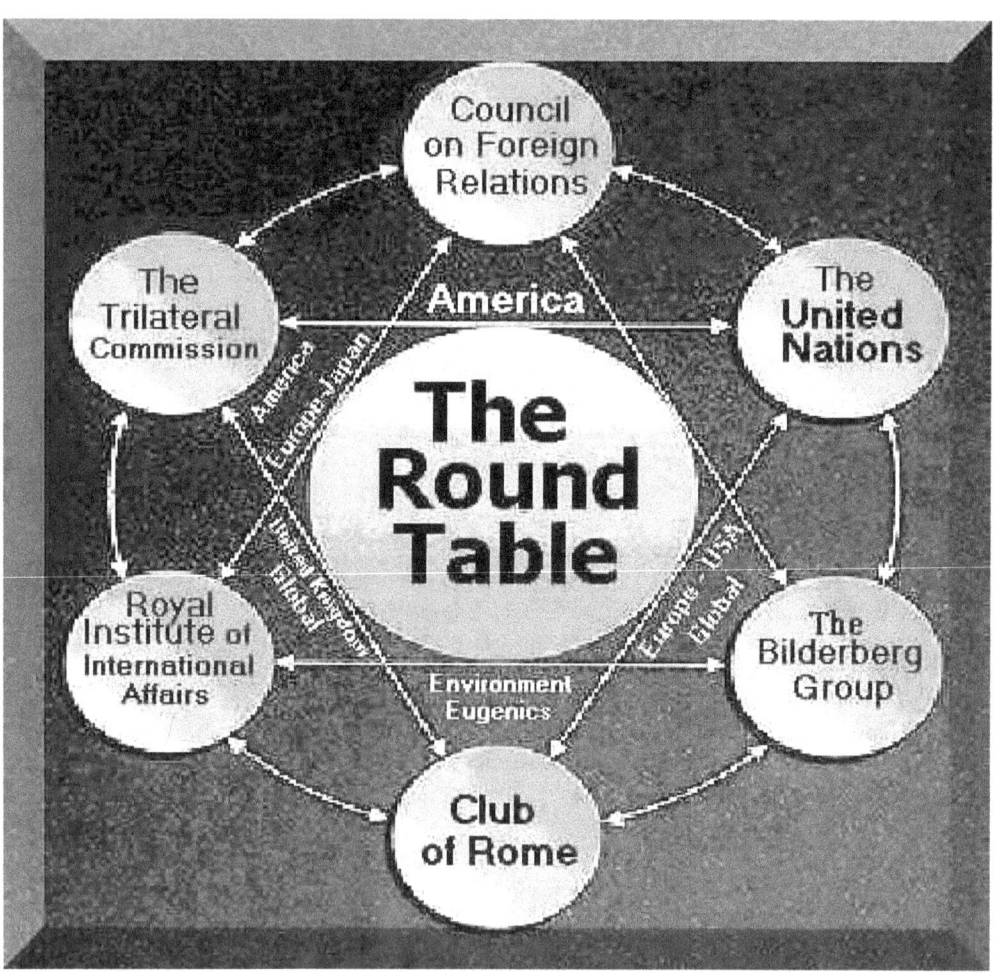

INTRODUZIONE

Sono soltanto in 1000 coloro che governano il mondo intero e che esercitano il potere su uomini, animali e vegetazione. Mille individui, invisibili come fantasmi e di cui la quasi totalità dell'umanità non conosce i nomi e non ha mai visto i loro volti.

Eppure, oggi dopo il terzo decennio del terzo millennio, questi sono i nuovi signori, i nuovi imperatori, i moderni faraoni del mondo odierno senza più confini, costoro sono riusciti a creare e a globalizzare una perversa tendenza dell'uomo e ad accentrare il loro potere sull'intera economia intercontinentale.

I primi 500 sono gli amministratori delegati delle multinazionali inserite nella lista di 'FORTUNE 500', le 500 maggiori imprese commerciali e monetarie del mondo. Questi gruppi transnazionali sono interconnessi, sono una rete solida nella quale tengono imprigionati gli oltre 7 miliardi di individui che abitano il nostro pianeta.

Questi 500 controllano la produzione di cibo, armamenti, energia, acqua e informazione. Ma soprattutto controllano la politica diventata damigella dell'economia e della sua degenerazione finanziaria.

Le politiche predatorie di questo grumo di potere oltre a devastare ambiente e Terra, ha con cibo spazzatura permesso ad una parte del mondo cosiddetto ricco di alimentarsi in maniera insalubre rendendo più di 2 miliardi di persone in sovrappeso, delle quali più di mezzo miliardo obeso.

Ogni anno nei Paesi occidentali 3.500.000 persone di ogni età muoiono per patologie legate alla sovra alimentazione. Sull'altro lato della medaglia ci sono i volti di quel quasi miliardo di uomini, donne e bambini che vivono nell'indigenza, sono malnutriti e oltre 40 milioni di loro muoiono annualmente.

Il sistema dei 1000 fantasmi è diabolico se si pensa che quasi il 40% del cibo prodotto finisce nella spazzatura. Basterebbero 50 miliardi di dollari per evitare tale olocausto annuale, una cifra irrisoria se si pensa che le élite economiche spendono 500 miliardi di dollari in pubblicità e circa 1.800 in armamenti.

Nei paesi definiti ipocritamente poveri, in realtà ricchi di risorse, fino a 40 anni fa, prima che il regno dei 1000 cominciasse la sua politica egemonica, non c'era malnutrizione. Poi con la distruzione delle economie di sussistenza, l'abbattimento delle barriere doganali e l'imposizione di monoculture per produrre mangime finalizzato alle mandrie bovine, si è rotto un equilibrio millenario.

Gli altri 500 padroni del mondo sono attribuibili all'ambito finanziario. Secondo l'Ufficio del Tesoro Usa sono cinque le Società di intermediazione mobiliare e le divisioni bancarie: Bank of America, J.P. Morgan, Goldman Sachs, Citybank e Hsbc Usa; più cinque banche: Deutsche Bank, Credit Suisse, Ubs, Citycorp-Merill Linch e Bnp-Paribas che in totale controllano più del 90% dei titoli dei derivati emessi. Questi individui gestiscono l'economia virtuale.

La finanza, un tempo al servizio dell'economia, è cresciuta fino a diventare 15 volte la parte maggiore ed essenziale dell'economia reale. Difatti, una grande massa di capitali (destinata a deflagrare) circolano sui computer degli speculatori internazionali e di banchieri a cui è stato concesso di controllare persino l'emissione della moneta globale.

I capi di governo dei Paesi che aderiscono all'Ocse sono tutti dipendenti di questi 1000 individui. Sono succubi (ma anche complici) di un progetto di colonizzazione delle coscienze perfettamente realizzato. Oggi, ogni capo di governo svolge il ruolo di un attore che recita un copione già scritto. Anche Reagan inaugurò questa prassi nel 1980.

Le rarissime improvvisazioni vengono punite con l'immediata sostituzione dei recitanti di turno, come ad esempio i tecnici della finanza: Papandreou-Papademos e Berlusconi-Monti nel 2011.

La grande vittoria dei 1000 è esser riusciti ad innescare una sorta di pilota automatico; la direzione è quella imposta da un paradigma economico che è una mutazione neoliberista dato che poi sono gli Stati a pagare le conseguenze delle turbolenze finanziarie innescate dalla crescete brama di potere e ricchezza di questi individui.

Questa super élite è un governo mondiale ombra che semina consenso elargendo piccole e grandi posizioni di potere e persino premi, si pensi a quanta ipocrisia sia stato il Nobel per la pace riconosciuto ad Obama. Giornalisti, docenti universitari, economisti, politici tutti caduti in questa prigione intellettuale che difendono persino con ardore.

Ogni dissenso, spirito critico è bandito. Coloro che si permettono di mettere in discussione l'ordine costituito dai 1000 vengono emarginati, resi inoffensivi e persino eliminati (si pensi a Saddam e Gheddafi) come fu fatto, anche nel nostro Paese, con Enrico Mattei e Aldo Moro.

I PADRONI DEL MONDO USANO 25 REGOLE
PER SOGGIOGARE L'INTERO GENERE UMANO

Amschel Mayer Rothschild, banchiere ebreo tedesco della dinastia finanziaria Rothschild (rinominato dagli ebrei dell'Europa orientale come "il pio Rothschild") nel 1773 riunì 12 influenti banchieri è presentò loro un piano intercontinentale, protocollato in 25 punti, per "dominare tutte le ricchezze esistenti, la totale economia planetaria, tutte le risorse naturali e l'intera forza lavoro di tutto il mondo".

Egli svelò "come la Rivoluzione Inglese (1640-60) fosse stata organizzata e mise in risalto gli errori che furono commessi", egli disse:

«Quel primo periodo rivoluzionario fu troppo lungo, l'eliminazione dei reazionari non fu eseguita con sufficiente rapidità e spietatezza e il programmato "Regno del terrore", col quale si doveva ottenere la rapida sottomissione delle masse, non fu messo in pratica in modo efficace. Malgrado questi errori, i banchieri, che avevano istigato la rivoluzione, stabilirono una gran parte del loro controllo sull'economia totale e sul debito pubblico inglese».

Rothschild mostrò che i risultati finanziari ottenuti da quella Rivoluzione Inglese non erano nulla in paragone a quelli che si potevano ottenere con la sua moderna Rivoluzione mondialmente globale per realizzare un supremo governo mondiale, a condizione che i 12 presenti si unissero e rimanessero mentalmente uniti per mettere in pratica il piano rivoluzionario che egli aveva studiato nei minimi particolari e con assoluta diligenza.

I 25 punti strategici di Rothschild sono:

1) Usare la violenza e il terrorismo, piuttosto che le discussioni accademiche.

2) Predicare il "Liberalismo" per usurpare il potere politico.

3) Avviare la lotta di classe sociale.

4) I politici devono essere astuti e ingannevoli, qualsiasi codice morale lascia un politico vulnerabile.

5) Smantellare le esistenti forze dell'ordine e i regolamenti. Ricostruzione di tutte le istituzioni esistenti.

6) Rimanere invisibili fino al momento in cui si è acquisita una potenza tale che nessun'altra forza o astuzia può più minarla.

7) Usare la Psicologia di massa per controllare le folle. "Senza il dispotismo

assoluto non si può governare in modo efficiente."

8) Sostenere l'uso di liquori, droga, corruzione morale e ogni forma di vizio, utilizzati sistematicamente da "agenti" per corrompere la gioventù.

9) Impadronirsi delle proprietà con ogni mezzo per assicurarsi sottomissione e sovranità.

10) Fomentare le guerre e controllare le conferenze di pace in modo che nessuno dei combattenti guadagni territorio, mettendo loro in uno stato di debito ulteriore e quindi in nostro potere.

11) Scegliere i candidati alle cariche pubbliche tra chi sarà "servile e obbediente ai nostri comandi, in modo da poter essere facilmente utilizzabile come pedina nel nostro gioco".

12) Utilizzare la stampa e i media per la propaganda al fine di controllare tutti i punti di uscita di informazioni al pubblico, pur rimanendo nell'ombra, liberi da colpa.

13) Far sì che le masse credano di essere state preda di criminali. Quindi ripristinare l'ordine e apparire come salvatori.

14) Creare panico finanziario. La fame e la povertà viene usata per controllare e soggiogare le masse.

15) Infiltrare la massoneria per sfruttare le logge del 'Grande Oriente' come mantello alla vera natura del loro lavoro nella filantropia. Diffondere la loro ideologia ateo-materialista tra i "Goyim" (popoli-gentili).

16) Quando batte l'ora dell'incoronamento per il nostro signore sovrano del Mondo intero, la loro influenza bandirà tutto ciò che potrebbe ostacolare la sua strada.

17) Uso sistematico di inganno, frasi altisonanti e slogan popolari. "Il contrario di quanto è stato promesso si può fare sempre dopo…Questo è senza conseguenze".

18) Un Regno del Terrore è il modo più economico per portare rapidamente sottomissione.

19) Mascherarsi da politici, consulenti finanziari ed economici per svolgere il nostro mandato con la diplomazia e senza timore di esporre "il potere segreto

dietro gli affari nazionali e internazionali."

20) L'obiettivo è la realizzazione di un supremo governo mondiale stabile. Sarà necessario stabilire grandi monopoli, quindi, anche la più grande fortuna dei Goyim dipenderà da noi a tal punto che essi andranno a fondo insieme al credito dei loro governi il giorno dopo la grande bancarotta politica.

21) Usa la guerra economica. Deruba i "Goyim" delle loro proprietà terriere e delle industrie con una combinazione di alte tasse e concorrenza sleale.

22) Fai sì che il "Goyim" distrugga ognuno degli altri; così nel mondo sarà lasciato solo il proletariato, con pochi milionari devoti alla nostra causa e polizia e soldati sufficienti per proteggere i loro interessi.

23) Chiamatelo il Nuovo Ordine. Nominate un Dittatore.

24) Istupidire, confondere e corrompere i membri più giovani della società, insegnando loro teorie e principi che sappiamo essere falsi.

25) Piegare le leggi nazionali e internazionali all'interno di una contraddizione che innanzi tutto maschera la legge e dopo la nasconde del tutto. Sostituire l'arbitrato alla legge.

Ancor oggi, queste 25 nozioni di base ed altre tecniche strategiche sono le norme fondamentali attuate dai dominatori del mondo attuale per governare i popoli di ogni paese.

UN NUOVO ORDINE MONDIALE

Il programma per il raggiungimento del Nuovo Ordine Mondiale è noto a pochi ma si rivela in tutto il suo splendore nelle attuali crisi causate dalla Triplice e dai membri della Bilderberg i quali, sotto l'impulso delle grandi lobbies affaristiche raggruppate a Wall Street, delegano alla Commissione Europea (autoelettasi) ordini di carattere economico-finanziario atti alla disgregazione e alla sottomissione di intere nazioni.

Dopo essersi insinuati in tutti i rami del potere che conta e quello secondario, dopo aver defraudato la Costituzione di molte nazioni e aver loro imposto la rinuncia alla moneta nazionale (la Lira per l'Italia), il loro piano prosegue.

Queste lobbies impartiscono ordini e tali ordini vengono eseguiti oggi alla lettera da mandatari componenti della stessa Bilderberg, quali Monti per l'Italia e Papademos per la Grecia.

Ecco alcune citazioni a conferma di quanto sopra:

• *Thomas Jefferson, politico, scienziato e architetto statunitense. È stato il 3° presidente degli Stati Uniti d'America:*
"Se il popolo americano permetterà mai che banche private controllino l'emissione dei loro soldi, in primo luogo tramite l'inflazione e poi con la deflazione, le banche e le corporazioni che si svilupperanno tutt'intorno ad esse (alle banche), priveranno il popolo della sua proprietà fino a che i loro bambini non si sveglieranno un giorno senza casa nel continente che i loro padri hanno conquistato".

• *James Warburg, banchiere, di fronte al Senato USA, 17 febbraio 1950:*
"Avremo un governo mondiale, che vi piaccia o no. La sola questione che si pone è di sapere se questo governo mondiale sarà stabilito col consenso o con la forza".

• *1959 - The Mid-Century Challenge to U.S. Foreign Policy (La Sfida di Metà-Secolo verso la Politica Estera degli Stati Uniti) viene pubblicato, promosso dal Fondo della Famiglia Rockefeller:*
"...Nessuno deve sottrarsi, e in realtà dovrebbero accogliere favorevolmente l'incarico che la storia ci ha imposto. Il compito è quello di contribuire a formare un nuovo ordine mondiale in tutte le sue dimensioni -- spirituale, economico, politico, sociale".

• *Felix Frankfurter, giudice di Corte Suprema (1939-1962):*
"I veri governanti a Washington sono invisibili ed esercitano il potere da dietro le quinte".

• *18 Maggio 1972 - Nel parlare in favore della venuta di un governo globale, Roy M. Ash, direttore dell'Ufficio Amministrazione e Bilanci:*
"Entro due decenni il quadro istituzionale per una comunità economica mondiale sarà completato… [e] gli aspetti della sovranità individuale passeranno ad un'autorità sopranazionale".

• *Henry Kissinger, Premio Nobel per la Pace nel 1973:*
"Se controlli il petrolio, controlli le nazioni, se controlli gli alimenti, controlli i popoli".

• *David Rockefeller, banchiere statunitense é uno dei fondatori del gruppo Bilderberg e della Commissione Trilaterale - 1991:*
"Il mondo è pronto per raggiungere un governo mondiale. La sovranità sovranazionale di una élite intellettuale e di banchieri mondiali è sicuramente preferibile all'autodeterminazione nazionale praticata nei secoli passati."

• *David Rockefeller:*
Siamo sull'orlo di una trasformazione globale. Tutto ciò di cui abbiamo bisogno è la "giusta" crisi globale e le nazioni accetteranno il Nuovo Ordine Mondiale.

• *Papa Giovanni Paolo II - Roma, omelia del giorno - 1 gennaio 2005:*
"Le persone stanno diventando sempre più consapevoli della necessità di un Nuovo Ordine Mondiale".

• *Giorgio Napolitano, Presidente della Repubblica italiana- 31.12.2006:*
"Esiste sintonia tra me e il Papa Benedetto XVI nel sostenere un Nuovo Ordine Mondiale".

• *Giulio Carlo Danilo Tremonti, politico e accademico, Ministro delle finanze nel governo Berlusconi - Il Messaggero (14 febbraio 2009):*
G7 a Roma: "Crisi grave per tutto il 2009" - Tremonti: "Serve Nuovo Ordine Mondiale".

• *Il contrammiraglio Chester Ward, ex membro del CFR per 16 anni:*
"La più potente cricca tra questi gruppi elitari hanno un obiettivo in comune - vogliono ottenere la resa della sovranità dell'indipendenza nazionale degli Stati Uniti. Una seconda cricca di membri internazionali del CFR comprende i banchieri internazionali di Wall Street e i loro agenti chiave. In primo luogo, vogliono che il monopolio bancario mondiale da qualsiasi potenza finisca sotto il controllo del governo mondiale".

• *Barone Nathaniel Mayer Rothschild, banchiere e politico britannico:*
"Quando scorre il sangue per le strade, è il momento per comprare".

• *Joe Delgado, ex funzionario C.I.A:*
"Quello che ci aspetta è più pericoloso della distruzione nucleare".

• *Nicolas Paul Stéphane Sárközy de Nagy-Bócsa, politico e avvocato francese. È stato il 23esimo presidente della Repubblica francese:*
"Andremo insieme verso questo nuovo ordine mondiale. E nessuno, insisto, nessuno potrà opporsi".

• *Angela Dorothea Merkel (Kasner), politica tedesca e Cancelliera federale della Germania:*
"Chi sarà causa del fallimento dell'Euro sarà responsabile di gravi crisi internazionali".

• *1992 - The Twilight of Sovereignty (Il Tramonto della Sovranità) del membro del CFR (ed ex Presidente della Citicorp Bank), Walter Wriston:*
"Una vera economia globale richiederà un compromesso della sovranità nazionale. Non si può evadere il sistema".

• *Colonnello Mu'ammar Muhammad Abu Minyar 'Abd al-Salam al-Qadhdhafi, Gheddafi, rivoluzionario e politico libico. Ex Primo ministro della Libia. Gheddafi alle Nazioni Unite:*
"A cosa servono le Nazioni Unite se 5 Stati hanno il diritto di vita e di morte sugli altri? A cosa serve che noi veniamo a fare i nostri discorsi una volta l'anno alle Nazioni Unite, se nella sala accanto ci sono 5 Stati che decidono per voi che siete seduti qui. Voi 191 Stati siete solo ornamento in questa sala".

• *1985 - Norman Cousins, Presidente Onorario della Planetary Citizens for the World We Chose, viene citato in Human Events:*
"Il governo mondiale è vicino, di fatto, è inevitabile. Nessuna discussione a favore o contro può cambiare questa realtà".

• *D. Rockefeller, nel libro "Le mie memorie", pag. 405):*
"Alcuni credono che la mia famiglia sia collegata ad argomenti quali l'occulto e la cospirazione, azioni finalizzate alla caduta del governo statunitense. Io e la mia famiglia siamo accusati di volere sviluppare una struttura socio-economica e politica il cui fine è controllare il mondo. Se questa è l'accusa, mi dichiaro reo confesso".

Ve ne sono ancora altre migliaia di simili citazioni a favore dell'istituzione e della ormai esistenza del Nuovo Ordine Mondiale.

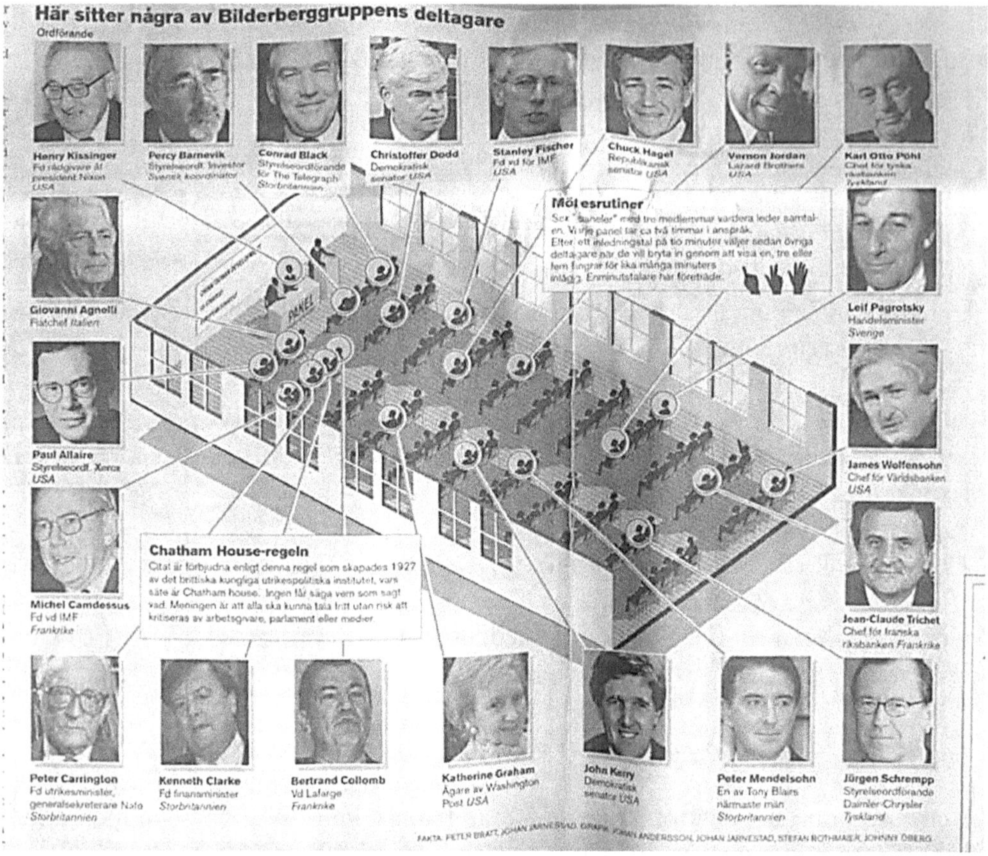

Här sitter några av Bilderberggruppens deltagare

Ordförande

Henry Kissinger
Fd rådgivare åt president Nixon
USA

Percy Barnevik
Styrelseordf. Investor
Svensk koordinator

Conrad Black
Styrelseordförande för The Telegraph
Storbritannien

Christoffer Dodd
Demokratisk senator USA

Stanley Fischer
Fd vd för IMF
USA

Chuck Hagel
Republikansk senator USA

Vernon Jordan
Lazard Brothers
USA

Karl Otto Pöhl
Chef för tyska riksbanken
Tyskland

Giovanni Agnelli
Fiatchef Italien

Mötesrutiner

Sex "paneler" med tre mediemän vardera leder samtal-en. Varje panel tar ca två timmar i anspråk. Efter ett inledningstal på tio minuter väljer sedan övriga deltagare om de vill bryta in genom att visa en, tre eller fem fingrar för lika många minuters inlägg. Enminutstalare har företräde.

Leif Pagrotsky
Handelsminister
Sverige

Paul Allaire
Styrelseordf. Xerox
USA

James Wolfensohn
Chef för Världsbanken
USA

Chatham House-regeln

Citat är förbjudna enligt denna regel som skapades 1927 av det brittiska kungliga utrikespolitiska institutet, vars säte är Chatham house. Ingen får säga vem som sagt vad. Meningen är att alla ska kunna tala fritt utan risk att kritiseras av arbetsgivare, parlament eller medier.

Michel Camdessus
Fd vd IMF
Frankrike

Jean-Claude Trichet
Chef för franska riksbanken Frankrike

Peter Carrington
Fd utrikesminister, generalsekreterare Nato
Storbritannien

Kenneth Clarke
Fd finanminister
Storbritannien

Bertrand Collomb
Vd Lafarge
Frankrike

Katherine Graham
Ägare av Washington Post USA

John Kerry
Demokratisk senator USA

Peter Mendelsohn
En av Tony Blairs närmaste män
Storbritannien

Jürgen Schrempp
Styrelseordförande Daimler-Chrysler
Tyskland

FAKTA: PETER BRATT, JOHAN JARNESTAD. GRAFIK JOHAN ANDERSSON, JOHAN JARNESTAD, STEFAN ROTHMAIER, JOHNNY ÖBERG

UNDERCOVER AT THE WORLD'S MOST ELITIST SECRET SOCIETY

■ The Bilderberg conference is where Britain and the West's power brokers meet to set the world to rights

■ They never reveal what's said – and security is military grade

■ But we infiltrated it and can tell you what was on the agenda

■ Surprise, surprise they're obsessed by populism and Trump. But the immigration crisis? Hardly a mention

by Sian Boyle

Where's the bar, the ex-head of the CIA asked me politely?

LA STORIA SEGRETA DEL NUOVO GOVERNO PLANETARIO

«Il mondo si divide in tre categorie di persone: un piccolissimo numero che fanno produrre gli avvenimenti; un gruppo un po' più importante che veglia alla loro esecuzione e assiste al loro compimento, e infine una vasta maggioranza che giammai saprà ciò che in realtà è accaduto».

Così si espresse Nicholas Murray Butler, e a questo proposito giova ricordare chi era questo personaggio. Il Dr. Nicholas Murray Butler è stato presidente dell'Università di Columbia, presidente della Carnegie Endwment for International Peace, membro fondatore, presidente della Pilgrims Society e membro del Council on Foreign Relations (CFR) e capo del British Israel.

Taluni autori denunciano, sempre con maggiore insistenza, che è in atto una cospirazione superpolitica, "religiosa" o satanica che coinvolge l'alta finanza, le massonerie e l'integralismo islamico. I fili della storia, asseriscono questi studiosi, si tirano proprio nelle logge massoniche e nei consigli di amministrazione delle multinazionali e delle grandi banche.

La Rivoluzione francese fu una congiura massonica, preparata da "società di pensiero" – uguali a quelle studiate da Augustin Cochin (1876-1916) – e da altri gruppi di pressione.

La Rivoluzione bolscevica fu una congiura giudaico-massonica. Diversi storici sono convinti di questo.

Lo stesso "Times" (10/3/1920) confermò il complotto: "Si può considerare ormai come accettato che la rivoluzione bolscevica del 1917 è stata finanziata e sostenuta principalmente dall'alta finanza ebraica attraverso la Svezia: ciò non è che un aspetto della messa in atto del complotto del 1773".

Estrema importanza assume, sempre al riguardo della rivoluzione russa del febbraio del 1917, il fatto che, non affatto casualmente, il governo fosse costituito principalmente da massoni, tra questi risaltava Kerensky.

È anche rivelatore il libro "Rossija nakanune revoljucii" di Grigorij Aronson, che fu pubblicato nel 1962 a New York e che riporta delle missive di E. D. Kuskova, moglie del massone Prokopovic, legato da grande amicizia al confratello Kerensky.

In una di queste lettere, datata 15/11/1955, si legge: "Avevamo la 'nostra' gente dappertutto. (...). Fino a questo momento il segreto di questa organizzazione non è stato mai divulgato, eppure l'organizzazione era enorme. Al tempo della rivoluzione di febbraio tutta la Russia era coperta da una rete di logge".

L'iniziato Jean Marques-Rivière scrisse: "L'esoterismo, con la sua forza sul piano ideologico, guida il mondo".

Non bisogna stupirsene

È innegabile il diffondersi, nelle maglie della nostra società, di una subdola propagazione di idee, combattute con inflessibilità dalla Chiesa, ma non estirpate del tutto, che ora godono di un pericoloso risveglio e diffusione. È una letteratura imponente quella dei cosiddetti cospirazionisti, disprezzata dagli storici ufficiali, che, invece, non obiettano quando la stessa metodologia viene adottata dalla sinistra e dall'estrema sinistra, vedi "golpe De Lorenzo", "strategia della tensione", ecc. che non sono altro che capitoli di una teoria della cospirazione, che nega di esserlo.

Il lato occulto della storia contemporanea è complesso e, oltremodo, variegato. Insospettabili VIP. del mondo che conta sono affiliati ad oscuri ordini esoterici. L'ex presidente americano George Bush è un 33° grado della Massoneria di Rito Scozzese, lo ha rivelato Giuliano Di Bernardo, Gran Maestro della Massoneria italiana, al quotidiano "La Stampa" (23 marzo 1990).

Bush sarebbe stato iniziato, nel 1943, alla setta "Skull and Bones" (Teschio e Ossa) dell'Università di Yale, fondata nel 1832. George Bush ha diretto anche la Cia. La Skull and Bones assieme a società come il Rhodes Trust, secondo l'autorevole rivista inglese "Economist" (25/12/1992), sono la moderna risorgenza degli "Illuminati di Baviera" di Jean Adam Weisshaupt (1748-1830).

Anche suo padre Prescott sarebbe stato membro della setta "Skull and Bones". Di essa farebbero parte le più potenti famiglie degli Stati Uniti (1). Tra queste vale la pena di menzionare "la famiglia Harriman, della Morgan Guaranty Trust, è Skull and Bones da generazioni. Petrolio: ci sono i Rockefeller, fra gli iniziati. Studi legali di grido. Poltrone alte della Cia. Vicepresidenza degli Stati Uniti".

È anche molto interessante venire a sapere che, secondo quanto scrive lo storico Antony C. Sutton in "America's Secret Establishment" (liberty House Press. Bilings 1986, pagg. 207 e segg.), la "Skull and Bones" è collegata al movimento New Age e ad essa, asserisce ancora Sutton, non sono estranei aspetti satanisti. Marylin Ferguson nel suo libro "The Aquarian Conspiracy", una vera e propria Bibbia del movimento New Age, mette assieme Huxley con Teilhard de Chardin, Carl Gustav Jung, Maslow, Carl Rogers, Roberto Assagioli, Krishnamurti, ecc. tra i personaggi, che sono da considerare come padri spirituali del New Age. Aldous Huxley e suo fratello Julian, quest'ultimo fu il primo dirigente dell'U.N.E.S.C.O., erano anche membri di importanti affiliazioni mondialiste, tra queste ricordo l'anglosassone Fabian Society.

Sui vertici del mondialismo, René Guenon, che era un 33° grado del 'Rito Scozzese Antico Accettato' e anche un 90° grado del 'Rito Egiziano di Memphis-Misraim', ebbe ad affermare: "…ma dietro tutti questi movimenti non potrebbe esserci qualcosa di altrimenti temibile, che forse neanche i loro stessi capi conoscono, e di cui essi a loro volta quindi, non sono che dei semplici strumenti? Noi ci accontenteremo di porre questa domanda senza cercare di risolverla qui" (*cit. da "Il Teosofismo", edizioni Arktos, 1987, vol. II, pag. 297*).

Ritornando alla "Skull and Bones" la sua importanza può essere ben compresa se si riflette che, nel 1917, essa diresse, tra l'altro, quel centro finanziario denominato "120 Brodway", finanziatore del bolscevismo in Russia e del nazismo in Germania che, tra l'altro, portò al potere. Non ci si meravigli se, a questi livelli, parole come "destra e sinistra" non hanno più significato, più esattamente, non si bada a razze, religioni o ideologie: questi sono solo mezzi da utilizzare per raggiungere il fine ultimo, su scala mondiale, con l'antica strategia del "divide et impera".

E, a questo punto, non meraviglia venire a conoscenza delle trattative segrete intercorse tra George Bush ed alte personalità del governo dell'Iran, che poi hanno portato allo scandalo dell'Irangate. Gli accordi furono resi possibili da Khomeini e dal suo entourage, comprendente buona parte dei suoi ministri, il capo della polizia, il comandante dell'esercito, il procuratore generale del tribunale islamico, il capo della polizia segreta, ecc., sono, o sono stati, affiliati alla Grande Loggia dell'Iran, che è sottoposta alla dipendenza della Gran Loggia d'Inghilterra.

È poi noto che l'ex presidente George Bush è esponente di rilievo della Sinarchia internazionale, figura di spicco del C.F.R., della Trilaterale, della potente Pilgrims Society oltre che della Skull and Bones.

È anche interessante accennare ad un articolo, firmato M. Dornbier, apparso, il 29 gennaio 1991, sul giornale messicano "Excelsior" che spiegava lo "smisurato sionismo" di Bush documentando la sua origine ebraica secondo quanto indicato nell'Enciclopedia ebraica castigliana. Bush è inoltre un W.A.S.P. (White Anglo-Saxon Protestant), ovvero un americano convinto che la sua origine razziale e le sue convinzioni religiose lo pongano al di sopra degli altri uomini.

Scrive Blondet che "secondo Sutton, lo storico della 'Skull and Bones', la stessa locuzione 'Nuovo Ordine Mondiale' descrive il fine ultimo che gli affiliati alla società segreta di Yale s'impegnano a perseguire...

A questo i membri dell'Ordine s'impegnerebbero a giungere attraverso la gestione di conflitti artificialmente generati, come quello tra nazismo e comunismo.... Per Sutton, questa filosofia segreta dell'Ordine rivelerebbe la sua origine tedesca (che Sutton ritiene di poter provare): gli iniziati sarebbero dei tardi seguaci di Hegel, votati a far progredire il mondo attraverso opposizioni, tesi e antitesi, per poi comporle in una sintesi superiore. L'ipotesi, affascinante, può essere superflua.

A noi sembra sufficiente evocare uno dei motti, delle insegne della Massoneria, che suona: Ordo ab Chao, l'Ordine (nasce) dal Caos".

L'idea del "Nuovo Ordine del Mondo" è perseguita con accanimento. Del presidente Bill Clinton, scrive Epiphanius (Op. cit. pag. 497): "la sua educazione l'ha ricevuta nella britannica Oxford, dove venne ammesso nel super elitario 'Rhodes Group', una società superiore dell'area del Potere affine alla 'Skull and Bones", come scrisse l'Economist' inglese nel suo numero del 25 dicembre 1992.

L'Economist' elencava una decina delle maggiori 'società d'influenza' del mondo occidentale rivelando la loro comune derivazione dall'Ordine degli Illuminati di Weisshaupt fondato nel 1776. Clinton appartiene anche al C.F.R., alla Commissione Trilaterale e al Bilderberg...". Clinton ha portato con sé Les Aspin (CFR) che, tra l'altro, ha firmato la "Dichiarazione di Interdipendenza", che è, in sostanza, - una mozione del Congresso che nel 1962, proponeva di cancellare dalla Costituzione ogni dichiarazione di sovranità nazionale, in quanto ostacolo all'instaurazione di un 'Nuovo Ordine Mondiale'".

"Il Rhodes Group – ci fa sapere ancora Epiphanius, alla nota 145, pag. 497, del suo "Massoneria e sette segrete" (cit.) – nacque nel 1891 per iniziativa di Lord Cecil Rhodes, ricchissimo personaggio legato ai Rothschild, assieme a Lord Milner, Lord Isher, Lord Balfour e un Rothschild, intorno all'idea-guida di organizzare una federazione mondiale di cui U.S.A. e Impero britannico sarebbero stati il centro propulsore.

Il mezzo per attuarla consisteva in una selezione elitaria dei quadri protagonisti degli ambienti universitari, politici, finanziari. Attorno a questo nucleo iniziale permeato delle idee mondialiste e socialiste della Fabian Society, sorsero i gruppi della Round Table che a loro volta, nel 1919, diedero vita ai due odierni pilastri del potere mondialista, cioè gli Istituti Affari Internazionali britannico (R.I.I.A.) e americano (C.F.R.).

Il Rhodes Group, al pari della Skull and Bones, controlla il C.F.R., (che a sua volta controlla la Trilaterale), il governo-ombra americano il cui comitato direttivo annovera personaggi in grado di gestire bilanci superiori a quello annuale lordo americano".

Ritornando al progetto del Nuovo Ordine Mondiale, già il 17 febbraio del 1950 il banchiere James Warburg, alla Commissione Esteri del Senato, era stato fin troppo chiaro quando aveva affermato: "Che vi piaccia o no, avremo un governo mondiale, o col consenso o con la forza". Anche con le stragi.

Il Palazzo Federale "Alfred P. Murrah" ad Oklahoma, U.S.A., viene fatto saltare in aria da una tremenda esplosione, il 19 aprile del 1995. Le vittime furono 168. Furono sospettate dell'attentato e arrestate tre persone: Timothy McVeigh, Terry Nichols e James Nichols.

L'FBI ha iniziato "col dichiarare che il meccanismo esplosivo era un'auto-bomba imbottita di 1.000 libbre di esplosivo. Poi era un'auto con 1.400 libbre. In seguito si trattava di un camion con 4.000 libbre. Adesso è un furgone per traslochi con 5.000 libbre di esplosivo".

Ted Gunderson, ex dirigente dell'FBI, al contrario di quanto vuol far credere il Dipartimento di Giustizia Americano e cioè che si è trattato di "una singola semplice bomba fertilizzante", ha affermato che: "la bomba era un congegno elettroidrodinamico a combustibile gassoso (bomba barometrica), che non è possibile sia stata costruita da McVeigh... la bomba utilizzata era un sofisticato congegno A-neutronico, usato dall'esercito americano...".

Sam Cohen, padre della bomba neutronica, il 28 giugno dello stesso anno, al telegiornale della KFOR-TV ha dichiarato:

"Non mi interessa quanto fertilizzante e gasolio hanno usato, non sarebbe mai stato sufficiente. Cariche di demolizione, piazzate sulle colonne chiave, hanno fatto lo sporco lavoro". Antefatto: non è stato molto pubblicizzato che, "il 28 marzo 1994, l'Assemblea Legislativa dello Stato dell'Oklahoma passò una risoluzione che colpiva quello che veniva percepito come un programma di governo mondiale. Fu il primo e forse il solo Stato ad approvare tale legislazione".

Di seguito sono riportati alcuni estratti relativi alla decisione dell'Assemblea Legislativa dell'Oklahoma:

Risoluzione N. 1047

Una risoluzione in relazione alle forze militari degli Stati Uniti e alle Nazioni Unite; si presenta una petizione al Congresso affinché cessi determinate attività concernenti le Nazioni Unite...

Considerato che non c'è appoggio popolare per l'instaurazione di un "nuovo ordine mondiale" o di una sovranità mondiale di qualsiasi tipo, sia sotto le Nazioni Unite o sotto qualsivoglia organismo mondiale in qualsiasi forma di governo globale;

Considerato che un governo globale significherebbe la distruzione della nostra Costituzione e la corruzione dello spirito della Dichiarazione di Indipendenza della nostra libertà e del nostro sistema di vita... sia deliberato dalla Camera dei Rappresentanti della seconda Sessione della 44ma legislatura dell'Oklaoma:

Che al Congresso degli Stati Uniti sia con la presente rammentato di:

(...) cessare ogni supporto per l'instaurazione di un "nuovo ordine mondiale" o qualsiasi altra forma di governo globale.

Che al Congresso degli Stati Uniti è con la presente rammentato di astenersi dal prendere qualsiasi ulteriore iniziativa verso la fusione economica o politica degli Stati Uniti in un organismo mondiale o qualsiasi altra forma di governo mondiale. (Fonte: Newsgroup alt. conspiracy, via Pegasus computer networks, Australia)".

Cosa dire di questi fatti? Quale oligarchia misteriosa dirige, in segreto, i vari governi delle nazioni?

Lasciamo al lettore il compito di arrivare a delle conclusioni.

Alla luce di certi accadimenti i governi, la politica e gli stessi politici assumono contorni sbiaditi, sfumati. Misteri che travasano nella storia altri misteri frammisti a bugie. Pochissimi, forse, sanno che "Il fascismo non è nato in Italia e in Germania. Ebbe la sua prima manifestazione in Russia, col movimento dei 'Cento Neri', completo già all'inizio del '900 nelle sue azioni e nei suoi simboli: la violenza politica, l'antisemitismo feroce, i neri stendardi col teschio".

Chi tira i fili della storia?

Ricercare certe dinamiche è cosa ardua specie quando riguarda la sfera politica e ciò che sembra del tutto casuale, in molti casi, è stato attentamente preparato. Franklin Delano Roosvelt, presidente americano e 33° del Rito Scozzese, nonché appartenente alla Pilgrim Society e al C.F.R., il governo-ombra americano, affermò:

"In politica nulla accade a caso. Ogni qualvolta sopravviene un avvenimento si può star certi che esso era stato previsto per svolgersi in quel modo". Quindi una oscura oligarchia, tira le fila di fantocci, solo apparentemente, alla ribalta della scena politica.

Aveva ragione Benjiamin Disraeli, statista inglese del secolo scorso, quando disse:

"Il mondo è governato da personaggi ben diversi da quelli creduti da coloro i quali non sanno guardare dietro le quinte".

Neppure i partiti contano poi molto. Essi stessi sono a loro volta manovrati, usati, in relazione a degli scopi precisi.

René Guenon ci informa, nel suo articolo "Réflexions à popos du pouvoir occulte" pubblicato, con lo pseudonimo di Le Sphinx, sul numero dell'11 giugno 1914, pag. 277, della rivista cattolica "France Antimaconnique", che: "Un potere occulto di ordine politico e finanziario non dovrà essere confuso con un potere occulto di ordine puramente iniziatico…

Un altro punto da tenere presente è che i Superiori Incogniti, di qualunque ordine siano e qualunque sia il campo in cui vogliono agire, non cercano mai di creare dei 'movimenti' (…). Essi creano solo degli stati d'animo (état d'esprit), ciò che è molto più efficace, ma, forse, un poco meno alla portata di chiunque.

È incontestabile che la mentalità degli individui e delle collettività può essere modificata da un insieme sistematico di suggestioni appropriate; in fondo, l'educazione stessa non è altro che questo, e non c'è qui nessun 'occultismo' (…).

Uno stato d'animo determinato richiede, per stabilirsi, condizioni favorevoli, e occorre o approfittare di queste condizioni se esistono, o provocarne la realizzazione".

Al riguardo dei movimenti rivoluzionari sempre il Guénon, nel suo libro "L'Esoterismo di Dante" (Ediz, Atanòr, Roma 1971), spiega: "...tali movimenti sono talvolta suscitati o guidati, invisibilmente, da potenti organizzazioni iniziatiche, possiamo dire che queste li dominano senza mescolarvisi, in modo da esercitare la loro influenza, egualmente, su ciascuno dei partiti contrari". Sul fenomeno del terrorismo delle Brigate Rosse e su quello di estrema destra, il giudice Pietro Calogero, uno dei magistrati che più ha studiato il problema, ammetteva l'esistenza di: "una rete di collegamenti che si raccoglie intorno a un centro di interesse unitario, che permette ai due terrorismi di procedere insieme nell'assalto dello Stato".

Quali misteriosi personaggi si celano dietro le quinte dei vari governi?

Serge Hutin racconta, a tal proposito, quanto accadde ad uno scrittore inglese che sotto lo pseudonimo di Robert Payne pubblicò a Londra, nel 1951, un'opera intitolata "Zero. The story of terrorism". Payne cercò di dimostrare che la strategia del terrore ha abili registi dietro le quinte dei governi apparenti. All'uscita della pubblicazione si verificarono tutta una serie di "coincidenze" molto strane.

Tutte le copie del libro furono acquistate da misteriosi personaggi prima ancora che venisse messo in vendita. I giornali ignorarono l'opera nonostante il carattere sensazionale delle rivelazioni in essa contenute.

La casa editrice Wingate, una delle più importanti di Londra fallì improvvisamente.

Robert Payne morì qualche mese dopo in circostanze a dir poco misteriose.

Hutin osserva "La sola spiegazione possibile era che l'autore avesse scoperto l'esistenza, a livello mondiale, di governanti occulti...".

La domanda che ora si pone è: come si procederà alla frantumazione degli Stati per la realizzazione del Governo Mondiale?

Scrive Blondet: "Michel Albert è un grand commis della politica sovrannazionale... oggi presidente delle Assurances Générales de France, una delle grandi entità finanziarie che hanno promosso il Mercato Unico Europeo.

Nel 1989, Albert ha pubblicato un saggio, subito tradotto in Italia dall'editrice il Mulino con il titolo:

Crisi, Disastro, Miracolo. Il libro contiene una prognosi sulla fine degli Stati nazionali che rivela un'analisi sicuramente elaborata negli uffici-studi della Trilaterale, e un progetto di ingegneria sociale. ...

"L'Europa '92 lancia il Mercato Unico all'assalto degli Stati nazionali. Li smantellerà". Come? Con "l'anarchia che risulterà" da "un mercato libero e senza frontiere in una società plurinazionale che non riesce a prendere decisioni comuni".

A questo "disastro" pianificato, l'oligarchia spera seguirà il "miracolo": gli Stati nazionali devastati invocheranno "una moneta comune, una Banca centrale europea e un bilancio comunitario". Il programma, tuttavia, era già chiaro nel lontano 1957: "Creare un mercato monetario e finanziario europeo, con una Banca europea (...) il libero flusso dei capitali tra i paesi membri e, infine, una politica finanziaria centralizzata".

L'attuazione del programma per insediare un "Nuovo Ordine Mondiale" collegato al movimento "New Age", o chiamata anche "Nuova Era", "Età dell'Aquario" o Era del "Condor", come dicono gli studiosi delle civiltà pre-colombiane, si articola in più strategie per realizzare questa grande utopia della parodia del Romanum Imperium.

Fantapolitica e tendenza al complottismo? Tutt'altro. Ecco due esempi italiani. Notate cosa la rivista americana "Eir" scrisse:

"Il 2 aprile 1993... il capogruppo Dc alla Camera, Gerardo Bianco, e il suo collega al Senato, Gabriele De Rosa, presentano un esposto alla procura di Roma, chiedendo di appurare se c'è una cospirazione politica per distruggere l'ordine costituzionale italiano (...) Gli scandali rappresentano un tentativo da parte delle forze Anglo-Americane, segnatamente la Fra Massoneria, di orchestrare una generale destabilizzazione della nazione italiana per distruggere il sistema politico esistente e insediare un nuovo ordine, a loro più gradito".

Ai cronisti, che chiedevano a Mancino cosa c'è dietro le stragi italiane, lui rispose: "Non escludo un ruolo della finanza internazionale".

Strategie occulte della "Secret Fraternity Bancaria Internazionale"

David Rockefeller "credendo di parlare a orecchie fidate, nel '91... ha ammesso:

1) che una cospirazione esiste 'da quaranta anni';

2) che essa ha lo scopo di instaurare nel segreto 'un governo mondiale' è la sovranità nazionale' dei banchieri;

3) che il nemico dei cospiratori è 'l'autodeterminazione nazionale'".

Nel frattempo, si verificano nel mondo barbarie, solo apparentemente, prive di sottile regia, occulta naturalmente.

Ed è interessante apprendere quanto il misterioso personaggio "esperto di un genere assai speciale", che fa da sfondo al tema trattato da Blondet ne "Gli "Adelphi" della dissoluzione, in una lettera indirizzata allo scrittore suggerisce:

"Può anche darsi che il Nuovo Ordine Mondiale non possa avviarsi a un'epocale clash of civilizations, come alcuni insiders già auspicano in America, ma si limiti a sgranare stermini e genocidi locali, killing fields per poveri stracciони, danze di Shiva e di Kali su carnai confinati a luoghi dove l'uomo è abbondante e 'sprecabile'. (…).

Un'accusa è sempre pronta, a squalificare e ridicolizzare chi esprime ad alta voce le idee che io sommessamente descrivo: quella di 'complottista', di allucinato immaginatore di complotti universali.

A queste lapidazioni moderne si prestano volontari precisi ambienti giornalistici; espressione di una categoria umana tra le più artificiali, la più ridicolmente sicura di 'vivere' in proprio, mentre è la più totalmente 'vissuta' e agitata dalle idee correnti, dagli états d'esprit dominanti, dai climi culturali egemoni che 'Altri' hanno pur diffuso nell'aria".

IL LATO OSCURO DEL NUOVO ORDINE MONDIALE

L'Organizzazione delle Nazioni Unite non rappresenta effettivamente quel Governo Globale tanto osannato dalla letteratura del settore quanto esecrato e deriso dai mass-media in generale. Non ancora, perlomeno.

L'ONU, al momento attuale, è solamente il passaggio ultimo e obbligatorio per giungere a qualcosa di più potente e centralizzato, un vero e proprio "Ordine" in grado di "controllare e proteggere" il mondo intero, con un esercito, una lingua e una moneta propria.

Un sistema globalizzato e globalizzante con l'obiettivo di uniformare – per gestire al meglio – tutti i Paesi del pianeta e soprattutto le loro economie. Un sistema assolutamente fascista. Nell'antica Roma il "fascio" era il simbolo del potere dei magistrati: una scure circondata da verghe di olmo e betulle legate assieme.

Oggi, al posto della scure troviamo il denaro e invece delle verghe le corporazioni: tutte strettamente avvinghiate attorno al denaro!

Nonostante siano passati migliaia di anni, la situazione non è cambiata: quando il potere è concentrato in poche persone, la democrazia non esiste più.

Il "Nuovo Ordine Mondiale" è molto simile al Grande Fratello profetizzato da George Orwell nel suo capolavoro, 1984 (se non lo avete ancora letto, fatelo quanto prima).

La differenza è che non stiamo parlando di un romanzo, ma della nostra vita. È sufficiente, infatti, analizzare attentamente, in maniera critica, la storia e i più recenti accadimenti geo-politici per rendersi conto di come gli eventi stiano procedendo inesorabilmente su questa strada.

Ma andiamo per ordine

Cominciamo parlando della "Conferenza per la Pace" che ebbe luogo il 18 gennaio 1919, subito dopo la fine della Prima Guerra Mondiale, sancita nel lussuoso Castello di Versailles tra i Paesi usciti vittoriosi. Un trattato di non belligeranza che aveva lo scopo di trasformare il mondo di allora in uno migliore e privo di guerre: quello di oggi. Che illusione e che delusione!

L'attuale situazione politica dell'Europa si può dire che rispecchia, con qualche differenza, proprio i voleri del Trattato di Versailles.

Un Trattato che, secondo il banchiere miliardario americano Vanderbilt, fu «concepito in uno spirito di odio e di malvagità, di accecamento e di follia e a esso è imputabile la maggior parte, se non la totalità, dei mali d'Europa».

Nello stesso anno, a Ginevra venne costituita un'organizzazione molto importante: la "Società delle Nazioni" (S.d.N.), un'associazione a carattere confederale, cioè un'unione di governi e non di popoli che aveva come scopo il mantenimento della pace nel mondo.

Promossa dal presidente degli Stati Uniti d'America, Woodrow Wilson, venne accettata dagli stati vincitori della guerra (Inghilterra, Francia, Italia, Giappone, ecc.) a esclusione proprio degli Stati Uniti.

La "Società delle Nazioni" era essenzialmente caratterizzata da tre organi:
• l'Assemblea, formata da tutti gli Stati membri i quali avevano diritto di voto;
• il Consiglio, composto da pochi stati e soprattutto dalle grandi potenze;
• il Segretariato Generale, l'organo esecutivo.

Il mantenimento della pace era giuridicamente affidato a entrambi gli organi attivi, l'Assemblea e il Consiglio, ma si può dire che quest'ultimo, in cui prevalevano le superpotenze, in pratica aveva la possibilità di imporre le risoluzioni.

Oggi sappiamo che la "Società delle Nazioni", operante nel breve periodo fra le due guerre, dal 1919 al 1939, non conseguì gli scopi per i quali era stata costituita poiché non ebbe l'appoggio necessario né dalle grandi potenze, né dagli altri stati membri.

Il suo mandato, infatti, fu rispettato, per così dire, solamente per una ventina d'anni, cioè fino allo scoppio della disastrosa Seconda Guerra Mondiale.

L'insuccesso della S.d.N. dipese dall'atteggiamento dei rappresentanti in seno al Consiglio, il disinteresse dell'Inghilterra e della Francia, e principalmente dalla mancata adesione degli Stati Uniti alla Società nel 1919.

Per questi motivi la "Società delle Nazioni" fu soppiantata dall'odierno governo dei "caschi blu": l'ONU (Organizzazione delle Nazioni Unite), i cui accordi vennero elaborati in varie tappe: inizialmente durante la Conferenza di Teheran (28 novembre – 1 dicembre 1943), poi a Bretton Woods (22/7/1944) e a Dumbarton Oaks (Washington, 27 agosto – 7 ottobre 1944), infine durante la Conferenza di Yalta (4 – 11 febbraio 1945) e la Conferenza Internazionale di San Francisco il 26 giugno 1945.[5]

Quindi, ricapitolando:
• la Prima Guerra Mondiale porta alla nascita della Società delle Nazioni;
• dopo la Seconda Guerra Mondiale si giunge alla fondazione delle Nazioni Unite;
• e perciò, secondo logica, dovremo aspettarci una Terza Guerra Mondiale che porti alla nascita del Nuovo Ordine Mondiale.

Non è così assurdo, se ascoltiamo attentamente le parole che l'arcivescovo di York, William Temple, disse durante il Congresso dell'Unione Universale per la Pace del 1937: «Potrebbe essere necessario che si addivenga a una nuova terribile guerra per ristabilire l'autorità della "Società delle Nazioni"; potrebbe accadere che la generazione attuale e le future siano decimate, sacrificate, affinché la "Lega di Ginevra" ne esca riaffermata, come l'ultima guerra fu indispensabile alla sua creazione».

Quindi, anche se non sono uno strenuo sostenitore della logica, devo ammettere che lo scoppio della Terza Guerra Mondiale per instaurare il Nuovo Ordine Mondiale non è un'ipotesi da scartare!

Attenzione però, non si tratterà di una guerra mondiale come la intendiamo noi, o per lo meno come ce la mostra Hollywood, ma di qualcosa che avrà più a che vedere con lo scontro tra il Bene e il Male.

Terrorismo afgano, iracheno, arabo, palestinese, pachistano, irlandese, basco, iraniano, siriano, e chi più ne ha più ne metta: questo è il Male; Stati Uniti d'America e alleati, invece, rappresentano il Bene.

«Tutti uniti per combattere il Male», sono le profetiche parole del Presidente degli Stati Uniti, George W. Bush. Il Presidente texano esorta candidamente la coscienza planetaria a organizzarsi per combattere l'ultima grande guerra, la più tremenda e infima: quella al terrorismo!

Una guerra invisibile che s'insinua all'interno del tessuto sociale come un cancro.

Purtroppo, la "chemioterapia occidentale", il Bene, con la scusante del terrorismo ha carta bianca per promulgare leggi che le permettono di "operare" dove e come vuole. Interventi che spesso e volentieri, sfidando il calcolo delle probabilità, si concentrano in aree petrolifere o in quelle indirettamente collegate.

Strana coincidenza, vero?

Vedremo, invece, che le coincidenze non esistono, e che dietro ogni guerra ci sono sempre e solo interessi economici enormi.

Nulla di religioso, nulla di politico, nulla di etnico. Queste sono semplici coperture che vengono veicolate attraverso i mass-media per lobotomizzarci, impedendoci di vedere le vere motivazioni e la costituzione stessa di questo Nuovo Ordine Mondiale.

Continuerà a chiamarsi ONU?

Forse, ma potrebbe anche cambiare nome. Non è questo il punto. La cosa certa è che dovrà estendere l'attuale influenza politica all'intero pianeta e raggruppare la totalità o quasi dei Paesi del mondo, Asia e Americhe incluse.

Un'influenza che proprio in questi mesi si sta allargando a ben venticinque Paesi europei. La recentissima votazione avvenuta in Irlanda, infatti, ha concesso la possibilità di procedere a questo allargamento globalizzante. In un colpo solo gli stati membri sono aumentati di ben dieci unità. Una mossa strategica molto importante, se considerata in funzione del progetto di conglobare tutto e tutti!

Come per la "Società delle Nazioni", anche l'ONU è un'associazione confederale di governi, volontaria, perpetua e universale, il cui Statuto, però, conferisce al Consiglio di Sicurezza, e quindi alle grandi potenze, in primis agli Stati Uniti d'America, una netta prevalenza.

Ma il vero obiettivo di quest'organizzazione è di riunire tutti gli stati in un unico governo e sotto un'unica bandiera per facilitare, così, il lavoro dei Burattinai.

Una bandiera, anzi un logo, che racchiude, guarda caso, diversi simboli massonici: il mondo diviso in 33 settori e circondato da 13 foglie o spighe.

Il 33 è il numero del compimento e coincide anche con il massimo grado della massoneria del "rito scozzese antico e accettato".

Anche, nientemeno che Gesù Cristo stesso, quando è morto, spiritualmente parlando, aveva appunto 33 anni.

Presso i Celti il 33 era considerato un numero legato alla magia. Il 13, invece, è certamente il numero più conosciuto e per molti assai interessante.

Nei 22 Arcani Maggiori dei Tarocchi, esso è rappresentato attraverso l'immagine della Morte, intesa come momento di trasformazione, cambiamento e rinascita.

Nella tradizione cristiana in cui Giuda Iscariota, il traditore, viene accostato al 13 (Gesù più dodici apostoli), questo numero indica la gerarchia infernale. Inoltre, anche le streghe appaiono a gruppi di 13.

Per alcuni studiosi dell'alfabeto ebraico, il 13 è simbolo di distruzione e morte, come pure la trascrizione numerologica della parola "male".

Un simbolo sicuramente pregno di significati!

Ci saranno state delle ottime ragioni per scegliere questo logo invece di un altro; ma una simile concentrazione di simboli non è un po' strana? Così come sembra altrettanto strana la coincidenza che vede convergere la politica mondialista dei Burattinai con i trattati dell'ONU!

Se questa affermazione appare poco credibile, è giusto allora ricordare il rapporto di settantacinque pagine ideato come supporto all'iniziativa del Segretario Generale delle Nazioni Unite Kofi Annan per stabilire delle relazioni fra l'ONU e il mondo imprenditoriale. Il titolo del rapporto recita: «Le Nazioni Unite e il Commercio Globale».

Kofi Annan, durante il Forum Mondiale dell'Economia tenutosi nel 1998, davanti a una platea che vedeva presenti i potenti manager di industrie come la Coca Cola, McDonald's, Rio Tinto, Unilever, Alcatel, Henkel e molti altri, disse che «mercati fiorenti e sicurezza umana procedono di pari passo; senza l'una, non potremo avere gli altri».

Avete letto attentamente le parole del Segretario?

Il Rapporto mette in evidenza tutti i servizi globali molto spesso ignorati che il sistema delle Nazioni Unite fornisce ogni giorno.

Un esempio per tutti è quello della Commissione delle Nazioni Unite per il Commercio Internazionale (UNCITRAL).

Questa Commissione istituisce delle regole standard che vengono applicate dalle parti in causa nelle transazioni commerciali transfrontaliere, semplificando la procedura da seguire.

«Le Nazioni Unite non significano solo convegni e conferenze», come ha giustamente dichiarato John Ruggie, il Sottosegretario Generale dell'ONU «Una parte significativa – continua Ruggie – delle attività è la fornitura di quei servizi, elencati nel Rapporto, che servono di supporto al mondo imprenditoriale… permettendo la riduzione dei costi di transazione e dei rischi commerciali».

Ora il concetto è chiaro. L'ONU, tra una guerra e l'altra, un trattato di pace e l'invio di ispettori in giro per il mondo, fornisce tutti gli strumenti necessari agli industriali per agevolare i loro affari e i loro interessi nei Paesi in via di sviluppo. La conseguenza è che agevolando le corporazioni si agevolano anche i Controllori, che sono dietro le quinte di ogni impero economico.

A proposito di guerre, la recentissima e ingiustificata catastrofe umanitaria accaduta all'Iraq, che avrà sicuramente strascichi socio-religiosi incommensurabili, ha definitivamente sancito la morte politica dell'Organizzazione delle Nazioni Unite.

Una morte, come ho detto prima, dal punto di vista esoterico coincide sempre con una rinascita: e, in questo caso, di quale nascita stiamo parlando? Naturalmente di quella del Nuovo Ordine Mondiale!

Le modalità con cui questa guerra è stata scatenata (e non mi riferisco alle vere motivazioni, che vedremo meglio più avanti) sono state studiate nel dettaglio per provocare una spaccatura all'interno delle Nazioni Unite.

Oggi l'ONU ha perduto la sua autorità decisionale, se mai ha avuto quest'autorità, e soprattutto ha perso la faccia di fronte alle nazioni mondiali, per cui si renderà necessario recuperare le macerie di ciò che è stato e costruire un'entità più solida e duratura, qualcosa che assomigli a un Nuovo Ordine Internazionale.

Fin qui abbiamo affrontato l'aspetto politico delle Nazioni Unite; ma quale effetto produce l'unione sul piano psicologico e sociale?

L'Unione, in questo caso europea, ha lo scopo di eliminare le differenze, la storia, la cultura e le tradizioni dei singoli popoli.

I governi nazionali vengono soppiantati da un unico governo sopranazionale perdendo le proprie autonomie e democrazie e diventando tutti uguali.

L'Unione Europea, come spiega Ida Magli nel suo libro Contro l'Europa, tutto quello che non vi hanno detto di Maastricht, edito da Bompiani, è fondata su un razzismo ideologico che mira alla standardizzazione affermando che tutto è identico.

Non potendo certo eliminare coloro che non sono uguali sopprimendoli, negano l'esistenza delle differenze.

Come dire: essendo tutti uguali, è giusto essere governati nella stessa maniera. «In questo modo – continua l'antropologa Magli – si arriva alla disgregazione dell'Io nazionale che porta alla frantumazione dell'Io individuale».

Tutto ciò, naturalmente, per la gioia dei Burattinai. Manipolare milioni di persone prive d'identità è un gioco da ragazzi.

Da questo punto di vista, cosa possiamo dire della moneta unica, dell'Euro?

Nel momento in cui scrivo le problematiche sociali legate all'Euro sono già emerse. Quando paghiamo e/o acquistiamo qualsiasi cosa, il nostro cervello fa almeno una conversione, da Euro a Lire, per comprendere l'effettivo e intrinseco valore del prodotto.

Abituati da oltre un secolo a usare la Lira, ci vorrà molto tempo per fare nostro il nuovo sistema di computazione. Molto tempo.

Questo comporta un dispendio gratuito di energia.

I Francesi, se questo ci può consolare, stanno peggio di noi: il Franco, dopo ottocento anni di utilizzo, è stato accantonato in quattro e quattr'otto per fare posto alla moneta unica europea!

Storia a parte, l'avvento dell'Euro, in sinergia con la cupidigia di molti commercianti e con le speculazioni di molti industriali, in pratica ha provocato il raddoppio, o quasi, dei prezzi dei prodotti, quelli di consumo in primis.

Le pubblicazioni degli enti ufficiali di statistiche sull'inflazione sono veramente ridicole; calcolano il tasso – giustamente dal loro punto di vista – utilizzando un "paniere" composto da oltre un centinaio di prodotti che vanno dalle automobili alle cerniere lampo, fino al caffè. È logico che, alla fine dei conti, se prendiamo in considerazione, per esempio, la svalutazione delle automobili avvenuta negli ultimi anni, il valore dell'inflazione risulta molto basso, nell'ordine del 3-4%.

Ma se lo stesso calcolo viene eseguito esclusivamente con i prodotti di largo consumo, quelli alimentari per intenderci, il risultato si aggira sul 29-30%. Una bella differenza!

Questo è quanto emerso dalla recentissima e polemica indagine dell'Eurispes, l'Istituto di Studi Politici, Economici e Sociali.

Non è certo una novità, almeno per coloro che fanno la spesa di persona e soprattutto con i propri soldi. A differenza di un anno fa, la quantità di prodotti che portiamo a casa oggi, a parità di spesa, è decisamente inferiore.

Dal punto di vista sociale e culturale l'avvento dell'Euro è stata una manovra incredibilmente astuta, mentre dal punto di vista economico si è trattato di un'azione criminosa.

Prendiamo coscienza di questo fatto e poniamo grande attenzione al nostro denaro. Denaro che, oltre a volatilizzarsi sempre più rapidamente, viene addirittura creato virtualmente dalle banche.

Se qualcuno sta pensando che l'Euro mi ha dato alla testa, mettete mano al portafoglio e tenetelo ben stretto, perché il prossimo capitolo tratterà tra l'altro proprio di banche e di denaro.

UN GOVERNO MONDIALE INVISIBILE

L'umanità è sottomessa a un Governo Mondiale Invisibile composto di banchieri, petrolieri, finanzieri, proprietari d'immense fortune e proprietari della Banca privata della Federal Reserve USA. E' il governo onnipotente che impone e ordina agli stati nazionali. Lo statista inglese Benjamin Disraeli che sapeva di cosa parlava ha detto: "Il mondo è governato da personaggi molto diversi da quelli che immaginano coloro che non si trovano dietro le scene".

Il Senato degli Stati Uniti nel 1913 ha approvato un progetto con il quale la celebre e potente famiglia Rothschild fu autorizzata a unire le sue ricchezze e obiettivi economico-finanziari alla famiglia Morgan, proprietaria della banca e immensamente influente e ai famosi Rockefeller che possiedono incalcolabili fortune. Fino ad allora, era proibito che capitali esteri fossero coinvolti in banche statunitensi, come nel caso dei Rothschild, proprietari di capitale tedesco.

Il 23 dicembre 1913, la Banca privata della Federal Reserve acquistata da queste tre famiglie, si è impossessata degli Stati Uniti. Per volontà di costoro si dichiareranno guerre, attentati terroristici con conseguenze disastrose come quelle delle Torri Gemelle, secondo alcune ipotesi, gli attentati di Londra e Madrid, o gli omicidi di presidenti come dell'ecuadoriano Jaime Roldos Aguilera, del panamense Omar Torrijos, di J.F. Kennedy, Warren Harding, McKinley, Jonas Garfield, dell'africano Patrice Lumumba o di decine di tentativi per porre fine alla vita di Fidel Castro.

Queste famiglie, insieme ai gruppi che esercitano un innegabile potere, trafficano con armi di distruzione di massa o seminano morte e distruzione in tutto il mondo. Questi gruppi sono Carlyle, Bechtel, Lockheed Martin, Raytheon, General Dynamics, McDonnell Douglas, Boeing, Northrop Grumman. Nel 1913, il famoso aviatore Charles Lindbergh, che come senatore si oppose al progetto dei miliardari, riferendosi al progetto approvato, dichiarò: "... con questa legge si costituirà il Consorzio più gigantesco della Terra.

Quando il presidente la firmerà, legalizzerà il Governo Invisibile dei padroni del mondo". Alcuni analisti sostengono che a causa di queste affermazioni, suo figlio fu rapito e assassinato. Alcuni anni fa, James Warburg, banchiere associato ai Rothschild e ai Rockefeller, con assoluta convinzione non esente da cinismo, ha annunciato al Senato USA che "piaccia o no, avremo un governo mondiale. La questione è, se sarà raggiunto per consenso o per imposizione". Sono nove le famiglie che hanno denaro ed esercitano un potere assoluto. Hanno sviluppato le infrastrutture necessarie affinché la macchina del controllo dell'umanità funzioni. Miliardi di dollari pagano l'infrastruttura umana e un'organizzazione che domina i media e controlla le informazioni.

Nel suo libro "Tragedy and Hope", Carroll Quigley ha scritto, "la rete di cospirazione che tira le fila del mondo, è costituita da banchieri e capitalisti internazionali, cioè il mondo dell'alta finanza. Raccoglie intorno a sé un esercito di scienziati, tecnocrati, politici e attori burattini per fare da ombra alla sua alta politica".

E aggiungendo alcuni dati molto interessanti, come se non bastasse che "…gli imperi economici internazionali sono interessati a promuovere l'indebitamento dei Governi. Più alto è il debito, più costosi saranno gli interessi. Ma essi possono anche richiedere al presidente di turno privilegi fiscali, monopoli di servizi o appalti di opere. Se questo non accetta, causeranno la sua caduta, promuovendo agitazioni e scioperi che, nell'impoverire la nazione, lo costringe a cedere di fronte a ciò che chiedono".

Quando a George Bush padre chiesero dopo il crollo dell'Unione Sovietica cosa sarebbe successo, lui rispose: "What we says, goes" ("Quello che noi diciamo, accade"). Quel "we" (noi) non si riferiva specificamente al governo degli Stati Uniti, ma, secondo una teoria del ricercatore Garry Adler - al CFR, che è un ente finanziato dai Rockefeller noti dell'"Establishmen" americano, per "Il Governo invisibile".

Lo stesso Adler sentì dalla bocca di uno dei suoi leader, la seguente affermazione: "non importa chi votano le persone, voteranno sempre per noi …" Le principali "delegazioni" del CFR sono in Germania e a Tokyo. Un ex presidente del governo albanese in esilio ha anche dichiarato: "… un pugno di persone e il CFR prendono le decisioni. Si tratta di un potente "club privato" che domina tutti i governi del mondo. Sono in combutta. Piaccia o no, bisogna fare quello che dicono … "

I padroni del potere mondiale, cioè i potenti tra i potenti e che agiscono - non sempre nel rispetto della legge - ma come vere famiglie con pratiche in stile mafioso e, in qualità di proprietari della Federal Reserve sono i seguenti:
1) Famiglia Rothschild con sede negli Stati Uniti e tentacoli in Inghilterra, Germania e Israele.
2) - Famiglia Rockefeller sviluppata negli Stati Uniti e con forte influenza nell'impero e in Israele.
3) - Famiglia Morgan, proprietaria anche di potenti Banche negli Stati Uniti, Gran Bretagna e altri paesi.
4) - Famiglia Warburg con sede in America e potenti estensioni in Germania.
5) - Famiglia Lazard degli Stati Uniti con grandi influenze e investimenti in Francia.
6) - Famiglia Mosés Israel Seif di origine ebraico-ortodossa, con poteri economici e politici negli Stati Uniti, Italia e Israele.
7) - Famiglia Kuhn, Loeb con sede negli Stati Uniti e forti interessi in Germania
8) - Famiglia Lehman Brothers con sede e influenza negli Stati Uniti
9) - Famiglia Goldman d'indiscusso potere negli Stati Uniti.

Queste famiglie devono essere aggiunte al Gruppo Bildenberg. Tutti sono membri di selezionati "club" composti dai 500 uomini e dalle organizzazioni più ricche e influenti del mondo che si prefigge l'istituzione di un "Nuovo Ordine

Mondiale", sosteneva Marta Gonzalez, giornalista e direttrice del Circolo Bolivariano della Galizia. Il "Club Bildenberg" è composto da burattinai che, a nome di nove famiglie, tirano le stringhe del Governo Mondiale Invisibile.

La stessa giornalista, riferendosi a un documento sull'argomento ha dichiarato: "Ci sono stretti legami tra questi gruppi negli Stati Uniti e il mondo ebraico. L'enigmatica setta ebraica "B'Nai B'Rit" conta tra i suoi membri dell'élite tutti i "potenti" di cui sopra e, naturalmente, Henry Kissinger. I fondatori della "Trilaterale" o della stessa "Lyons Internazionale" estendono il loro potere in tutto il pianeta".

Questi sono i più fedeli alleati nella lotta per sconfiggere gli arabi e i palestinesi. Inoltre, l'attuale stato di Israele è conosciuto con il soprannome di "la corazza di sabbia" in chiaro riferimento alla loro subordinazione strategica in Medio Oriente rispetto agli interessi dell'impero governato dalle nove famiglie e le loro tetre attività:

Destabilizzare nazioni e Stati liberi, sovrani e indipendenti, rovesciare governi, pianificare ed eseguire omicidi, detenzioni, torture, sparizioni forzate di persone e, soprattutto di leader politici, sindacali, sociali, intellettuali, giornalisti e persino religiosi, sono le loro attività quotidiane. Queste attività sono costose, tanto quanto praticare il terrorismo di Stato contro altri Stati, popoli e i loro leader o organizzare atti di sabotaggio, pagare tangenti e corrompere civili, militari e polizia.

Ma il denaro è la loro abbondanza e questi investimenti immorali sono recuperati con interessi da usura dopo ogni atto criminale. Violare i diritti umani, causare genocidi, imporre blocchi come il violento e genocida blocco contro Cuba, causare altri genocidi ovunque sulla terra, burlarsi dei principi elementari del diritto internazionale e apparire, in cotanto impero, come custodi delle libertà, delle democrazie e difensori dei diritti umani, costa molto denaro e molto denaro è quello che avanza a queste famiglie.

Scatenare guerre, commettere ogni sorta di crimini orrendi ed esecrabili che siano, anche crimini di lesa umanità e continuare a essere impuniti, costa molto così come creare, organizzare e mobilitare le forze per intervenire ovunque e contro qualsiasi Stato o mantenere più di mille basi militari, aeree e navali disperse nei cinque continenti, in mari e isole, costa molto e l'impero e i proprietari dell'impero hanno tutto il denaro del mondo, accumulato esattamente dal sistema di sfruttamento imposto a livello globale e dall'incessante e spietata depredazione delle risorse naturali e umane.

L'impunità imposta dagli Stati Uniti in convenzioni e trattati con altri paesi è una garanzia per commettere tutti gli abusi e i crimini. Ricordate che gli Stati Uniti sono membri della Corte Penale Internazionale perché si rifiutarono di firmare il Trattato di Roma.

I proprietari del mondo, capi del Governo Mondiale Invisibile, come banchieri, finanzieri, petrolieri sono, anche, proprietari dei media che formano i grandi monopoli, come FOX, CNN, NBC, ABC, CBS, BBC, delle agenzie transnazionali di stampa, tra cui, l'UPI, AP, Reuteres, AFP che vengono gestiti, anche con capitali ebraici, sono comproprietari di studi immensi studi cinematografici o dei giornali come il New York Times, Washington Post e molti altri. Il mini impero di Murdoch paragonato ad altri, serve molto bene agli interessi conservatori dei proprietari della terra.

Tutti sono specializzati nell'uso di strategie per distrarre la popolazione con i tabloid, con scadenti programmi televisivi caratterizzati da superficialità, per offrire prodotti tecnologici di breve durata, reality show e cartoni animati violenti che mettono in ridicolo i valori fondamentali della famiglia o sottovalutano i valori fondamentali dell'umanesimo universale, inoltre, con la diffusione di notizie violente di aggressioni belliche che sono trasmesse dal vivo in diretta per dimostrare il "potere invincibile" delle forze imperiali o diffondono omicidi e crimini che riempiono la cronaca nera e che finiscono per distruggere a poco a poco la fiducia nel futuro, impedire l'unione, la solidarietà e la fraternità tra le persone e con le loro tecniche manipolatrici, cercano d'impedire una rivolta popolare in tutto il mondo.

Le famiglie della Federal Reserve sono proprietarie della NSA, la CIA, il Pentagono e sono azioniste di maggioranza della Inter-American Development Bank, Fondo Monetario Internazionale, Banca Mondiale, mentre i loro delegati e servi esercitano, anche, il diritto di voto nell'Organizzazione delle Nazioni Unite e nella NATO, nella prima con diritto di veto.

Le nove mega-ricche famiglie e i loro discendenti sono intoccabili per la giustizia ed esonerate dalle tasse per la vita. Sono proprietarie della pace, della guerra e della finanza, per questo, ogni volta che "acutamente" fanno un "salvataggio economico" in realtà, acquistano le banche e le finanziarie del mondo, e così si appropriano a poco a poco del paese che "salvano", per poi appropriarsi delle risorse naturali che permettono loro di moltiplicare, all'infinito, le loro smisurate fortune.

Gli Stati Uniti e le famiglie che li governano hanno le risorse economiche, tecnologiche, forze militari, sistemi d'intelligence con la CIA in testa, per realizzare tutti i tipi di operazioni pubbliche o clandestine, "legali" o criminali, con l'aggravante che i popoli del mondo, finiscono per pagare la corsa agli armamenti, gli interventi militari e i crimini imperiali, attraverso la rapina delle loro risorse.

Assurda e infame ironia è che i popoli "salvati" dovrebbero essere grati per gli interventi e le ingerenze che liquidano "la barbarie, il caos, l'anarchia," in difesa dei diritti umani, delle libertà e delle democrazie di tipo occidentale e cristiane. I popoli pagano con morti e feriti questi salvataggi "selvaggi".

Le nove famiglie e i loro servitori milionari e dipendenti anglosassoni costituiscono la "classe superiore" governante. A questo proposito, si potrebbe ben dire che la famosa rivista Forbes è una farsa perché mostra miliardari popolari di secondo livello come Bill Gates o Warren Buffet, riuscendo a distogliere l'attenzione dalle attività illecite che commettono i veri mega-ricchi all'interno della Federal Reserve.

Il governo invisibile è una realtà innegabile ed è composto da miliardari e magnati che sono quelli che realmente governano gli Stati Uniti nel loro ruolo d'impero. Non esiste governo, presidente o esercito che è al di sopra di loro, perché in verità sono i capi del governo degli Stati Uniti. Loro a volte organizzano, altre gestiscono e controllano gruppi molto potenti come il Bilderberg, CFR, Tavistoke Institute, e la CIA.

Sono la "classe superiore" nell'esercizio del potere reale e, naturalmente, sono le élite che decidono che guerra pianificare ed effettuare, che invasione realizzare o che paese attaccare, che presidente uccidere, che "attacco terroristico" per mostruoso o infame che sia, finanziare o commettere, che crisi economica pianificare e che scatenare "pandemia" inventare.

Lo scrittore-ricercatore statunitense G. William Domhoff, nel suo libro "Who rules America" (Chi governa gli Stati Uniti), sostiene che la classe superiore anglosassone degli Stati Uniti è la classe di miliardari che sono sulla lista specializzata annuale "Social Register", di miglior qualità rispetto a Forbes. Questa "classe superiore" sociale, economica e politica è il potere del potere, ed esercita un rigido controllo sulla CIA stessa, e quindi, sull'agenzia transnazionale del crimine.

Domhoff segnala: "Il rapporto tra i concetti di "classe dirigente" e "élite del potere" è perfettamente chiara, ma è altrettanto vero che si può creare confusione a riguardo a meno che non si paragonano e si contrappongano. Ricapitolando: la "classe dirigente" fa riferimento alla classe sociale superiore che possiede una quantità sproporzionata di ricchezza del paese (Stati Uniti), riceve una quota sproporzionata di reddito annuo del paese e fornisce un numero sproporzionato di membri alle cariche del governo.

Tuttavia, può accadere che alcuni dei membri di questo gruppo non si occupano di altro che di allevamento di cavalli, partecipare a corse di levrieri ed essere in stretti rapporti con la creme de la creme della colonia straniera.

L' "élite al potere" d'altra parte, include tutti coloro che occupano posizioni di leadership nelle istituzioni controllate dai membri della classe superiore (dirigente). Ogni membro dell' "élite al potere" non può appartenere alla classe superiore. (Caso Obama). Ciò che conta è se l'istituzione che serve è o non è governata dai membri della classe ... "

Per essere un membro della classe superiore statunitense, se non si appartiene alle nove sacre famiglie, bisogna essere anglosassone-uomo o donna professionista nella miglior tradizione dell'azienda privata; cioè senza principi etici, controllare alcuni settori industriali o finanziari, i sistemi di produzione e i mercati, le banche e le imprese d'importazione ed esportazione: e in particolare dirigere o controllare l'immenso complesso militare-industriale, possedere o essere parte delle compagnie auto-selezionate dal Dipartimento della Difesa o dal Pentagono per fabbricare e produrre tutti i tipi di armi, dalle convenzionali a quelle di distruzione di massa come le nucleari, armi chimiche e batteriologiche, armi satellitari, armi dotate di tecnologia di punta o di ultima generazione.

Naturalmente, il Dipartimento della Difesa, come la totalità del governo sono controllati dalla stessa "classe superiore" che governa saldamente il potere esecutivo, legislativo, giudiziario, elettorale, l'economia nazionale e transnazionale, le finanze pubbliche e private per questo contano sull'appoggio di politici, diplomatici, avvocati, giornalisti, scienziati e tecnici, così come è proprietario o azionista principale delle principali catene di radio e televisione, delle agenzie transnazionali di stampa e di giornali e riviste più influenti in tutte le lingue, media che controllano, anche, con miliardi di dollari erogati attraverso le più grandi agenzie mondiali di pubblicità di cui, curiosamente, sono proprietari o azionisti, o per lo meno le gestiscono economicamente attraverso i loro agenti.

Così immenso è il potere economico e politico delle nove famiglie e i suoi gruppi che, se si facesse un piccolo calcolo intellettuale, solo la ricchezza delle famiglie Rothschild e Rockefeller ripartita tra i sei miliardi di persone dei più di 7 miliardi che popolano il pianeta terra, a ciascuno corrisponderebbe la somma di tre milioni di dollari.

Per difendere questo potere economico, mantenerlo e rafforzarlo il Governo Mondiale Invisibile non conosce barriere di etica o di morale, e quindi, non c'è atto criminale, che non si decida di commettere, per aberrante che sia.

La giornalista e direttrice del Circolo Bolivariano della Galizia, Martha González, nella sua corrispondenza dice che Thierry Meyssan, saltò alla ribalta quando è uscito il suo libro "The Big Lie". Egli sostiene che "gli attentati dell'11-S sono stati effettuati da un segmento dell'Esercito degli Stati Uniti".

Meyssan, il cui libro è stato uno dei best seller in tutto il mondo, ha diffuso foto aeree del Pentagono, dimostrando che nessun aereo si era schiantato là e sostiene che il 10 settembre, 2001, Osama bin Laden è stato ricoverato in un ospedale in Pakistan, in dialisi, e che nello stesso giorno ha ricevuto la visita di un alto funzionario della CIA in quel paese.

"Vorrei - dichiarò Meyssan in una conferenza stampa a Madrid - che i cittadini tornassero a svolgere un ruolo più attivo e pensare a ciò che accade, senza credere ad ogni assurdità che viene detta loro, anche dal Dipartimento della Difesa degli Stati Uniti".

Gonzalez afferma che il 1° agosto 1972, dopo "il sabato delle streghe" Philip von Rothschild annunciò nel Casino Building de San Antonio, Texas (lo stato di Bush) e di fronte agli "onorevoli" membri del "Consiglio dei Tredici" i piani stabiliti per dominare del mondo a partire dal 1980.

La seguente dichiarazione segnava il punto di partenza: "Quando appariranno le luci di New York sapranno che il nostro obiettivo è stato raggiunto" casualità? No. Impossibile credere a tali coincidenze.

Così, alcuni analisti e ricercatori scientifici dicono che il capolavoro dei proprietari della Federal Reserve è stato l'attentato alle Torri Gemelle di New York. Essi sostengono che "utilizzando il potere di persuasione della televisione, è stato mostrato un video falso, in cui un attore si fa passare per Osama Bin Laden, per autoproclamarsi autore dell'attentato, quando in verità, le Torri contenevano esplosivi ad alto potenziale, collocati da agenti specializzati della CIA e aerei precedentemente preparati dall'esercito statunitense affinché si schiantassero contro le Torri. Per riuscire a compiere fedelmente questa ipotesi, l'umanità avrebbe assistito ad uno degli atti di maggior brutalità e sanguinario della storia.

Per abbondare in dettagli, i ricercatori che sostengono la teoria dell'auto-attentato, presentano le seguenti 10 prove:

1) - Crollo stile demolizione controllata delle due torri. Questo crollo si può notare a colpo d'occhio.

2) - La scomparsa di video che mostrano esplosivi, ben al di sotto di dove gli aerei si schiantarono e dove si vede il metallo fuso. Il carburante incendiato degli aerei non scioglie mai l'acciaio, né polverizza il cemento che richiedono temperature di maggiore entità.

3) - Il crollo alle 5 del pomeriggio (ore 17) di una Terza Torre: il WWC 7, senza che nessun aereo l'avesse toccata, fatto che è quasi passato inosservato.

4) - Resti di "termite" potente esplosivo usato nel settore delle demolizioni, che sono stati trovati nell'ubicazione del sito delle Torri Gemelle.

5) - Al Qaeda è il nome dato dalla CIA al movimento dei mujaheddin che hanno combattuto le truppe sovietiche all'inizio degli anni '80 l'accusa più ipocrita della storia!

6) - Gli Stati Uniti sono a corto di petrolio e pianificarono l'attacco per saccheggiare i campi di petrolio iracheni, commercializzare organi umani, appropriarsi dei campi di droga papavero/oppio dell'Afghanistan da esportare in Europa e in Asia. È stato riferito che aerei della NATO trasportano l'oppio verso i mercati europei.

7) - Ciò che ha colpito il Pentagono non era un aereo. Testimoni messi a tacere dalla CIA videro un missile teleguidato in una zona in costruzione del Pentagono, dove quasi non c'erano uffici. Per questo si è visto solo un buco e non i segni delle ali di un presunto aereo. Non hanno mai potuto presentare i resti dell'aereo precipitato né tantomeno i corpi dell'equipaggio o dei passeggeri.

8) - Dopo l'attentato alle Torri Gemelle che servì come pretesto perché Bush dichiarasse la guerra globale al terrorismo, lo stesso governo statunitense diede agevolazioni alla vera famiglia di Osama Bin Laden, partner, anche, nel business petrolifero di Bush, in modo che abbandonasse gli USA e che non si presentasse o si mettesse in contatto con la stampa.

9) - Presentazione in televisione di una lista fraudolenta di presunti "terroristi" che pilotarono gli aerei, quando la maggior parte di loro, nemmeno si trovava negli Stati Uniti, come verificato in seguito.

10) - La testimonianza del famoso regista e politico Aaron Russo sull'annuncio che gli fu fatto ad una festa, Nick Rockefeller lo informò di un "evento" ("attacco terroristico") che avrebbe aiutato gli Stati Uniti a prendere il petrolio iracheno, non meno di nove mesi prima che avvenisse la distruzione delle Torri Gemelle.

Si, la mafia bancaria-petrolifera della Federal Reserve è l'origine dei mali del nostro mondo attuale. Tutte le guerre, tutti gli attentati, provocazioni come ad esempio contro la Corea del Nord e l'Iran o la storia della pandemia dell' influenza H1N1 per favorire l'industria farmaceutica Gileas Scienze di proprietà di Donald Rumsfeld che fu Segretario della Difesa di Bush II, la crisi economica globale anticipata dal super computer High Frecuency, con sede a Wall Street, sono opera delle famiglie della Federal Reserve.

Tutti questi atti e molti altri che forse non sapremo mai, hanno le loro radici nelle decisioni prese dalle famiglie bancarie-petrolifere della Federal Reserve. "Sembra che gli eventi che oggi viviamo siano stati programmati da più di duecento anni da un élite di personaggi famosi, i cui sostenitori continuano ad operare nell'ombra". Il governo ombra è una realtà.

L'ultimo libro dello scrittore statunitense, Daniel Estulin, "El Imperio Invisible. La auténtica conspiración del gobierno mundial en la sombra", contiene informazioni scioccanti, ma a quanto pare ben documentate. "Estulin affronta diversi argomenti, tutti dalla stessa prospettiva di un governo mondiale nell'ombra, che controlla tutto e che il suo unico scopo è di tutelare gli interessi economici e di potere di un'élite mondiale che è stata qui da sempre, e questa sembra essere la sua auto-legittimazione a fare tutto quello che fa.
L'autore afferma:

"Da questo punto di vista, i loro piani di distruzione della domanda e il cataclisma economico hanno un senso. Se l'Impero Invisibile non avesse realizzato questo tipo di intervento per rallentare il ritmo della crescita economica, gli Stati-Nazione impegnati nel progresso scientifico e tecnologico sarebbero diventati dominanti. Ciò avrebbe significato la morte dell'oligarchia.

Implicherebbe la fine dell'Impero Invisibile. Le nazioni che promuovono lo sviluppo mentale e creativo dei loro popoli producono persone che non tollereranno all'infinito forme di governo oligarchico. I popoli analfabeti, intellettualmente e tecnologicamente arretrati, sì, lo faranno".

"Nell'ultimo capitolo del libro, il più inquietante, parla di terrorismo nucleare. Sostiene che sono stati intrapresi negli ultimi anni, alcuni attentati con mini-atomiche, tra cui:
1) - L'edificio federale Alfred P. Murrah, in Oklahoma nel 1995.
2) - La discoteca a Bali (Indonesia), 12 ottobre 2002.
3) - L'assassinio dell'ex primo ministro libanese Rafiq Hariri a Beirut (Libano) nel 2005.
4) - Quello delle Torri Khobar a Dhahran (Arabia Saudita) nel 1996.
5) - Quello del parcheggio del T-4 dell'aeroporto di Madrid-Barajas nel 2004.

E menziona anche come attacchi nucleari il "disastro nucleare" di Chernobyl, le ambasciate statunitensi in Kenya e Tanzania nel 1998, l'11 settembre delle Torri Gemelle o l'ambasciata australiana a Jakarta nel 2004. Incredibile, raccapricciante, inquietante.

Ci si chiede anche con un certo scetticismo: "È verità o finzione o lo scrittore delira? Però conoscendo l'Impero e le sue azioni criminali, tutto è possibile. Beatriz Navés, secondo uno studio realizzato, sostiene che il Gruppo Bilderberg è parte del governo mondiale ombra, che decide il futuro del mondo, in assoluta segretezza.

Il Gruppo Bilderberg o Club Bilderberg è una conferenza annuale non ufficiale di circa 130 ospiti. Il gruppo d'élite si riunisce ogni anno nel mese di maggio in un esclusivo hotel a 4 o 5 stelle in Europa, e una volta ogni quattro anni lo fa negli Stati Uniti o in Canada. I partecipanti a questa conferenza sono banchieri, esperti in difesa, baroni dei media, ministri, primi ministri, finanzieri internazionali e leader politici, che s'incontrano per quattro giorni in totale isolamento, e non consentono l'accesso alla stampa.

Il nome "Bilderberg" deriva dal dell'Hotel de Bilderberg in Oosterbeek, Paesi Bassi, dove si è tenuta la prima riunione nel 1954. Attualmente hanno una sede non ufficiale a Leiden, in Olanda.

I fondatori furono il principe Bernardo d'Olanda e David Rockefeller ma fu Joseph Retinger, un consulente politico polacco preoccupato per il crescente anti-americanismo in Europa occidentale, che alla fine ha proposto una conferenza internazionale con l'obiettivo di promuovere la comprensione tra le culture degli Stati Uniti e dell' Europa occidentale.

La lista degli invitati comprende due partecipanti per ogni paese per rappresentare le opinioni dei partiti conservatori e liberali. Il successo della riunione li portò ad organizzare una conferenza annuale. Fu costituito un Comitato Direttivo di 39 membri che nominarono Joseph Retingercome segretario permanente fino alla sua morte nel 1960, continuò nella carica Ernst van der Bengel. Il principe Bernardo d'Olanda fu il suo presidente fino alla sua morte nel 2004.

Il Comitato tiene un registro dei partecipanti per creare una rete informale di persone importanti. I suoi partecipanti più famosi sono: Juan Carlos I e la Regina Sofia di Spagna, Henry Kissinger, la regina Beatrice d'Olanda, Tony Blair, Bill Clinton, David Rockefeller, Angela Merkel, George Soros, Jacques Chirac, Donald Rumsfeld, ma anche partecipare Presidenti del Fondo Monetario Internazionale, Banca Mondiale, la Federal Reserve e Banca Centrale Europea.

Altri assidui visitatori sono i presidenti delle più grandi compagnie globali: Coca Cola, Pepsi, Ford, General Motors, Nokia, Motorola, American Express, Microsoft, Oracle, Ericsson, Shell, JP Morgan, Xerox, direttori della CIA e dell'FBI, segretari generali della NATO, e numerosi rappresentanti delle principali banche di tutto il mondo.

Lo scopo dichiarato dei membri del Gruppo Bilderberg è quello di promuovere la cooperazione economica e lo sviluppo tra i paesi occidentali contro il pericolo comunista globale, ma si sa che realmente il loro fine è il petrolio e il gas naturale del pianeta, perché coloro che controllano il petrolio di controllano la Terra.

Il giornalista investigativo statunitense Daniel Estulin, uno studioso dei piani del Gruppo, dice che "tutto ciò è parte di un conflitto globale per il controllo dell'umanità: l'obiettivo finale è un futuro che trasformerà la terra in un pianeta con un mercato unico mondo globalizzato, controllato da un unico Governo Mondiale".

Nulla sfugge al potere del Governo Mondiale Invisibile che aspira a controllare tutto ciò che accade sull'epidermide terrestre e ai suoi abitanti umani. Così creò il famoso Istituto Tavistoke. In un documento presentato dal Dott. Byron T. Weeks, MD, si afferma che l'Istituto Tavistoke ha come obiettivo fondamentale sviluppare campagne d'insidiosa propaganda e la manipolazione dell'opinione pubblica a livello mondiale.

Uno dei punti chiave della sua agenda è quello di sviluppare programmi scientifici che consentono il controllo mentale delle persone, per i quali conducono oscuri esperimenti che includono il lavaggio del cervello o facilitano conoscenze e tecniche alla CIA per svolgere i suoi esperimenti come il progetto segreto MK-ULTRA.

Il fondatore della Rand Corporation, Herman Kahn ha anche fondato l'Hudson Institute nel 1961. In Educating for the New World Order (Educare al Nuovo Ordine Mondiale), B.K. Eakman racconta il manuale di formazione per gli "agenti del cambiamento", sviluppato per il governo degli Stati Uniti dalla Rand Corporation.

L'autore John Quinn (NewsHawk) si riferisce ad un articolo di Byron Weeks, che riporta ciò che accade "esattamente a diversi livelli con gli straordinariamente estesi "viaggi di controllo" attualmente diretti contro le persone del mondo da elementi del governo globale ombra. Weeks, con molti documenti lascia intravedere il Tavistoke Institute, un istituto britannico attivo a livello globale che gestisce ogni movimento politico/governamentale di rilievo, nella maggior parte del mondo da 50 anni.

Per esempio, non vi siete mai chiesti chi c'è "dietro" diciamo, la CIA? Bene. Non giurano fedeltà all'America, questo è sicuro. Provate con la famiglia reale britannica, diceva. Quinn affermava che "Fondato nel 1947, l'Istituto Tavistock (30 Tabernacle Street, London EC2A 4DD) è un'organizzazione che unisce la ricerca nelle scienze sociali con la pratica professionale.

Affronta problemi di costruzione istituzionale e di progettazione e cambiamento organizzativo in tutti i settori: Governo, industria e commercio, salute e benessere, istruzione, ecc., sia nazionali sia internazionali, e i clienti vanno dalle grandi multinazionali ai piccoli gruppi comunitari.

L'ideologia delle fondazioni americane fu creata dall'Istituto Tavistock di Relazioni Umane di Londra. Nel 1921, il duca di Bedford, Marchese di Tavistock, l'11° duca, donò l'edificio all'Istituto per lo Studio degli effetti traumatici causati dai bombardamenti, nei soldati britannici sopravvissuti alla prima guerra mondiale. Il suo scopo era di stabilire il "punto di rottura" degli uomini sotto stress, sotto la direzione del Dipartimento di Guerra Psicologica dell'Esercito Britannico.

Sir John Rawlings-Reese segnala che il lavoro pionieristico del Tavistock è la scienza del comportamento, seguendo le linee freudiane di "controllo" degli esseri umani, lo collocò come centro mondiale dell'ideologia della fondazione.

"La sua rete di lavoro si estende ora dall' Università del Sussex negli Stati Uniti attraverso lo Stanford Research Institute, Esalen, il MIT, l'Hudson Institute, l'Heritage Foundation, il Centro per gli Studi Internazionali e Strategici presso la Georgetown, dove il personale del Dipartimento di Stato riceve formazione, il Servizio d'Intelligence dell'Air Force statunitense le corporazioni Rand e Mitre.

Il personale delle corporazioni deve seguire l'indottrinamento in una o più delle istituzioni controllare dal Tavistock. Una rete di gruppi segreti, la Società Mont Pelerin, la Commissione Trilaterale, la Fondazione Ditchley, e il Club di Roma è gestita seguendo le istruzioni della rete di Tavistock.

L'Istituto Tavistock sviluppò le tecniche del lavaggio del cervello massive che sono state utilizzate in via sperimentale sui prigionieri americani della guerra in Corea. I suoi esperimenti in metodi di controllo di masse sono stati ampiamente utilizzati sul pubblico statunitense, un attacco sottile ma comunque scandaloso alla libertà umana, modificando il comportamento individuale attraverso la psicologia positivista.

Tutte le tecniche fondanti americane e del Tavistock hanno un unico obiettivo: rompere la forza psicologica dell'individuo, e renderlo incapace di opporsi ai dittatori dell'Ordine Mondiale. Qualsiasi tecnica che aiuta a rompere l'unità familiare, e i principi instillati alla famiglia circa la religione, la famiglia, l'onore, il patriottismo e il comportamento sessuale, viene utilizzata dagli scienziati di Tavistock come arma di controllo della folla".

Come è evidente, nulla sfugge al potere imperiale del governo mondiale invisibile.

"Il Council on Foreign Relations (CFR) forma una discreta organizzazione di profilo pubblico molto basso, ed estremamente efficace, che comprende circa 3.600 membri di altissimo livello, prestigio e influenza nelle loro rispettive discipline ed ambiti di potere, sia negli Stati Uniti che in Europa. Riunisce i più alti dirigenti delle istituzioni finanziarie, colossi industriali e dei media, ricercatori, accademici, ufficiali militari, politici, funzionari pubblici, rettori di università e think tanks. Un vero governo mondiale invisibile.

Il Council on Foreign Relations (CFR) è un'organizzazione poco conosciuta, ma molto influente negli affari internazionali che è cresciuta in potere, prestigio e ampiezza di ambiti d'azione, al punto che oggi possiamo dire che forma il vero "cervello del mondo" che indirizza il corso complesso ed incerto verso il quale si spinge e si trascina l'intero pianeta.

Non esiste popolo, regione o settore economico, sociale o politico che può essere estratto dalla sua influenza ed è, esattamente il fatto di essere riuscito a rimanere "dietro le quinte" ciò che dà al CFR la sua inusuale forza ed influenza. Il CFR riunisce alti dirigenti di istituzioni finanziarie, colossi industriali e media, ricercatori e accademici, ufficiali militari di alto rango, e politici, funzionari pubblici e rettori di università e di Think tanks.

I suoi obiettivi fondamentali consistono nell' identificare e valutare l'insieme di fattori politici, economici, finanziari, sociali, culturali e militari che coprono ogni aspetto immaginabile della vita pubblica e privata degli Stati Uniti, dei suoi alleati e del resto del mondo. Oggi, grazie all'enorme potere degli Stati Uniti, l'ambito di analisi del CRF riguarda l'intero pianeta. In verità, il CFR forma un potente centro di analisi e pianificazione geopolitica e strategica.

Le sue ricerche e valutazioni sono condotte da vari ricercatori e gruppi di lavoro creati in seno al CFR, che si dedicano ad identificare le minacce e le opportunità del contesto globale, valutare i punti di forza e di debolezza di interessi raggruppati all'interno del CFR, e intraprendere ampi piani strategici, tattici e operativi in tutti gli ambiti...

Sono membri del CFR i massimi dirigenti delle grandi banche come la Chase Manhattan della famiglia Rockefeller, che si fuse con la banca J. P. Morgan, La Bank of America e l'attuale numero uno, Citigroup, la cui capitalizzazione oggi supera i 250.000 milioni di dollari, i dirigenti e opinion maker (formatori di opinioni, N.d.T.) degli otto monopoli dei media mondiali, i rettori e i presidi delle grandi università e facoltà come Harvard, MIT Massachusetts Institute of Technology, Columbia, Johns Hopkins, Princeton, Yale, Stanford e Chicago, e - fattore chiave in questa vera ruota di potere planetaria - le 150 posizioni chiave, del governo degli Stati Uniti incluse le cariche più rilevanti nelle loro forze armate".

L'umanità nel suo insieme deve porre fine alle guerre. Se la Federal Reserve non erogherebbe i soldi, la CIA non potrebbe commettere tanti crimini che rimangono impuniti né tanto meno si avrebbero le crisi globali che lasciano così tanto dolore e lacrime tra i popoli poveri che sono quelli che pagano l'appetito economico di coloro che si credono padroni del mondo.

Senza i proprietari della Federal Reserve sarebbero a disposizione dei bisognosi i farmaci che già esistono contro il cancro e l'AIDS, potrebbero essere messi in circolazione veicoli che non hanno bisogno di benzina derivata dal business del petrolio, ma siccome queste transnazionali della guerra e del crimine proprio business del petrolio, il globo terrestre continuerà ad inquinarsi fino alla fine della sua esistenza, ospitante della vita umana.

LA TEORIA DEL COMPLOTTO DEL NUOVO ORDINE MONDIALE

La teoria del complotto del Nuovo ordine mondiale (New World Order - NWO) è una teoria del complotto secondo la quale un presunto gruppo di potere oligarchico e segreto si adopererebbe per prendere il controllo di ogni paese del mondo, con il pieno totalitarismo al fine di ottenere l'intero dominio della Terra.

L'inizio del progetto mondiale per un nuovo secolo

Gli elementi di questa teoria del complotto mondiale furono presenti nella cultura popolare, già a partire dal XIX secolo. Giacinto de' Sivo, alto funzionario del Regno delle Due Sicilie, in due delle sue opere: 'Storia delle Due Sicilie' del 1863 e 'I Napoletani al cospetto delle nazioni civili' del 1861, riferendosi a questo concetto parlò di alcune organizzazioni segrete, tra cui: 'La Setta Mondiale e la massoneria'.

All'inizio degli anni 1990 il predicatore evangelico televisivo statunitense Pat Robertson sostenne che la locuzione "Nuovo ordine mondiale" sia nata all'inizio del XX secolo dall'uomo d'affari Cecil Rhodes, il quale teorizzava che l'Impero britannico e gli Stati Uniti d'America dovessero creare un unico governo federale sulla Terra, per costruire la pace nel mondo. Rhodes creò una confraternita: la Rhodes Scholarship, che nelle sue intenzioni avrebbe dovuto riunire i leader di questo nuovo governo federale.

Lionel Curtis, fedele sostenitore di questa teoria di un governo mondiale, fondò vari gruppi, denominati "della tavola rotonda di Rhodes-Milner" nel 1909, portando anche alla creazione dell'Istituto Reale per gli Affari Internazionali nel 1919 nel Regno Unito e del Council on Foreign Relations negli Stati Uniti nel 1921.

Il concetto si è ulteriormente sviluppato in casa di Edward M. House, un consigliere molto vicino a Woodrow Wilson durante le trattative sulla Società delle Nazioni. Altra importante fonte per questa teoria fu lo scrittore di narrativa d'anticipazione H.G. Wells, uno dei fautori del termine.

Una delle menzioni iniziali del NWO, secondo l'interpretazione dei sostenitori (detti: complottisti), sarebbe contenuta nella dichiarazione del 1975 del Presidente statunitense Gerald Ford, registrata poi dallo storico Henry Steele Commager:

«Dobbiamo unirci per costruire un nuovo ordine mondiale ... Al meschino concetto di "sovranità nazionale" non dev'essere permesso di distoglierci da quest'obiettivo».

Il testo è in realtà un rimando all'importanza della sovra-nazionalità nelle decisioni politiche internazionali e non è legato alla presunta organizzazione oggetto della teoria cospirativa.

Nell'ambito delle relazioni internazionali, l'espressione "nuovo ordine mondiale" fa invece riferimento a un nuovo periodo a seguito di importanti eventi nella storia; nel XX e XXI secolo lo hanno usato diversi uomini di stato, come Woodrow Wilson, Winston Churchill, Michail Gorbačëv, George H. W. Bush, Henry Kissinger, e Gordon Brown, per riferirsi a un periodo nuovo della storia così come fu dopo la seconda guerra mondiale o la guerra fredda. Tale uso è stato comunque interpretato dai complottisti come presunta prova della volontà di imporre un governo totalitario.

Tali teorie sono state ulteriormente sviluppate e approfondite dopo il collasso dell'Unione Sovietica e la dichiarazione, riguardante un nuovo ordine mondiale, fatta da George H. W. Bush l'11 settembre 1990. In questo discorso furono descritti gli obiettivi degli Stati Uniti per la cooperazione con la Russia, usando l'espressione "Nuovo ordine mondiale".

Le caratteristiche del NWO

Esistono numerose ipotesi, teorizzazioni e congetture indimostrate e più o meno fantasiose, spesso con temi e oggetti assai eterogenei e non correlati tra loro, sostenute da piccoli gruppi complottistici spesso in conflitto interpretativo tra loro.

Quella del New World Order farebbe parte di una teoria del complotto molto vasta ed articolata, che tocca diversi ambiti e contesti, fondantesi su una supposta collusione fra il commercio, la politica, l'economia, un ipotetico "governo segreto" e insabbiamenti, arrivando sino a teorie più estreme e spesso ritenute fantascientifiche come quelle di David Vaughan Icke, scrittore e giornalista britannico, tra i più noti autori e fautori di varie teorie del complotto.

Anche l'Organizzazione delle Nazioni Unite sarebbe una figura centrale di alcune teorie sul Nuovo ordine mondiale, ma nel XXI secolo sono entrate alcune teorie nell'immaginario collettivo, soprattutto fanta-complottiste. Teorie recenti includono i cosiddetti: "Rettiliani" e/o i "Grigi" o entrambi, la Commissione Trilaterale, gli Illuminati e altri gruppi più o meno para-politici-religiosi importanti.

Alcuni teorici sostengono che il congresso annuale del Gruppo Bilderberg, sia un ritrovo per tutti i complici del NWO. Addizionando l'escatologia religiosa, caratterizzante spesso ciò che è chiamato: l'anticristo, si arriverebbe ad incentrare più teorie, ognuna accomunate ad un'altra.

La simbologia del NWO

A volte, certi fregi o emblemi che, almeno apparentemente, sembrerebbero privi di un particolare significato, veicolano in realtà concetti filosofici o magici ben precisi che sfuggono ai «non addetti ai lavori». È il caso, ad esempio, del biglietto americano da un dollaro, il cui complicato simbolismo trae la propria origine da ambienti occultisti che non di rado impiegano segni per esprimere le proprie dottrine o per estrinsecare ai soli iniziati le proprie mire politiche.

La lettura di detti fregi è perciò possibile solo se si conoscono i veri significati di determinati simboli come la Piramide tronca sormontata dall'Occhio onniveggente, di certe divise o motti, o il valore cabalistico attribuito a particolari numeri che compaiono sul dorso della banconota statunitense da un dollaro. Leggendo questo agile articolo, il lettore scoprirà come dietro a questi fregi si celi un progetto di dominio planetario cui da secoli mirano quei «poteri forti» che sono le Società Segrete, prima fra tutte l'onnipresente setta massonica.

I sostenitori di questa teoria concordano su alcuni segni e costruzioni che rappresentano il Nuovo ordine mondiale; tra essi, ad esempio, un logo degli Illuminati nel retro del sigillo degli Stati Uniti d'America, con sopra scritto 'Novus Ordo Seclorum'.

Quello che viene indicato come il logo degli Illuminati è anche presente sulle banconote da un dollaro statunitense e, a partire dal 2006, pure sulle cinquecento Grivnie ucraine. Altri loghi massonici sarebbero riscontrabili su banconote di altri Paesi. Secondo i sostenitori di queste ipotesi complottistiche la cosa si presterebbe a confermare l'esistenza di una relazione fra i poteri massonici e il cosiddetto signoraggio monetario.

Le 6 punte della stella di Davide, situata sopra la piramide, 5 delle 6 punte (la sesta è la "visione del mondo") indicano le lettere messe ordinatamente S-M-O-N-A, che potrebbe essere anagrammato assieme come "mason" (massonico o, forse derivante da "omans", facendo pensare a "omens").

I credenti a questa teoria, inoltre, citano i 13 punti ascendenti alla piramide ed i 72 blocchi visibili nella parte anteriore. Al Great Seal degli Stati Uniti è stato attribuito il linguaggio simbolico massonico, molti credono che l'aquila rappresenterebbe la Fenice massonica. L'aquila tiene in un artiglio un ramo verde d'ulivo, tenente 13 olive e 13 foglie e 13 frecce nell'altra zampa. La ricorrenza e l'importanza del numero 13 è spesso attribuita alla sua importanza nella numerologia, andando poi ai 13 gradi della libera massoneria del Rito di York.

L'aquila del Great Seal ha 32 piume sull'ala destra e 33 sull'ala sinistra (32 e 33 sono i due più alti gradi della libera massoneria del Rito scozzese antico e accettato). Le teorie non complottistiche invece considerano semplicemente i 13 punti come un riferimento alle tredici colonie americane.

Stella di Davide composta da 13 stelle

E Pluribus Unum (13 lettere)

Scudo con 13 bande verticali

13 foglie e 13 frutti

13 frecce

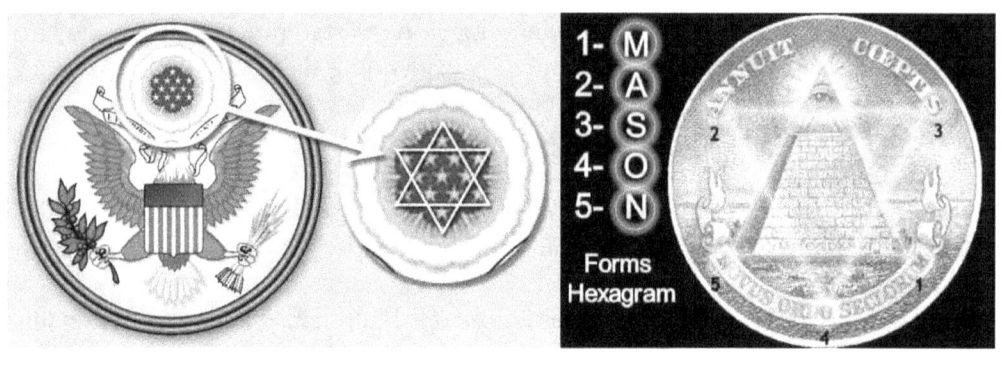

Retro della banconota da un dollaro statunitense col motto: *Novus Ordo Seclorum*

Potenti personalità e organizzazioni implicate nel NWO

In questa teoria sono richiamati a far parte del presunto complotto varie organizzazioni, soprattutto gli Illuminati e la massoneria, ma anche il Quarto Reich, l'ONU e gli Stati Uniti d'America. I sostenitori di questa teoria non riescono tuttavia a concordare su chi veramente farebbe parte di questo presunto complotto.

La maggior parte delle famiglie potenti e influenti, quali i Rothschild, i Rockfeller, la JP Morgan, la famiglia Du Pont, la famiglia Bush, il casato Windsor, così come i monarchi europei e il Vaticano, sono secondo alcuni effettivi membri del NWO. Anche note organizzazioni internazionali quali la Banca Mondiale, l'FMI (Fondo monetario internazionale), l'Unione europea, le Nazioni Unite e la Nato sono spesso elencate come sotto-organizzazioni per lo sviluppo del Nuovo ordine mondiale.

Secondo i sostenitori, al fine di garantirsi un maggior potere il NWO ha sviluppato e utilizza presunti sistemi di spionaggio di massa avanzati, tra i quali ECHELON.

Echelon (parola di origine francese, in italiano: scaglione) è una denominazione utilizzata dai media e nella cultura popolare per descrivere la raccolta di 'Signal Intelligence' (SIGINT) e analisi dei segnali gestita per conto dei cinque stati firmatari dell'accordo UKUSA di sicurezza (Australia, Canada, Nuova Zelanda, Regno Unito e Stati Uniti, noto come AUSCANNZUKUS o cinque occhi). È stato anche descritto come l'unico sistema software che controlla il download e la diffusione delle intercettazioni di comunicazioni via satellite.

Per estensione, la 'Rete Echelon' indica il sistema mondiale d'intercettazione delle comunicazioni private e pubbliche.

L'organizzazione inoltre sarebbe occulta promotrice di nuove leggi sulla privacy, aventi il fine ultimo appropriarsene e di limitarla considerevolmente a singole associazioni e organizzazioni della Società comune.

Una benevola cospirazione

Secondo l'occultista Alice A. Bailey, a seguito della vittoria degli Alleati sulle potenze dell'Asse, il "progresso dell'umanità" col passare del tempo avrebbe portato ad istituire un'organizzazione mondiale, con a capo le nazioni vincitrici della seconda guerra mondiale. Sempre secondo Alice Bailey, l'instaurazione del Nuovo ordine mondiale sarebbe coincisa con l'avvento di una Nuova Era, che avrebbe portato l'umanità ad un "risveglio spirituale".

Le antiche tradizioni religiose sarebbero state eliminate e sostituite da un unico culto mondiale. È da notare che secondo l'occultista britannica le "forme esteriori della pace" del Nuovo ordine mondiale sarebbero state imposte anche con l'utilizzo "benefico" della bomba atomica, contro chi si sarebbe opposto a questo piano. D'altra parte, secondo Alice Bailey le esplosioni della bomba atomica avrebbero liberato energia psichica positiva, che avrebbe accelerato l'ingresso dell'umanità nella Nuova era.

Le varie complicità

Il paleo-conservatore Patrick J. Buchanan asserisce che il Consiglio delle relazioni estere (presunta parte nascosta delle "banche segrete internazionali", così come, lo sarebbero i vari Gruppi Bilderberg, la Commissione Trilaterale e il WTO) sarebbero dietro questo complotto. Sostiene inoltre che i liberali stanno progettando la sommersione dell'indipendenza degli Stati Uniti subordinando l'autorità statunitense alle Nazioni Unite.

Questa tesi è accettata dall'opinione liberale della destra che vede un mondo socialista dichiarato come unico metodo per la realizzazione di un'oligarchia collettivista tendente alla necessità di subordinare la produzione del mondo ai consumatori dell'economia di mercato.

La cospirazione sarebbe costituita dalla sostituzione dell'economia già prevista monopolista capace del razionamento delle risorse, convertendo le popolazioni a proprietà pubblica. La loro immagine usuale è uno slash egalitario sotto la leadership scientifico-globale.

Alcune ideologie cristiano-evangeliche fondamentaliste includono un elemento religioso preminente nella cospirazione, basato sugli antichi testi evangelici e biblici, l'anti-Cristo. I loro teorici asseriscono che i satanisti sono coinvolti nell'inganno in cui sta per cadere l'umanità, la nascita di un "Ordine Demoniaco Internazionale", in cui il culto satanista è il fulcro base. Questa credenza include spesso il millenarianismo esplicito.

Altre ideologie non includono elementi religiosi, ma osservano solamente il concetto di: "Servitore del Diavolo", confrontando metaforicamente la struttura dell'NWO citata nel libro di Marion Gordon Robertson: 'The New world order' e quello di Milton William Cooper: 'Behold a Pale Horse', con il concetto specifico e reale dell'NWO.

La visuale cristiano-evangelica sul piano fondamentalista, riguarda eventi ricavati da profezie, conducendo così a teorie religiose e apocalittiche, quali l'Armageddon, l'Anti-Cristo, il Monte dei Templi e altri, queste teorie sono ricapitolate esaurientemente in un libro del 1998, "Final warning: The history of New World Order" (Avvertimento finale: La storia del Nuovo ordine mondiale), di David Allen Rivera.

Di recente la critica complottista dell'ONU e dei suoi fondamenti ideologici ha raggiunto anche alcuni ambienti cattolici che considerano l'ONU una malcelata forma di venerazione del Lucifero gnostico, ammettendo che proprio la New Age sarebbe il sostrato ideologico delle Nazioni Unite.

Alcuni anarchici, anarco-insurrezionalisti, ecologi radicali, ultra-popolaristi, Neo-Luddisti e bioconservatori, sostengono che esista un'esplicita organizzazione (cospirativa) o implicita (bloccante) di un gruppo di intellettuali. Si pensa che il nuovo ordine tecnocratico mondiale abbia delle ambizioni trans-umaniste, con lo scopo finale di costruire e controllare la vita totale, realizzando il progetto "secolare" di trasformare persone e animali in oggetti.

Consistenti idee generali sull'attuazione del NWO

L'idea principe di alcuni complottisti è che il Nuovo ordine mondiale sarà generato da un colpo militare, usando le Nazioni Unite e, possibilmente le truppe statunitensi contro tutte le nazioni del mondo per costruire un unico governo mondiale. Già prima del 2000, alcuni complottisti hanno creduto che questo processo fosse regolato dal movimento di crisi che avrebbe dovuto generarsi con il Millennium bug.

Altri complottisti sono certi che gli Stati Uniti siano controllati dalle truppe delle Nazioni Unite, controllate anch'esse da un gruppo al di sopra di tutto (talvolta denominato "Prima Fazione").

Altri componenti eterogenei del presunto complotto vengono elencati dai complottisti come: la dispersione degli agenti chimici (scie chimiche) nell'atmosfera via aerea, gli esperimenti riguardanti il controllo della mente umana (condizionamento e disinformazione attuati da regimi totalitari) e la conseguente manipolazione da parte della CIA (MK-ULTRA), l'influenza di ipotetici extraterrestri, operazioni segrete attuate nell'Area 51, la Base Dulce e le teorie di David Icke.

Un'ulteriore teoria è quella dell'abolizione totale del denaro contante il quale, secondo i sostenitori, andrebbe gradualmente sostituito da quello elettronico utilizzabile sotto forma di carte magnetiche o microchip a bassa frequenza impiantati sottopelle. Scuole nei paesi occidentali e progressivamente anche nei paesi sottosviluppati hanno già iniziato ad informare gli studenti sulla tecnologia delle carte magnetiche che ben presto diventerà una realtà globale anche per tutte le transazioni monetarie e per l'acquisto di piccoli beni.

Secondo i sostenitori di detta teoria, una volta preso saldamente il potere, il NWO potrebbe controllare ogni singolo essere umano sia negli spostamenti sia nelle transazioni di denaro, ricattando all'occorrenza chiunque possa agire contro gli interessi della nuova dirigenza planetaria.

Controllo totale sulla politica e sul nazionalismo

L'influenza sulla politica e sui governi dei vari paesi del mondo sarebbe cruciale per la realizzazione della cospirazione del NWO. Alcuni studiosi hanno dunque ipotizzato un collegamento tra queste teorie e i pensieri del nazionalismo o dell'isolazionismo.

Se altre teorie del complotto descrivono l'esistenza di potenti sette religiose e di fantasiosi alieni che vogliono conquistare il mondo, questa del NWO invece ha per obiettivo l'esistenza di uno Stato planetario unico, che aspira ad avere l'assoluto monopolio mondiale di controllo.

Le manipolazioni storiche

Alcuni importanti eventi storici sono ritenuti dai complottisti presunte "parti attive" del Nuovo ordine mondiale già in atto:

• La prima guerra mondiale del 1915-'18 proseguita subito dalla seconda guerra mondiale del 1940-'45 sono solo due delle tante tangibili prove che l'Organizzazione governativa del Nuovo ordine mondiale è già attiva e per nessun motivo intende fallire nel suo obiettivo monopolistico planetario.

• L'incendio doloso al Palazzo del Reichstag avvenuto a Berlino il 27 febbraio 1933 fu utilizzato dal regime nazista come mezzo cruciale per la soppressione del movimento comunista in Germania, accusando la Sinistra tedesca di complotto ai danni del governo.

• L'attacco nipponico alla base navale statunitense di Pearl Harbor, un'operazione militare-bellica che ebbe luogo il 7 dicembre 1941, si sarebbe potuto evitare, poiché le forze inglesi avevano intercettato messaggi criptati riferendo al presidente Roosevelt di un possibile attacco nell'Oceano Pacifico; nonostante ciò nulla fu fatto per evitare l'attacco, e questo sarebbe servito come scusante per l'entrata statunitense nel secondo conflitto mondiale.

• Il programma Northwoods concepito nel 1962 da alti dirigenti del Dipartimento della difesa degli Stati Uniti d'America, allo scopo di indurre l'opinione pubblica statunitense a sostenere un attacco militare contro il regime cubano di Fidel Castro, fu proposto dai servizi segreti statunitensi per invadere Cuba. L'approvazione del piano fu firmato dal presidente statunitense Kennedy, ma fu poi da egli rigettato poco prima del suo assassinio.

• L'incidente del Golfo del Tonchino sarebbe stato voluto dal presidente Lyndon B. Johnson per l'intensificazione delle ostilità statunitensi nel Vietnam.

• La legge della Federal Reserve destinata alla regolazione della banche, sarebbe stata scritta in un'isola della Georgia nel 1910 da JP Morgan, dai Rockefeller e dalla famiglia Rothschild. Questa legge ha dato alle banche principali superiori poteri per il controllo dell'economia degli Stati Uniti.

• Il governo Bush avrebbe saputo in anticipo degli attacchi al Pentagono e dei successivi Attentati al World Trade Center, questo silenzio sarebbe stato voluto da Bush per ottenere un "valido motivo" per iniziare l'invasione dell'Afghanistan e l'Iraq successivamente.

Alcuni sostengono che il governo americano non solo sapeva, ma ha addirittura organizzato la cosa (ad esempio con una demolizione controllata delle Torri Gemelle e di un terzo grattacielo del complesso, crollato senza che fosse stato colpito da un aereo).

CHE COSA È IL BILDERBERG:
COMPLOTTISMO O ANALISI DELLA CLASSE DOMINANTE?

A partire dal 1954, quasi sempre alla stessa data: tra il 6 e il 9 giugno, si tiene un incontro annuale organizzato dal Gruppo Bilderberg. Su questa riunione si è manifestata da parte dell'opinione pubblica un'attenzione maggiore del solito. Del resto, degli ultimi due presidenti del Consiglio dei ministri, Monti ne è stato a lungo un dirigente, mentre Enrico Letta vi è stato invitato nel 2012.

Entrambi, poi, hanno fatto parte dell'organizzazione sorella più giovane, la Trilaterale, come anche Marta Dassù, un tempo lontano intellettuale di area Pci e inseguito sottosegretario con Monti e viceministro con Letta agli esteri, a capo del quale vi era la Bonino, inviata al Bilderberg nel passato.

La presenza italiana non è mai molto numerosa ma è assidua il livello: Monti, Bernabé di Telecom, Nagel di Mediobanca, dal dopoguerra sempre al centro del sistema di potere del capitalismo italiano, Cucchiani di Intesa, prima banca italiana, Rocca di Techint e la giornalista Gruber.

A suscitare la curiosità del pubblico sul Bilderberg contribuiscono l'alone di mistero che lo circonda, dovuto alla segretezza sui contenuti dei dibattiti, e la presenza del gotha economico e politico di Usa ed Europa Occidentale. La ragione principale, però, è riconducibile alla sempre più diffusa percezione d'impotenza da parte del "cittadino comune" nei confronti di una economia e di una politica che sfuggono persino alla sua comprensione.

La maggiore crisi economica dalla fine della Seconda guerra mondiale, il potere astratto dei mercati finanziari, la stessa vicenda dei debiti pubblici e dell'euro, con le conseguenze devastanti sulle condizioni di vita di centinaia di milioni di lavoratori, favoriscono la sensazione dell'esistenza di forze oscure e incontrollabili.

Una testimonianza di questo stato psicologico di massa può essere individuata nella fortuna di romanzi alla Dan Brown e di innumerevoli saggi su massoneria, sette segrete, tra cui gli Illuminati (che vengono collegati al Bilderberg), e chi più ne ha più ne metta. In un clima siffatto ed in assenza di un pensiero critico strutturato e diffuso, è facile attribuire le cause di quanto avviene all'esistenza di complotti e di gruppi che, come una specie di grande "cupola", reggono un <nuovo ordine mondiale>.

Il problema è che questo tipo di approccio limita la comprensione della natura e del ruolo di organizzazioni come il Bilderberg e la Trilaterale. E, in definitiva, anche la consapevolezza della loro pericolosità, perché è facile derubricare le critiche a colore giornalistico o a fantasie di qualche inguaribile complottista.

Già negli anni '50 il sociologo Wright Mills, studiando l'élite statunitense, avvertiva che la storia americana non può essere ridotta a una serie di cospirazioni, sebbene ciò non voglia dire che le cospirazioni non esistano. Del resto, aggiungiamo noi, si possono ordire tutti i complotti che si desiderano, ma, se non c'è una base oggettiva e materiale su cui agire, è difficile che si possa avere successo. Ad ogni modo, per dirla con Wright Mills, bisogna capire che il potere delle élite si fonda su fattori impersonali. Tali fattori sono costituiti dal modo di produzione capitalistico e dalla relazione tra struttura economica e sovrastruttura politico-statale della società.

Lo scadimento nel complottismo è favorito anche dall'abbandono nella teoria sociologica e economica dello studio delle classi sociali e, in particolare, della classe dominante. Come ho cercato di chiarire nel mio libro, Il Club Bilderberg. Gli uomini che comandano il mondo, lo studio di questo gruppo e della Trilaterale va collocato all'interno dell'analisi della classe dominante capitalistica e delle forme organizzative che le sono proprie. E, dal momento che ogni classe e le sue forme organizzative riflettono, pur in modo non meccanicistico, i mutamenti della struttura economica, rientra nell'analisi del capitalismo contemporaneo.

Una nuova forma transnazionale di capitale e di capitalisti

Dunque, che cosa è il Bilderberg? Il Bilderberg è una delle organizzazioni, tra le più importanti, della classe capitalistica transnazionale. Con la mondializzazione degli anni '90, il capitale ha completato il raggiungimento della sua fase transnazionale. Quello transnazionale è il livello apicale del capitale nel suo stadio di evoluzione superiore e maggiormente puro, visto che la caratteristica specifica del capitale è la estrema mobilità settoriale e territoriale, in cui sia l'attività di investimento sia la sua stessa composizione proprietaria sono multinazionali.

Ad esempio, nelle prime 30 imprese tedesche solo il 37% del capitale è in mano a tedeschi. Caratteristica principale di questa classe è l'estrema interconnessione, non solo tra banche e imprese, come Hilferding con un capitale finanziario che aveva già rilevato cento anni fa, ma anche tra settori economici diversi, e soprattutto tra capitali di diversa provenienza nazionale.

Gli stessi consigli d'amministrazione sono interconnessi, grazie alla presenza dei cosiddetti interlocker, top manager e azionisti che siedono contemporaneamente in diversi consigli d'amministrazione. Questi soggetti sono come i nodi di una rete; non a caso alcuni studiosi definiscono il Bilderberg come un network.

Del resto, come ha ricordato Gramsci, la forma organizzativa tipica del capitale non è certo quella del partito organizzato (anche se ha la necessità di egemonizzare i partiti di massa per imporsi), ma quella del gruppo informale.

Dunque, se il capitale è strutturalmente interconnesso su base transazionale, anche i suoi agenti, i capitalisti, lo sono. Di conseguenza, anche la loro organizzazione tipica non può che essere internazionale.

Il Bilderberg, la Trilaterale, l'Aspen Institute rappresentano la concretizzazione di questo tipo ideale. In particolare, il Bilderberg è l'organizzazione di una parte di un settore specifico di questa borghesia, quello atlantico, che fa riferimento alla Nato. Non è un caso: gli Usa e l'Europa occidentale sono due aree fortemente interconnesse tra loro ed egemoni.

I giapponesi e gli orientali sono stati tenuti fuori dal Bilderberg. Per coinvolgerli, senza annacquare il carattere atlantico del Bilderberg, negli anni '70 fu creata la Trilaterale, che spesso comprende le stesse personalità europee, statunitensi e canadesi del Bilderberg alle quali, oltre a quelle giapponesi, ogni anno si aggiungono quelle di nuovi Paesi asiatici.

Naturalmente l'integrazione sovrannazionale non deve essere confusa con l'esistenza di una sorta di supercapitalismo o di Impero alla Negri privo di contraddizioni. Il capitale non sarebbe tale se non fosse molteplice e ineguale nel suo sviluppo e, quindi, se non ci fosse una concorrenza tra capitali. La fase transnazionale non è neanche la fase della fine degli stati-nazione, per lo meno di quelli più forti e imperialisti. È la fase dell'aumento della concorrenza tra capitali, tra aree valutarie e tra Stati. Così come è la fase della accentuazione della lotta di classe, quella del capitale contro il lavoro salariato.

Qual è l'esatta funzione del Bilderberg? E' forse una nuova forma di oligarchia?

Esattamente. L'oligarchia e una forma di Governo dei pochi o dei ricchi che comanda gli altri nel proprio esclusivo interesse. E' una minoranza di individui che si è impadronita dell'assoluto potere in uno Stato preesistente.

Ad aiutarci a capire ancor più profondamente è la composizione del suo comitato direttivo e, meglio ancora, la composizione degli invitati ai suoi meeting. Nel comitato direttivo prevalgono esponenti della finanza e dell'industria, in quanto lo statuto prevede che politici in carica non possano farvi parte. Diversa è la situazione nei meeting annuali.

Di solito i 138 partecipanti ufficiali possono essere divisi in tre categorie principali:

La prima è quella che fa riferimento agli agenti diretti del capitale, cui appartengono ben 65 personalità, di cui 28 afferenti a società finanziarie (banche, assicurazioni, società d'investimento), 29 a oligopoli e monopoli industriali (energia, estrazioni minerarie, metalmeccanica, chimica-farmaceutica, informatica, ecc.), e 8 a grandi network editoriali della Tv e della carta stampata.

La seconda è quella della politica e delle istituzioni statali o interstatali con 38 persone. Si tratta di personaggi di primissimo piano, tra cui primi ministri, ministri dell'economia e degli esteri, membri della Commissione europea, come lo fu il presidente Barroso e Viviane Reding, vice presidente e commissario europeo alla giustizia, e di organismi sovrannazionali, come Christine Lagarde dell'Fmi.

Infine, abbiamo 28 persone che appartengono a Think tank (10), università (12), centri di ricerca e società di consulenza globali. Quasi tutti questi istituti sono legati a grandi corporation, parecchi sono statunitensi ed appartengono all'area neoconservatrice. Si tratta, per dirla alla Gramsci, del "meglio" dell'intellettualità organica al capitalismo internazionale.

Chi controlla il mondo d'oggi?

La conferma alla mia ricerca è partita da un trafiletto, pubblicato il 7 giugno 1999 dal Corriere della Sera, dove si parlava di un gruppo di persone fino allora a me sconosciute i "Bilderbergers". Così sono chiamati i membri del Gruppo Bilderberg. L'articolo si riferiva alla loro riunione ufficiale annuale del 1999, che si era appena conclusa in Portogallo in un Resort di un paese chiamato Sintra. In questa riunione si era discusso, tra i vari temi, anche sul dopo guerra in Kosovo.

Il Gruppo Bilderberg, diceva l'articolo, è nato nel 1954 e riunisce i personaggi più illustri dei vari campi a livello internazionale. Tra i personaggi presenti alle prime riunioni venivano citati: U. Agnelli, H. Kissinger, Mario Monti ed altri ancora. Leggendo queste informazioni si rimane insospettiti dal fatto che una riunione di questa importanza (per argomento e personaggi) non avesse ricevuto maggior pubblicità dagli organi di informazione.

Necessità quindi conoscere e capire più a fondo la natura di questa organizzazione e venire a conoscenza di quelle che possono essere definite le forze negative che oggi detengono il potere materiale nel mondo, dei loro pensieri e dei loro programmi.

Se pensiamo alla situazione del nostro pianeta possiamo fare finta di niente ed essere felici e sereni oppure possiamo interrogarci su che mondo stiamo preparando per le prossime generazioni e soprattutto sul perché siamo in questa situazione: guerre civili e religiose in ogni continente, violenza e corruzione ovunque anche negli stati che si definiscono più evoluti, uso di droghe in aumento (persino legalizzate), la condizione di povertà in continua espansione in tutto il mondo, un senso di ingiustizia diffuso, scandali che coinvolgono tutti i personaggi che occupano posizioni di potere etc .... Purtroppo, il trend, della nostra società è drammaticamente negativo e ai nostri giorni il degrado è il vero protagonista.

La domanda che vale la pena porsi è: ma c'è qualcuno che alimenta queste cose, esiste un comune denominatore dietro tutto questo, qualcuno che ne trae beneficio? Solo la verità ci può rendere veramente liberi, liberi di capire e quindi di rispondere. Allora la domanda che ci dobbiamo porre è: "Conosciamo la verità?

Conosciamo veramente cosa si nasconde dietro il maturare di tutti questi fenomeni?" Certo i mass media, i politici, i sociologi ci "martellano" con le loro interpretazioni, ma ci possiamo fidare?

Gli Illuminati e la Nobiltà Nera

Come dice la parola stessa gli Illuminati sono i portatori di luce, quelli che sono a conoscenza di ogni cosa. Ma chi sono realmente? Ebbene! Non sono individui appartenenti ad una setta del mondo divino e hanno poco o nulla a che vedere con religiosità o dottrine di natura celeste.

Per gli addetti ai lavori questi individui appartengono a tredici delle più ricche famiglie del mondo e sono i personaggi che veramente comandano il mondo da dietro le quinte. Vengono anche definiti la Nobiltà Nera, i Decision Makers, chi fa le regole da seguire per Presidenti e Governi.

La loro caratteristica è quella di essere nascosti agli occhi del pubblico. Il loro albero genealogico va indietro migliaia di anni e sono molto attenti a mantenere il loro legame di sangue di generazione in generazione senza interromperla.

Il loro potere risiede nell'occulto e nell'economia, uno dei loro motti è: "il denaro crea potere". Possiedono tutte le Banche Internazionali, il settore petrolifero e tutti i più potenti settori industriali e commerciali; ma soprattutto sono infiltrati nella politica e comandano la maggior parte dei governi e degli organi Sovranazionali primi fra tutti l'ONU ed il Fondo Monetario Internazionale.

Un esempio del loro modo di operare è l'elezione del Presidente degli Stati Uniti, chi tra i candidati ha più Sponsor sotto forma di soldi, vince le elezioni perché con questi soldi ha il potere di "distruggere" l'altro candidato. E chi è che sponsorizza il candidato vincente?

Ovviamente gli Illuminati attraverso le loro molte organizzazioni di facciata, fanno in modo di finanziare entrambi i candidati, per mantenere il "gioco" vivo anche se loro hanno già deciso chi sarà il vincitore e a questo assicurano più soldi. I loro piani sono sempre lungimiranti, sembra che Bill Clinton sia stato preparato alla missione di Presidente dall'entourage degli Illuminati fin da quando era giovane.

Qual è l'obiettivo degli Illuminati?

"Creare un Unico Governo Mondiale ed un Nuovo Ordine Intercontinentale, con a capo loro stessi per sottomettere le popolazioni dell'intero pianeta a una nuova schiavitù, ed affermare il loro credo, denominato: l'ideologia Luciferica quale distruttore dei beni altrui a vantaggio del proprio benessere attraverso la propagazione di calunnie, menzogne e infamie senza scrupoli".

Questo obiettivo non può essere conseguito nel periodo di una vita, difatti le sue origini sono antiche e risalgono già al 1700 quando il complotto venne formalizzato, con l'elaborazione di veri e propri documenti programmatici. Nella prima metà del 1700 l'incontro tra il Gruppo dei Savi di Sion e Mayer Amschel Rothschild, l'abile fondatore della famosa dinastia che ancora oggi controlla il Sistema Bancario Internazionale, porta alla redazione di un manifesto: "I Protocolli dei Savi di Sion". Qui, in 24 paragrafi, viene descritto come soggiogare e dominare il mondo con l'aiuto di un sistema economico.

Sempre Mayer Amschel Rothschild aiuta e finanzia l'ebreo Adam Weishaupt, un ex prete gesuita, che a Francoforte crea un Gruppo Segreto dal nome "Gli Illuminati di Baviera". Weishaupt prendendo spunto dai " Protocolli dei Savi di Sion" elabora all'incirca verso il 1770 "Il Nuovo Testamento di Satana" un piano che dovrà portare, non più gli Ebrei ma un gruppo ristretto di persone (gli Illuminati o Banchieri Internazionali) ad avere il controllo ultimo del mondo intero.

La strategia di Weishaupt era basata su principi molto fini e spietati. Bisognava arrivare alla soppressione dei Governi Nazionali e alla concentrazione del potere in Governi ed Organi Sovranazionali ovviamente gestiti dagli Illuminati. Ecco alcuni esempi operativi sulle cose da fare:

Creare la divisione delle masse in campi opposti attraverso la politica, l'economia, gli aspetti sociali, la religione, l'etnia etc … Se necessario armarli e provocare incidenti in modo che si combattano e si indeboliscano.

Corrompere (con denaro e sesso) e quindi rendere ricattabili i politici o chi ha una posizione di potere all'interno di uno stato.

Scegliere il futuro capo di stato tra quelli che sono servili e sottomessi incondizionatamente.

Avere il controllo delle scuole (licei ed Università) per fare in modo che i giovani talenti di buona famiglia siano indirizzati ad una cultura internazionale e diventino inconsciamente agenti del complotto.

Assicurare che le decisioni più importanti in uno stato siano coerenti nel lungo termine all'obiettivo di un Nuovo Ordine Mondiale.

Controllare la stampa, per poter manipolare le masse attraverso l'informazione.

Abituare le masse a vivere sulle apparenze e a soddisfare solo il loro piacere, perché in una società depravata gli uomini perdono la fede in Dio.

Secondo Weishaupt, mettendo in pratica le sue raccomandazioni si doveva arrivare a creare un tale stato di degrado, di confusione e quindi di spossatezza, che le masse avrebbero dovuto reagire cercando un protettore o un benefattore al quale sottomettersi liberamente. Da qui il bisogno di costituire degli Organi Sovranazionali pronti a sfruttare questo stato di cose, fingendosi i salvatori della patria, per istituire un Unico Governo Mondiale.

Nel 1871 il piano di Weishaupt viene ulteriormente completato da un suo seguace Americano Albert Pike che elabora un documento per l'istituzione di un Nuovo Ordine Mondiale attraverso tre Guerre Mondiali. Il suo pensiero era che questo programma di guerra avrebbe generato nelle masse un tale bisogno di pace, che sarebbe diventato naturale arrivare alla costituzione di un Unico Governo Mondiale.

Non a caso dopo la Seconda Guerra Mondiale venne fatto il primo passo in questa direzione con la formazione dell'ONU, che possiamo definire la polizia del mondo degli Illuminati. Tornando al pensiero di Pike, la Prima Guerra Mondiale doveva portare gli Illuminati, che già avevano il controllo di alcuni Stati Europei e stavano conquistando attraverso le loro trame gli Stati Uniti di America, ad avere anche la guida della Russia.

Quest'ultima avrebbe poi dovuto interpretare un ruolo che doveva portare alla divisione del mondo in due blocchi. La Seconda Guerra Mondiale sarebbe dovuta partire dalla Germania, manipolando le diverse opinioni tra i nazionalisti tedeschi e i sionisti politicamente impegnati. Inoltre avrebbe portato la Russia ad estendere la sua zona di influenza e reso possibile la costituzione dello Stato di Israele in Palestina. La Terza Guerra Mondiale sarà basata sulle divergenze di opinioni che gli Illuminati avranno creato tra i Sionisti e gli Arabi, programmando l'estensione del conflitto a livello mondiale.

Col passare degli anni il Quartiere Generale di questo complotto passa dalla Germania (Francoforte), alla Svizzera, poi all'Inghilterra (Londra) ed infine agli Stati Uniti d'America (New York). E' quindi dal 1700 che le famiglie degli Illuminati, generazione dopo generazione, influenzano la storia per raggiungere i propri traguardi.

Ecco un elenco dei fatti principali che negli ultimi 3 secoli sono stati architettati, fomentati o finanziati dagli Illuminati: la Rivoluzione Francese, le Guerre Napoleoniche, la nascita dell'ideologia Comunista, la I Guerra Mondiale, la Rivoluzione Bolscevica, la nascita dell'ideologia Nazista, la II Guerra Mondiale, la fondazione dell'ONU, la nascita dello Stato di Israele, la Guerra del Golfo, la nascita dell'Europa Unita…

In quasi 300 anni gli Illuminati si sono costruiti una rete di potere. Ovviamente non potevano pensare di conseguire i loro obiettivi da soli, avevano ed hanno bisogno di una "struttura operativa", composta da organizzazioni o persone che esercitando del potere operino più o meno consapevolmente nella stessa direzione.

Come si può constatare gli Illuminati controllano o hanno i loro uomini ovunque, possiamo tranquillamente dire che sono i signori del mondo.

La loro strategia ha fatto leva su 2 capisaldi:
a) la forza del denaro, hanno costituito e controllano il Sistema Bancario Internazionale;
b) la disponibilità di persone fidate, ottenuta attraverso il controllo delle Società o Associazioni Segrete (logge massoniche).

Queste ultime con i loro diversi gradi di iniziazione hanno garantito e garantiscono tutt'ora quell'alone di discretezza necessario al piano degli Illuminati.

Gli Illuminati, e chi con loro controlla queste Società, sono Satanisti e praticano la magia nera. Il loro Dio è Lucifero e attraverso pratiche e riti occulti manipolano e influenzano le masse. E pensare che la cultura dominante ci dice che la magia non esiste anzi, considera ridicolo chi ci crede.

E' anche da questa scienza di tipo occulto, che gli Illuminati hanno sviluppato la teoria sul controllo mentale delle masse. Per chiarire ecco un esempio: a quanto sembra anche Hollywood, le maggiori Case Cinematografiche e Discografiche internazionali, fanno parte della rete degli Illuminati.

Molte volte i loro prodotti sono usati come strumenti di indottrinamento e agiscono in modo "invisibile" sulla psiche. Penso che nessuno possa negare che oggi esistono certi tipi di musica, privi di qualsiasi qualità, il cui unico effetto voluto è quello di provocare nei giovani apatia, robotismo, violenza ed essere uno stimolo all'uso di droghe.

Dicevamo prima, che gli uomini che controllano gli Illuminati fanno parte di tredici delle famiglie più ricche del mondo. I loro nomi sono rimasti segreti negli anni e la leadership famigliare è stata passata da uomo a uomo generazione dopo generazione.

Comunque nessun segreto può essere tenuto per sempre e anche in questo caso recentemente sono stati resi noti i loro nomi, grazie a qualcuno che, abbandonando l'ordine, ha deciso di cambiare vita e rivelare le informazioni più importanti.

Ecco quindi una parte delle famiglie (alcune ancora in vita) che hanno il compito di gestire il pianeta da dietro le quinte per condurlo al dominante "Nuovo Ordine Mondiale":
• ASTOR,
• BUNDY,
• COLLINS,
• DUPONT,
• FREEMAN,
• KENNEDY,
• LI,
• ONASSIS,
• ROCKFELLER,
• ROTHSCHILD,
• RUSSELL, VAN DUYN,
• MEROVINGI,
• MEMBRI DI FAMIGLIE REALI EUROPEE.

ESAMINIAMO ULTERIORMENTE IL GRUPPO BILDERBERG!

Il Gruppo Bilderberg, rappresenta quindi uno dei più potenti Gruppi di facciata degli Illuminati. Nasce informalmente nel 1952, ma prende questo nome solo nel 1954 quando il 29 maggio viene indetto il primo incontro presso l'Hotel Bilderberg di Oosterbeek in Olanda. Da allora le riunioni sono state ripetute 1 o 2 volte all'anno.

All'inizio solo in Paesi Europei, ma dagli inizi degli anni '60 anche in Nord America. Tra i promotori del Gruppo bisogna menzionare almeno due personaggi: Sua Maestà il Principe Bernardo de Lippe di Olanda (ex Ufficiale delle SS), che ne è rimasto il presidente fino a quando nel 1976 ha dovuto dare le dimissioni per lo scandalo "Lockheed" e Joseph Retinger un "faccendiere" Polacco che si era costruito una fitta rete di relazioni tra personaggi della Politica e dell'Esercito a livello Mondiale. Retinger viene descritto come l'istigatore del gruppo, la sua visione era costruire un' Europa unita per arrivare ad un Mondo unito in pace, dove potenti Organizzazioni Sovranazionali avrebbero garantito con l'applicazione delle loro ideologie, più stabilità dei singoli governi nazionali.

Fin dalla prima riunione furono invitati banchieri, politici, universitari, funzionari internazionali degli Stati Uniti e dei paesi dell'Europa Occidentale per un totale all'incirca di un centinaio di personaggi, tra questi, sembra anche Alcide De Gasperi.

Ai tempi della costituzione l'obiettivo dichiarato ufficialmente, era quello di creare l'unità Occidentale per contrastare l'espansione Sovietica.

In realtà malgrado le apparenti buone intenzioni, il vero obiettivo era quello di formare un'altra organizzazione di facciata che potesse attivamente contribuire ai disegni degli Illuminati: la costituzione di un Nuovo Ordine Mondiale e di un Governo Mondiale entro il 2012.

La Strategia

William Cooper un anziano Sotto Ufficiale dei Servizi Segreti della Marina Statunitense, include nel suo libro "Behold a pale horse" (Light Technology 1991) del materiale top secret nel quale è illustrato il pensiero e la strategia adottati dal comitato politico del Gruppo Bilderberg. Questo documento programmatico ha un titolo quanto mai significativo "Armi Silenziose per delle guerre tranquille". Il documento riporta la data del maggio 1979, ma fu ritrovato solo nel 1986.

Cooper spiega " Ho letto dei documenti top secret che spiegano che "Armi Silenziose per delle guerre silenziose" è una dottrina adottata dal comitato politico del Gruppo Bilderberg durante il suo primo meeting nel 1954. Una copia trovata nel 1969 era in possesso dei Servizi di Informazione della Marina Statunitense".

L'assunto principale del documento è che chiunque voglia assumere una posizione di potere all'interno di una comunità è come se "simbolicamente" dichiarasse guerra alle persone che la compongono. La guerra che però deve essere intrapresa non è su un piano fisico/materiale e le armi utilizzate sono silenziose munizioni invisibili.

Il documento spiega la filosofia, le origini operative (che sembrano essere legate ai famosi documenti scritti tra il 1700 ed il 1800 e finanziati da Mayer Amschel Rothschild), i principi raffinati, le linee guida e gli strumenti di questa dottrina dalle "armi silenziose". Un vero manuale per l'uso, per professare una scienza che attraverso il controllo dell'economia vuole soggiogare il mondo intero.

Vista l'importanza e la complessità del documento sarebbe necessario dedicargli un approfondimento specifico.

In questa sede è sufficiente accennare alle principali aree in cui si articola questo programma:
• Perché serve un sistema economico per controllare le masse!
• Come controllare l'economia mondiale attraverso l'istituzione di un modello economico che sia manipolabile e prevedibile!
• Come addormentare le masse che subiscono l'attacco!

Grazie alla segretezza con cui si muovono, ma soprattutto grazie al potere che esercitano sugli organi di informazione i Bilderbergers sono riusciti a controllare la pubblicità sulle loro riunioni e sui temi discussi. Negli anni però qualche notizia è riuscita a trapelare sui principali temi trattati durante le loro delibere segrete:
• i problemi finanziari internazionali;
• la libertà di emigrazione e immigrazione;
• la libera circolazione dei prodotti senza dogane;
• l'unione economica internazionale;
• la costituzione di una forza internazionale con la soppressione degli eserciti nazionali;
• la creazione di un parlamento internazionale;
• la limitazione della sovranità degli stati delegati all'ONU o a tutti gli altri governi sovranazionali.

Temi che fanno capire il potere che questo Gruppo è in grado di esercitare. Sembra che tutte le decisioni più importanti a livello politico, sociale, economico/finanziario per il mondo occidentale vengano in qualche modo ratificate dai Bilderbergers. D'altronde scorrendo i loro biglietti da visita una cosa è certa: hanno le "leve" per fare qualsiasi cosa.

Accennavamo prima alla segretezza, questo è sicuramente un aspetto centrale per la strategia del Gruppo. Le riunioni sono tenute in forma non pubblica e solo i giornalisti ufficialmente invitati possono essere ammessi. Al termine delle conferenze annuali (normalmente durano un paio di giorni) viene redatto un semplice comunicato stampa di un paio di pagine; ovviamente non viene tenuta nessuna conferenza stampa.

I vari partecipanti interrogati al riguardo di queste riunioni sono sempre molto evasivi e se possono non rispondono. Gli organi di informazione di massa non danno nessuna notizia su queste conferenze o se lo fanno, lo fanno con un peso assolutamente insignificante non adeguato all'evento. Chi osserva e conosce i Bilderbergers da parecchi anni afferma che anche la preparazione delle riunioni segue un rituale "curioso" mirato a tutelare questo ambito di segretezza. L'Hotel selezionato viene occupato con qualche giorno di anticipo. Parte del normale personale viene sostituito con personale di fiducia.

La domanda da porsi è perché tutto questo? Perché personaggi pubblici che discutono temi di interesse pubblico non vogliono rendere note le loro decisioni? Questa è forse la prova più grossa sulla natura e sulle vere finalità di questa organizzazione.

L'Organizzazione

Il Gruppo dei Bilderberg recluta Politici, Ministri, Finanzieri, Presidenti di multinazionali, magnati dell'informazione, Reali, Professori Universitari, uomini di vari campi che con le loro decisioni possono influenzare il mondo. Tutti i membri aderiscono alle idee precedenti, ma non tutti sono al corrente della profonda verità ideologica di alcuni dei membri principali, i quali sono i veri istigatori e fanno parte anche di altre organizzazioni degli Illuminati dal nome: Trilaterale (riunisce industriali e businessman dei tre blocchi continentali USA, Europa, Giappone/Asia) e Commission of Foreign Relationship (3D CFR che ormai dal 1921 riunisce tutti i personaggi che gestiscono gli USA).

Questi membri particolari sono i più potenti e fanno parte di quello che viene definito il cerchio esteriore. Il "cerchio esteriore" è invece l'insieme degli uomini della finanza, della politica ed altro, che sono sedotti dalle idee di instaurare un governo mondiale che regolerà tutto a livello politico ed economico. Il "cerchio esteriore" è composto da quelli che vengono definiti "le marionette" che sono utilizzati dal "cerchio interiore" perché i loro membri sanno che non possono cambiare il mondo da soli ed hanno bisogno di collaboratori motivati.

Quindi il "cerchio interiore" ed il "cerchio esteriore" agiscono di concerto ma non con le stesse motivazioni. "Le marionette" dei vari "cerchi esteriori" sono spinte dal desiderio di arricchirsi, di avere potere o/e sono convinti che un governo unico mondiale sia la soluzione di tutti i problemi e che apporterà più pace e coesione di una moltitudine di piccoli paesi.

Dal canto loro le persone del "cerchio interiore" sono già ricche e potenti, la loro consapevolezza è ad un gradino superiore, le loro motivazioni sono solo ideologiche, per intenderci dovrebbero essere quelle espresse nel piano degli Illuminati.

Il primo cerchio esteriore è composto da chi solo partecipa alle conferenze annuali senza essere affiliato al Gruppo. Possono essere personaggi di cui si vuole valutare il reclutamento oppure invitati per discutere specifici argomenti. Gli affiliati del gruppo possono anche non essere presenti alle conferenze annuali, i contatti vengono tenuti attraverso altri canali.

Il primo Cerchio interiore è composto solo da Bilderbergers, membri del Gruppo e rappresenta il Comitato di Direzione (Steering Committee). Vi risiedono europei ed americani (tutti parte del CFR).

Alcuni di questi membri ancora in vita e altri che hanno preso il posto di coloro che sono già defunti, fanno parte di un secondo cerchio interiore ancora più chiuso e formano il Comitato Consultativo (Advisory Committee) del Gruppo. L'"Advisory Committee" dovrebbe essere composto da 9 persone tra i quali hanno spiccato i nomi di Giovanni Agnelli e David Rockfeller.

Nello Steering Committee, composto da circa una trentina di persone, sono citati come rappresentati nazionali per l'Italia: Mario Monti (attualmente ex Commissario della Comunità Europea) e Renato Ruggiero (ex Direttore Generale del WTO World Trade Organization, attualmente Presidente dell'ENI).

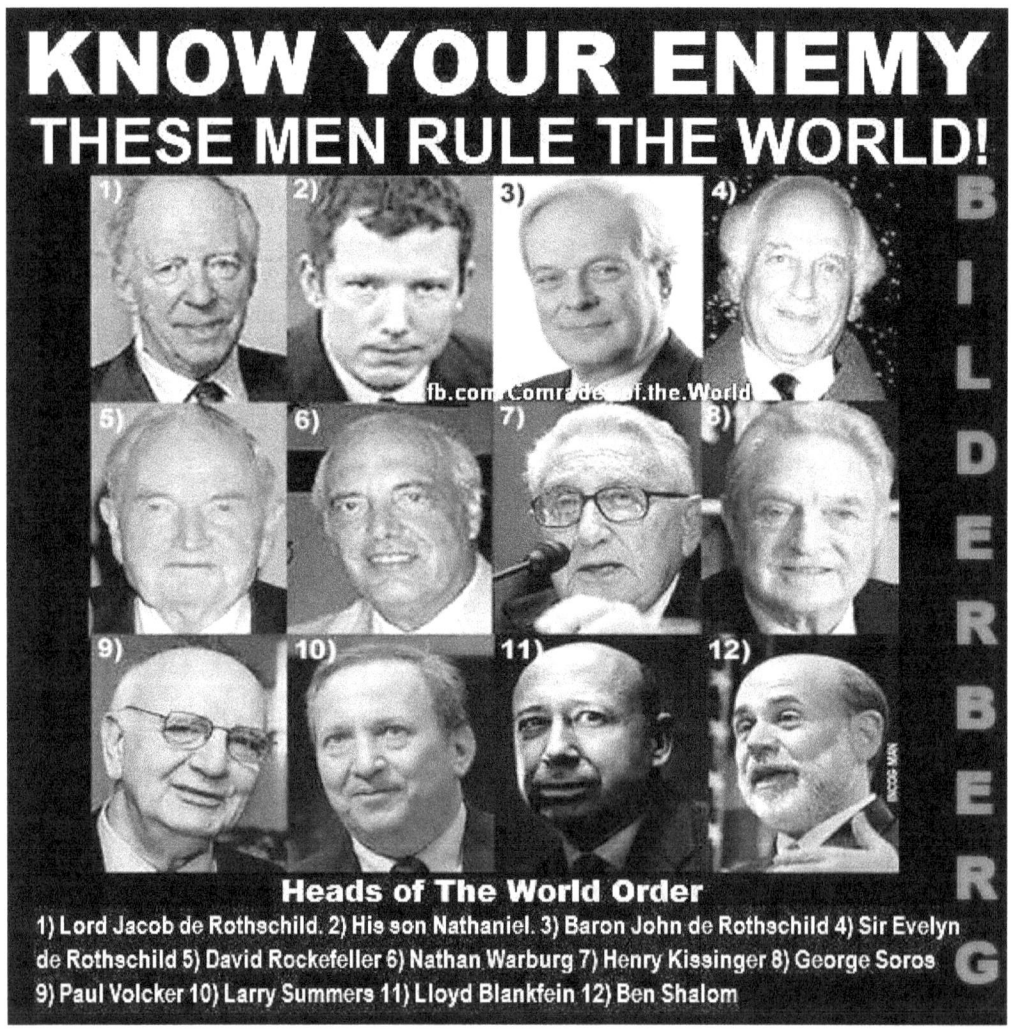

KNOW YOUR ENEMY
THESE MEN RULE THE WORLD!

B
I
L
D
E
R
B
E
R
G

Heads of The World Order
1) Lord Jacob de Rothschild. 2) His son Nathaniel. 3) Baron John de Rothschild 4) Sir Evelyn de Rothschild 5) David Rockefeller 6) Nathan Warburg 7) Henry Kissinger 8) George Soros 9) Paul Volcker 10) Larry Summers 11) Lloyd Blankfein 12) Ben Shalom

LISTE DEI PARTECIPANTI ALLE RIUNIONI BILDERBERG

Le nazioni partecipanti alle riunioni Bilderberg dal 1993 – al 2019
- GRECIA 1993
- FINLANDIA 1994
- SVIZZERA 1995
- CANADA 1996
- U.S.A. 1997
- SCOZIA 1998
- PORTOGALLO 1999
- BELGIO 2000
- SVEZIA 2001
- U.S.A. 2002
- FRANCIA 2003
- ITALIA 2004
- GERMANIA 2005
- CANADA 2006
- TURCHIA 2007
- USA 2008
- GRECIA 2009
- SPAGNA 2010
- SVIZZERA 2011
- USA 2012
- GRAN BRETAGNA 2013
- DANIMARCA 2014
- AUSTRIA 2015
- GERMANIA 2016
- USA 2017
- ITALIA 2018
- SVIZZERA 2019

BILDERBERGERS MEETING
Montreux (Svizzera) partecipanti dal 30 Maggio al 2 Giugno 2019

- Castries, Henri de (FRA), *Chairman, Steering Committee; Chairman, Institut Montaigne.*
- Kravis, Marie-Josée (USA), *President, American Friends of Bilderberg Inc.; Senior Fellow, Hudson Institute.*
- Halberstadt, Victor (NLD), *Chairman Foundation Bilderberg Meetings; Professor of Economics, Leiden University.*
- Achleitner, Paul M. (DEU), *Treasurer Foundation Bilderberg Meetings; Chairman*

Supervisory Board, Deutsche Bank AG.

Tra gli italiani presenti vi erano:
• Feltri Stefano, *Deputy Editor-in-Chief, Il Fatto Quotidiano.*
• Renzi Matteo, *Former Prime Minister; Senator, Senate of the Italian Republic.*
• Gruber Lilli, *Editor-in-Chief and Anchor "Otto e mezzo", La7 TV.*

PARTICIPANTI ASSIDUI AI BILDERBERGERS MEETING

Abrams, Stacey (USA), *Founder and Chair, Fair Fight.*
Adonis, Andrew (GBR), *Member, House of Lords.*
Albers, Isabel (BEL), *Editorial Director, De Tijd / L'Echo.*
Altman, Roger C. (USA), *Founder and Senior Chairman, Evercore.*
Arbour, Louise (CAN), *Senior Counsel, Borden Ladner Gervais LLP.*
Arrimadas, Inés (ESP), *Party Leader, Ciudadanos.*
Azoulay, Audrey (INT), *Director-General, UNESCO.*
Baker, James H. (USA), *Director, Office of Net Assessment, Office of the Secretary of Defense.*
Balta, Evren (TUR), *Associate Professor of Political Science, Özyegin University.*
Barbizet, Patricia (FRA), *Chairwoman and CEO, Temaris & Associés.*
Barbot, Estela (PRT), *Member of the Board and Audit Committee, REN (Redes Energéticas Nacionais).*
Barroso, José Manuel (PRT), *Chairman, Goldman Sachs International; Former President, European Commission.*
Barton, Dominic (CAN), *Senior Partner and former Global Managing Partner, McKinsey & Company.*
Beaune, Clément (FRA), *Adviser Europe and G20, Office of the President of the Republic of France.*
Boos, Hans-Christian (DEU), *CEO and Founder, Arago GmbH.*
Bostrom, Nick (UK), Director, *Future of Humanity Institute, Oxford University.*
Botín, Ana P. (ESP), *Group Executive Chair, Banco Santander.*
Brandtzæg, Svein Richard (NOR), *Chairman, Norwegian University of Science and Technology.*
Brende, Børge (NOR), *President, World Economic Forum.*
Buberl, Thomas (FRA), *CEO, AXA.*
Buitenweg, Kathalijne (NLD), *MP, Green Party.*
Caine, Patrice (FRA), *Chairman and CEO, Thales Group.*
Carney, Mark J. (GBR), *Governor, Bank of England.*
Casado, Pablo (ESP), *President, Partido Popular.*
Ceviköz, Ahmet Ünal (TUR), *MP, Republican People's Party (CHP).*
Cohen, Jared (USA), *Founder and CEO, Jigsaw, Alphabet Inc.*
Croiset van Uchelen, Arnold (NLD), *Partner, Allen & Overy LLP.*

Daniels, Matthew (USA), *New space and technology projects, Office of the Secretary of Defense.*

Demiralp, Selva (TUR), *Professor of Economics, Koç University.*

Donohoe, Paschal (IRL), *Minister for Finance, Public Expenditure and Reform.*

Döpfner, Mathias (DEU), *Chairman and CEO, Axel Springer SE.*

Ellis, James O. (USA), *Chairman, Users' Advisory Group, National Space Council.*

Ferguson, Niall (USA), *Milbank Family Senior Fellow, Hoover Institution, Stanford University.*

Findsen, Lars (DNK), *Director, Danish Defence Intelligence Service.*

Fleming, Jeremy (GBR), *Director, British Government Communications Headquarters.*

Garton Ash, Timothy (GBR), *Professor of European Studies, Oxford University.*

Gnodde, Richard J. (IRL), *CEO, Goldman Sachs International.*

Godement, François (FRA), *Senior Adviser for Asia, Institut Montaigne.*

Grant, Adam M. (USA), *Saul P. Steinberg Professor of Management, The Wharton School, University of Pennsylvania.*

Hanappi-Egger, Edeltraud (AUT), *Rector, Vienna University of Economics and Business.*

Hedegaard, Connie (DNK), *Chair, KR Foundation; Former European Commissioner.*

Henry, Mary Kay (USA), *International President, Service Employees International Union.*

Hirayama, Martina (CHE), *State Secretary for Education, Research and Innovation.*

Hobson, Mellody (USA), *President, Ariel Investments LLC.*

Hoffman, Reid (USA), *Co-Founder, LinkedIn; Partner, Greylock Partners.*

Hoffmann, André (CHE), *Vice-Chairman, Roche Holding Ltd.*

Jordan, Jr., Vernon E. (USA), *Senior Managing Director, Lazard Frères & Co. LLC.*

Jost, Sonja (DEU), *CEO, DexLeChem.*

Kaag, Sigrid (NLD), *Minister for Foreign Trade and Development Cooperation.*

Karp, Alex (USA), CEO, *Palantir Technologies.*

Kerameus, Niki K. (GRC), *MP; Partner, Kerameus & Partners.*

Kissinger, Henry A. (USA), *Chairman, Kissinger Associates Inc..*

Koç, Ömer (TUR), *Chairman, Koç Holding A.S.*

Kotkin, Stephen (USA), *Professor in History and International Affairs, Princeton University.*

Krastev, Ivan (BUL), *Chairman, Centre for Liberal Strategies.*

Kravis, Henry R. (USA), *Co-Chairman and Co-CEO, Kohlberg Kravis Roberts & Co.*

Kristersson, Ulf (SWE), *Leader of the Moderate Party.*

Kudelski, André (CHE), *Chairman and CEO, Kudelski Group.*

Kushner, Jared (USA), *Senior Advisor to the President, The White House*

Le Maire, Bruno (FRA), *Minister of Finance.*

Leyen, Ursula von der (DEU), *Federal Minster of Defence.*

Leysen, Thomas (BEL), *Chairman, KBC Group and Umicore.*

Liikanen, Erkki (FIN), *Chairman, IFRS Trustees; Helsinki Graduate School of Economics.*

Lund, Helge (GBR), *Chairman, BP plc; Chairman, Novo Nordisk AS.*

Maurer, Ueli (CHE), *President of the Swiss Federation and Federal Councillor of Finance.*

Mazur, Sara (SWE), *Director, Investor AB.*
McArdle, Megan (USA), *Columnist, The Washington Post.*
McCaskill, Claire (USA), *Former Senator; Analyst, NBC News.*
Medina, Fernando (PRT), *Mayor of Lisbon.*
Micklethwait, John (USA), *Editor-in-Chief, Bloomberg LP.*
Minton Beddoes, Zanny (GBR), *Editor-in-Chief, The Economist.*
Monzón, Javier (ESP), *Chairman, PRISA.*
Mundie, Craig J. (USA), *President, Mundie & Associates.*
Nadella, Satya (USA), *CEO, Microsoft.*
Netherlands, His Majesty the King of the (NLD).
Nora, Dominique (FRA), *Managing Editor, L'Obs.*
O'Leary, Michael (IRL), *CEO, Ryanair D.A.C..*
Pagoulatos, George (GRC), *Vice-President of ELIAMEP, Professor; Athens University of Economics.*
Papalexopoulos, Dimitri (GRC), *CEO, TITAN Cement Company S.A.*
Petraeus, David H. (USA), *Chairman, KKR Global Institute.*
Pienkowska, Jolanta (POL), *Anchor woman, journalist.*
Pottinger, Matthew (USA), *Senior Director, National Security Council.*
Pouyanné, Patrick (FRA), *Chairman and CEO, Total S.A.*
Ratas, Jüri (EST), *Prime Minister.*
Rockström, Johan (SWE), *Director, Potsdam Institute for Climate Impact Research.*
Rubin, Robert E. (USA), *Co-Chairman Emeritus, Council on Foreign Relations; Former Treasury Secretary.*
Rutte, Mark (NLD), *Prime Minister.*
Sabia, Michael (CAN), *President and CEO, Caisse de dépôt et placement du Québec.*
Sanger, David E. (USA), *National Security Correspondent, The New York Times.*
Sarts, Janis (INT), *Director, NATO StratCom Centre of Excellence.*
Sawers, John (GBR), *Executive Chairman, Newbridge Advisory.*
Schadlow, Nadia (USA), *Senior Fellow, Hudson Institute.*
Schmidt, Eric E. (USA), *Technical Advisor, Alphabet Inc.*
Scholten, Rudolf (AUT), *President, Bruno Kreisky Forum for International Dialogue.*
Seres, Silvija (NOR), *Independent Investor.*
Shafik, Minouche (GBR), *Director, The London School of Economics and Political Science.*
Sikorski, Radoslaw (POL), *MP, European Parliament.*
Singer, Peter Warren (USA), *Strategist, New America.*
Sitti, Metin (TUR), *Professor, Koç University; Director, Max Planck Institute for Intelligent Systems.*
Snyder, Timothy (USA), *Richard C. Levin Professor of History, Yale University.*
Solhjell, Bård Vegar (NOR), *CEO, WWF – Norway.*
Stoltenberg, Jens (INT), *Secretary General, NATO.*
Suleyman, Mustafa (GBR), *Co-Founder, Deepmind.*
Supino, Pietro (CHE), *Publisher and Chairman, Tamedia Group.*
Teuteberg, Linda (DEU), *General Secretary, Free Democratic Party.*

Thiam, Tidjane (CHE), *CEO, Credit Suisse Group AG.*
Thiel, Peter (USA), *President, Thiel Capital.*
Trzaskowski, Rafal (POL), *Mayor of Warsaw.*
Tucker, Mark (GBR), *Group Chairman, HSBC Holding plc..*
Tugendhat, Tom (GBR), *MP, Conservative Party.*
Turpin, Matthew (USA), *Director for China, National Security Council.*
Uhl, Jessica (NLD), CFO and Executive Director, *Royal Dutch Shell plc.*
Vestergaard Knudsen, Ulrik (DNK), *Deputy Secretary-General, OECD.*
Walker, Darren (USA), *President, Ford Foundation.*
Wallenberg, Marcus (SWE), *Chairman, Skandinaviska Enskilda Banken AB.*
Wolf, Martin H. (GBR), *Chief Economics Commentator, Financial Times.*
Zeiler, Gerhard (AUT), *Chief Revenue Officer, WarnerMedia.*
Zetsche, Dieter (DEU), *Former Chairman, Daimler AG.*

LE NAZIONI CHE SONO I RAPPRESENTANTI UFFICIALI AI BILDERBERGERS MEETING:

AUT Austria
BEL Belgium
CAN Canada
CHE Switzerland
CHN China
DEU Germany
DNK Denmark
ESP Spain
FIN Finland
FRA France
GBR Great Britain
GRC Greece
HUN Hungary
INT International
IRL Ireland
ITA Italy
NLD Netherlands
NOR Norway
PRT Portugal
SWE Sweden
TUR Turkey
USA United States of America

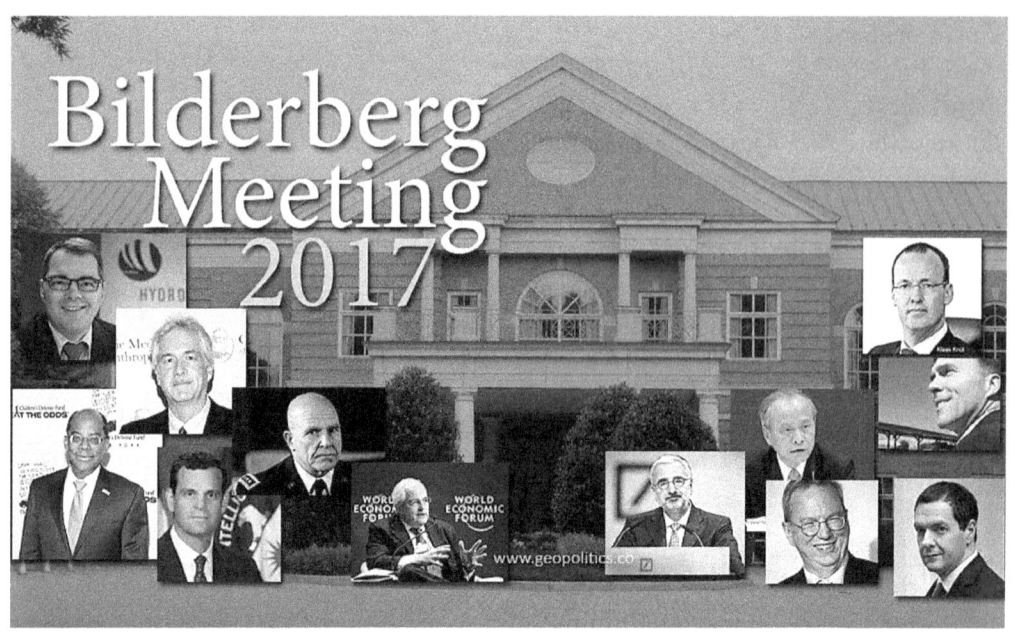

IL VATICANO AL CLUB BILDERBERG

Aria nuova alla Santa Sede. Negli stessi giorni di giugno, due eventi vedono protagonista la bimillenaria Chiesa fondata da Gesù Cristo. Nessuna spiritualità, tanto meno cura delle anime. Mentre Bergoglio riceve in Vaticano i vertici delle Sette Sorelle, i giganti dell'energia fossile come Exxon, Royal Dutch, la famiglia Rockefeller, tutti signori di assai incerta devozione ma certissimo potere, il suo collaboratore più importante, il segretario di Stato cardinale Pietro Parolin è ammesso all'annuale riunione del Club Bilderberg.

L'allegra brigata si riunisce a porte chiuse e nella consueta ostentata riservatezza da ben 66 anni. Quest'anno l'onore di ospitare l'evento spetta a Torino, la città degli Agnelli. I membri del circolo sono i più cospicui rappresentanti delle oligarchie al potere: banchieri, finanzieri, azionisti e dirigenti di vertice di multinazionali, i loro maggiordomi politici e i chierici del giornalismo embedded.

Gli argomenti trattati, come sempre, sono l'agenda politica, economica, culturale da imporre a gran parte del mondo. Dopo decenni, l'invito di questa loggia esclusiva, tutt'altro che versata in affari religiosi, si è esteso al ministro degli esteri vaticano.

Parolin, prelato con uso di mondo, non sfigurerà certo accanto a industriali, CEO delle maggiori entità economiche e finanziarie del pianeta, ministri ed ex ministri, influencer delle opinioni pubbliche. L'agenda dell'incontro torinese è assai fitta, i suoi temi di stringente attualità. Discuteranno amabilmente di populismo in Europa, della sfida della disuguaglianza (da essi provocata), futuro del lavoro (flessibile, a chiamata, delocalizzato…), dell'intelligenza artificiale (dunque saranno toccati argomenti come il transumanesimo), Stati Uniti in crisi di leadership, Russia, Iran- i Satana del momento- l'Arabia Saudita, gli amiconi in palandrana seduti su miliardi di barili di petrolio.

Il cardinale Parolin troverà alcuni connazionali italiani di prim'ordine: gli economisti liberisti di sinistra Giovanni Alesina e Mariana Mazzucato, Vittorio Colao di Vodafone (telefonia, reti di telecomunicazione, innovazione, dunque capillare capacità di controllo), una colonna del Bilderberg come Lilli Gruber, gran cerimoniera televisiva, la scienziata e senatrice a vita Elena Cattaneo, oltre naturalmente a John Elkann.

Incontrerà una vecchia conoscenza dell'Unione Europa, il portoghese Barroso, diventato, guarda caso, dirigente di Goldman & Sachs. Vedrà anche l'eterno Kissinger, il ministro dell'istruzione francese (la buona scuola LGBT transalpina…) e due novizi dell'inclita compagnia, le stelle nascenti della politica spagnola Soraya Sàenz de Santamarìa e il liberalissimo Albert Rivera, stretto sodale di Macron.

L'illustre brigata riceverà la benedizione di Parolin, ma più verosimilmente, sarà essa stessa ad impartirla, a nome dei Superiori, all'uomo di Chiesa accolto in tanto consesso. Come sempre, decideranno il futuro comune in nostra assenza e contro i principi, gli interessi, la volontà del popolo bue, che accuseranno di populismo e di non credere abbastanza alle loro verità. Si impegneranno attivamente contro di noi, lo dimostra l'agenda ufficiale, integrata come sempre da libere discussioni molto, molto riservate.

Resta una domanda: che cosa c'entra la Chiesa di Gesù Cristo e il popolo di Dio con il Club Bilderberg, i suoi fini e le sue azioni, la sua prassi elitaria, il suo sentimento oligarchico, l'indifferenza per la gente, la distanza incommensurabile da qualunque tradizione spirituale e tensione morale.

La neo Chiesa entra nel Tempio dei nemici di sempre, probabilmente dalla porta di servizio. Vedremo le conseguenze, ma qualunque parola uscirà dalla bocca del cardinale Parolin durante le sessioni del club, per ogni impegno che prenderà, ricordi la chiarezza che Gesù, il così nominato fondatore della Chiesa di cui è un alto dignitario, pretese dagli uomini di Dio: "Sia il vostro parlare sì sì, no no. Il di più vien dal Maligno". Pericolosa, sulfurea compagnia quella del Bilderberg… Eminenza.

Tra gli invitati 8 Italiani!

La 66/esima riunione dell'antidemocratico club fondato dal ricco e potente Rockfeller nel 1954 fu fatta dal 7 al 10 giugno 2018 a Torino

Bilderberg ha scelto l'Italia. Il meeting (segreto e ufficialmente illegale) che ogni anno riunisce personalità quasi sempre impopolari e servili verso i personaggi più potenti del mondo politico, finanziario, accademico e dei media per decidere del destino economico-sociale di tutti gli esseri viventi e del pianeta Terra, si terrà a Torino.

Nell'elenco dei partecipanti figurano ministri, industriali, amministratori delegati di multinazionali e i vertici di numerose banche di tutto il mondo.

Secondo le regole del Bilderberg, due terzi dei partecipanti vengono dall'Europa, il resto dall'America del Nord, e questi decidono per tutti gli altri Stati prendendo il posto di Dio anche se non sono uomini di virtù, nonché privi di sapienza e saggezza ma solo potenti, ricchi milionari e miliardari ma pezzenti nell'animo.

La conferenza si svolge a porte chiuse secondo la regola di 'Chatham House'.

Tra gli otto italiani nell'elenco dei 128 partecipanti figurano John Elkann, presidente di Fca e di Xor, la giornalista Lilli Gruber, il direttore generale della Banca d'Italia Salvatore Rossi, il segretario dello Stato Vaticano, cardinale Pietro Parolin, gli economisti Alberto Alesina e Mariana Mazzucato, il manager Vittorio Colao, il direttore di Limes Lucio Caracciolo e la senatrice a vita Elena Cattaneo.

IL VATICANO È COMPLICE DEL CAPITALISMO TERRORISTA!

Ci sono due gruppi di minacce davanti a noi. Una viene dalla macchina di morte che è la nostra cultura militarista che ha creato un tale numero di armi nucleari, chimiche e biologiche, che possono distruggere ogni forma di vita sul pianeta. Queste armi sono molto deleterie: sono in sicurezza, ma non in assoluta sicurezza.

Lo abbiamo visto a Chernobyl e Fukushima. Inoltre abbiamo le nanotecnologie. La guerra cibernetica può essere ad elevata distruzione. Si tratta di una guerra non dichiarata, di violenza estrema e che punisce gli innocenti. Il secondo gruppo di minacce deriva da quello che il nostro sviluppo industriale ha fatto negli ultimi 300, 400 anni, con la sistematica aggressione alla Terra, ai suoi beni, le sue risorse.

Siamo arrivati al punto di avere destabilizzato totalmente il sistema Terra, e l'evidenza di questo è il riscaldamento globale. Per ricostruire quello che prendiamo alla Terra in un anno, essa abbisogna di un anno e mezzo. Quindi la Terra è già sterminata.

Stiamo arrivando a una temperatura vicino ai $2°$ C e la comunità scientifica nord-americana ha lanciato l'allarme sul fatto che, con l'ingresso del metano, del disgelo delle calotte polari e altri fattori, la Terra si sta scaldando piano e, improvvisamente, la febbre può sbalzare da $37°$ C a $45°$ C. Con questo repentino riscaldamento, la vita che conosciamo oggi non sopravvivrà, né quella animale, né vegetale, né umana.

Dato che abbiamo la tecnologia, siamo in grado di creare piccole oasi refrigerate per gruppi di esseri umani, che sicuramente invidieranno quelli che sono morti prima, tanto la vita sarà miserabile. Questo incomberà sull'umanità nei prossimi decenni, e nessuno lo crede, perché va contro il sistema di accumulazione, contro il capitalismo, contro le grandi aziende. Gli intellettuali che hanno un senso etico devono parlare di questo.

Il capitalismo è anticristiano perché in primo luogo è contro la vita, assassina le vite umane per accumulare. Per permettere ad alcuni una vita di qualità, molti devono avere una pessima qualità di vita. E questo è ingiusto. E tutto quello che va contro la vita finisce per essere contro colui che ha detto: «Io sono venuto a portare la vita, e una vita in abbondanza». Per questo è anticristiano. Riconoscerlo è costato molto ai cristiani, dato che le chiese si sono collocate molto bene dentro il sistema capitalista.

La Chiesa ha difficoltà a condannare perché il capitalismo non nega la Chiesa o la religione. Al contrario, difende la Chiesa e la morale. Solo che, nella pratica, nega tutto questo. E questa è la grande illusione della Chiesa, dal momento che il capitalismo si estende in tutto il mondo, senza solidarietà. Con lui, solo il forte guadagna.

Gli Stati Uniti? Sono in "grande terrorista mondiale", poiché in America Latina hanno appoggiato tutte le dittature e partecipato attivamente agli attentati, ai sequestri di persona, fornendo informazioni. E continuano con questa strategia, che è la strategia dell'Impero.

Dove c'è una opposizione, la distruggono. Solo, mi meraviglio che non siano ancora riusciti ad eliminare Hugo Chávez in Venezuela, né Fidel Castro, pur tentando 17 volte, senza risultato. Gli Usa utilizzano sempre la violenza militare per imporsi e lo fanno dappertutto, come hanno fatto in Libia, ad esempio, con i droni. Credo che dopo le elezioni interverranno con i droni anche in Siria.

Indipendentemente dal fatto che Obama venga rieletto o meno: perché gli Usa non riusciranno a trattenere Israele e, inoltre, non risolveranno i problemi con l'Iran.

Quindi l'arma non è la diplomazia e la ricerca di percorsi di pace, ma è la sottomissione. Sono forti, oggi: non nell'economia, perché la Cina lo è di più, né nella tecnologia (Giappone e altri paesi lo sono di più). Loro hanno il dominio militare del mondo, con la possibilità di ammazzare tutti. In nome di questo, sottomettono tutto il mondo. Nessuno si oppone all'Impero, tranne il Venezuela, Cuba e la Corea del Nord.

Tutti gli altri, compreso il Brasile, si inchinano agli Stati Uniti. Si tratta di un impero il cui imperatore è afroamericano, ma con la stessa perversione di Bush e altri, perché il progetto non è cambiato.

Un vecchio detto della tradizione cristiana dice: "Dove c'è il povero, lì c'è Cristo". Oggi dobbiamo guardare in tutte le città del terzo mondo, le grandi cinture di miseria, le baraccopoli. Il cristiano che prende sul serio la consapevolezza che Cristo è là dove sta il povero deve andare a visitarlo. Non basta sapere che là c'è uno slum. Bisogna andare lì, parlare con le persone, vedere come si può aiutarli a organizzarsi meglio.

Un altro detto dice: "Dove ci sono i poveri c'è Cristo, e dove c'è Cristo sta la Chiesa". Solo che non è vero che dove ci sono i poveri c'è la Chiesa. Essa è più vicina al Palazzo di Erode che alla grotta di Betlemme. La Chiesa deve rivedere quale è il suo posto nella società. Riconoscere la Chiesa di Roma come l'unica vera è un errore teologico, perché suppone un concetto di Dio riduzionista, come se egli dicesse: «Questi sono i miei figli e quelli non lo sono; queste sono le mie creature care e quelli sono figli abbandonati».

Questo non esiste per Dio. Tutti siamo nati dal suo cuore. Dio crede in tutti gli esseri umani. Tutti sono figli e figlie, non solo i battezzati, che per caso sono nati in Occidente. Quindi una Chiesa che non fa questo, si oppone a Dio.

La Teologia della Liberazione parte dal grido degli oppressi, che oggi sono i poveri. Fino al 2008 c'erano 860 milioni di poveri al mondo e la crisi economica e finanziaria ha elevato questo numero a un miliardo e 200 milioni. I gridi sono diventati boati. Fino a quando ci saranno persone al mondo che gridano, siano donne, afrodiscendenti, indigeni, persone discriminate, sempre ha senso – partendo dalla fede – parlare e agire in forma liberatrice. È una teologia permanente, perché, per la condizione umana, tutti – perfino i più ricchi e equilibrati – portano la propria croce: é la paura della morte, l'esposizione a incidenti, la perdita del figlio o della sposa; non abbiamo una vita sicura. La condizione umana è questa e deve essere costruita ogni giorno, con la sua angustia e oppressione.

Oltre la metà dei cristiani e dei cattolici vive nel terzo mondo. Di fatto è una religione del terzo mondo, sebbene sia nata nel primo. E se parliamo di creatività, di presenza, vedremo che la creatività non è presente nel primo mondo, dove abbiamo culture agonizzanti, che lentamente "stanno scivolando dalla rampa" della vita.

Sono civiltà che non coltivano la speranza, perché non vedono quale speranza ci sia per loro. In fondo hanno conquistato tutto quello che volevano, hanno dominato il mondo, imposto le loro idee, le loro filosofie, i loro valori, la loro musica, e ora dicono che sono infelici. Questo significa che l'essere umano non ha solo fame di pane, di beni materiali, ma anche di bellezza, di comunicazione, di amore di solidarietà. E questi valori sono presenti soprattutto tra i poveri.

Se c'è una cosa che i poveri proteggono è la cultura della solidarietà, l'allegria di vivere con il poco che hanno. Lo si vede perfino nelle telenovele di "Globo", come quella chiamata "Avenida Brasil": dove stanno la vita, la solidarietà e l'allegria? Non nell'alta borghesia; stanno nella favela del Divino. In questi luoghi dell'Asia, dell'Africa, dell'America Latina, il cristianesimo si dimostra creativo. Qui abbiamo la donna povera che non vuole entrare nel mondo dei ricchi, ma vuole essere solidale.

Quindi c'è una teologia femminile differente. Esse litigano perfino con le americane, per esempio, criticandole, dicendo che non si deve continuare a fare teologia solo per integrare le donne, che poi contribuiranno solo a ingrossare il mondo degli oppressori. Le latinoamericane chiedono a loro solidarietà come donne e come oppresse. Se non ci sarà questo, non sarà una vera Teologia della Liberazione.

La teologia è seria quando si prende sul serio la testimonianza degli invisibili, dei disprezzati, di quelli che non contano niente. Ogni persona è unica al mondo, ha qualcosa da dire, da mostrare. Ignorante è quello che pensa che il popolo è ignorante. Il popolo conosce molto della vita, della sua lotta. É un sapere, come dice Camões, "fatto di esperienza".

Siamo seri quando diamo valore a quello che dice il popolo, che non sono parole, ma drammi e gridi. In secondo luogo, dobbiamo saper formulare questo in maniera rigorosa e universale, in modo che tutti possano capire.

Per prima cosa, la teologia e le Chiese ammettano di essere complici del mondo a cui oggi siamo arrivati. Questo significa che c'è stato qualche errore nella nostra trasmissione di fede, nella nostra esperienza biblica, per cui non siamo riusciti ad evitare la crisi ecologica e la crisi economica mondiale.

Non abbiamo la chiave della salvezza, siamo parte del problema. E con molta umiltà, dobbiamo rinunciare a ogni arroganza tipo "abbiamo la parola della rivelazione e quindi sappiamo". Noi non sappiamo. Quando la Chiesa è stata arrogante e ha assunto il potere, è stato un fiasco. Ha governato male, fino al 1890 c'era ancora la pena di morte nello Stato del Vaticano, oltre ad aver commesso grandi errori storici contro la modernità e i diritti umani.

Quindi non può presentare titoli di credibilità, attendibilità e affidabilità. Per prima cosa, bisogna riconoscere che si può imparare dialogando e che si può dare un contributo partendo dall'esempio attitudinale che diede Gesù. La nostra sfida non è quella di creare cristiani, ma creare persone oneste, umane, solidali, compassionevoli, rispettose della natura degli altri. Se realizziamo questo si realizza il sogno che deve avere ogni essere umano: "Amare il prossimo tuo come te stesso".

Papa Francesco (Jorge Mario Bergoglio) al congresso dell'ONU nel 2015
È da considerare che l'ONU e BILDERBERG sono due facciate della stessa medaglia

UN CONTROLLO DELL'UMANITÀ ILLEGALE

Negli ultimi anni abbiamo visto una straordinaria erosione delle libertà e uno speculare accentramento di potere e ricchezza salire verso l'alto. L'unica cosa che possiamo fare per difenderci da questo attacco alla Vita, è ripartire in silenzio, unendoci tra di noi, che stiamo in basso, anziché farsi quella che è la "Guerra tra poveri" che è esattamente l'obiettivo di quelli che stanno in alto.

Da quando esiste la storia esistono dominio, controllo e guerra. Nella preistoria no ma nella storia sì. Se noi guardiamo alla storia con discernimento vediamo che questa non è altro che una sequela infinita di atti di aggressione contro il pianeta, contro i viventi in generale e di conseguenza anche contro gli umani (che sono a tutti gli effetti dei viventi come tutti gli altri, né più né meno).

Ciò che è cambiato dunque non sono gli effetti finali della storia (che è sempre stata dominio, controllo, guerra) quanto le modalità con cui questa viene portata avanti. In questa ottica è fuori di ogni dubbio che all'immenso avanzamento delle tecnologie siano corrisposte forme di dominio, controllo, guerra all'umanità (oltre che a tutto il resto) sempre più avanzate e di fronte alle quali siamo ovviamente sempre più indifesi.

L'avanzata politico-economica-sociale che sta prendendo piede sempre più fattivamente e specie in questi ultimi anni è di tipo accentrante. E' una concentrazione di funzioni amministrative, politiche e legislative posta e nascosta è comandata da organi centrali divenendo uno Stato unico e universale dove non esiste la vera Democrazia popolare ma una Oligarchia vera e propria, un Governo fantasma capitanato da pochi influenti individui e dai più ricchi nel proprio esclusivo interesse. In realtà, è una minoranza di potenti che si è impadronita del potere assoluto creandone uno Stato mondiale.

In altre parole è una guerra che quei pochi che stanno in alto portano avanti nei confronti di chi sta in basso (cioè sotto). Tutto il resto sono unicamente corollari utili alla realizzazione del piano. Il destino dell'umanità, a meno di un cambio di prospettiva enorme e di cui francamente si vedono ben pochi segnali, almeno per i decenni a venire, è molto chiaramente segnato. E per la gente comune non è un bel destino.

L'avanzata tecnologica, concentrando in un unico punto, quello del dominio e controllo (guerra), tutte le sue armi (biometria, ingegneria genetica, farmaceutica, medicina, alimentazione, energia, ma anche (dis)informazione, istruzione, intrattenimento (imbonimento), e ancora "democrazia", politica in generale, leggi, burocrazia, istituzioni nazionali e sovranazionali, l'invenzione del terrorismo come nemico globale, l'indebitamento globale (Stati, aziende, famiglie, individui, ecc.), ha reso le masse sempre più docili, deboli, belanti e impaurite, rendendo questi controllo e dominio di facile realizzazione, il tutto in tempi e modi impensabili fino a solo poco anni addietro.

Se vogliamo andare alla sostanza, come umani abbiamo ben pochi margini di manovra per vivere in maniera libera e dignitosa o comunque questi margini sono in costante riduzione. Io credo che i nodi verranno al pettine definitivamente e drammaticamente nel momento in cui il degrado socio/ambientale arriverà ad un punto di rottura, congiuntamente alla definitiva eliminazione del denaro contante (che già oggi si attesta indicativamente ad un ben misero 7% dell'intera massa circolante) e alla totale mercificazione dell'esistente portata avanti sempre più serratamente.

Sarà allora che con qualche scusa di sicurezza globale o forse anche solamente con l'imbonimento, verrà a tutti installato un bel microchip (la cosa del resto non deve sorprenderci. Non scippiamo il cane e anche tutti gli altri che ci fa comodo scippare? Che cambia? Perché il cane sì e noi no? La logica non è sempre la stessa?).

Così il controllo dell'umanità sarà veramente globale, totale e definitivo, il tutto alla faccia di quel "mondo libero" in cui ancora molti sono convinti di vivere.

In una situazione simile, cioè una situazione in cui la sopravvivenza sarà estremamente difficile, è evidente che ci sarà un'escalation di violenza generalizzata. Questo è ciò che sta accadendo oggi in sempre più numerose aree del mondo.

Molti sostengono che tutte queste manovre che abbiamo cercato succintamente di indicare nelle righe precedenti, hanno lo scopo di far diventare le multinazionali e chi le governa (cioè il potere economico) ancora più ricche di ciò che già sono, ma non è così. Non è affatto così. L'economia non è più, almeno per i controllori, un mezzo di arricchimento ma semplicemente uno strumento di controllo sociale (cioè di tutti coloro che sono costretti a lavorare per andare avanti).

Siamo noi, gente comune che dobbiamo lavorare per campare, non loro per arricchirsi.

A che servono un profitto e una ricchezza derivanti dall'economia quando questa ricchezza viene letteralmente creata dal nulla dal potere bancario-finanziario, quello stesso potere bancario-finanziario che controlla in toto l'economia? Che ci fanno con altra ricchezza se quella già esistente (creata dal nulla come abbiamo detto) è sufficiente per comprarsi tutti i pianeti, gli universi e le galassie?

La logica dunque è un'altra. Molto banalmente è una logica di dominio e di controllo ed è la stessa logica che l'umanità in generale applica da diecimila anni (cioè dall'inizio della storia) all'intero pianeta ed ai suoi abitanti. E' la prospettiva antropocentrica poi trasformatasi in egocentrica ad averci ridotto così. Proviamo a pensare a quell'orribile fabbrica di morte che sono i moderni allevamenti industriali di animali e capiremo che la logica che vi sta dietro è la stessa.

Come noi, gente del popolo, ci consideriamo di un'altra categoria rispetto agli animali, i dominatori dell'universo si considerano di un'altra categoria rispetto a noi gente comune, una categoria superiore. E bisogna ammetterlo: secondo questa inaccettabile logica, essi lo sono.

Ce ne accorgiamo solo adesso per due motivi: il primo è perché sta cominciando a toccare anche a noi occidentali in prima persona (agli africani, tanto per dirne una, è già toccato da un pezzo), e il secondo è perché gli strumenti tecnologici di controllo sono diventati talmente avanzati (ed utilizzati sempre più esplicitamente) che finalmente qualcuno sta cominciando ad aprire gli occhi (ancora un po' in pochini per la verità).

Questo dominio sociale sempre più esasperato e esasperante si è esplicato in maniera molto evidente negli ultimi anni attraverso la progressiva destabilizzazione di sempre più aree del mondo (basta pensare al medio oriente e ora all'Ucraina), attraverso crisi economiche indotte, migrazioni forzate di milioni e milioni di uomini, donne e bambini (e ci sono dementi, lasciatemeli chiamare per ciò che sono, che ce l'hanno con gli emigranti e che dicono che "devono tornare a casa loro") e tanto altro ancora.

Tutto ciò genera in ultima analisi paura e insicurezza, oltre ad una progressiva scarsità di beni essenziali alla vita, che rendono l'umanità sempre più docile, piegata ed incline ad accettare qualunque sopruso; come difatti sta accadendo.

Cosa dovremmo fare?

Veniamo a noi. Cosa possiamo fare per provare a vivere bene in un mondo sempre più difficile? Premesso che non credo si possano combattere i dominatori dell'universo con le loro armi (hanno tutto, assolutamente tutto, per vincere con la violenza, e difatti è proprio con quella violenza che stanno già "vincendo"), e premesso anche che le dinamiche di questo futuro sono comunque impossibili da dettagliare. Certamente, pur se utopico, il primo fondamentale passo da fare è di giocare ad un altro gioco, il nostro gioco, di cui noi facciamo le regole.

Ad esempio, potrebbe non essere sensato guardare al futuro con speranza e come ad un qualcosa di positivo come si è fatto fino a ieri, ma pare molto più logico concentrarsi sul presente. Ovviamente questo è un cambio di prospettiva di difficile applicazione poiché veniamo da millenni di cultura che spinge sul futuro. Ma questo è solo un esempio.

Concretamente sarebbe necessario dedicarsi con molto impegno e piena consapevolezza a ricostruire un senso di comunità e di famiglia (più o meno estesa), dove l'unità, la collaborazione e la condivisione superino, definitivamente e una volta per tutte (almeno tra noi comuni mortali) quella competizione a cui oggi come oggi, volente o nolente, chi più chi meno, siamo tutti costretti.

Sostituire una volta per tutte il rispetto reciproco a quell'aggressività reciproca che caratterizza la nostra vita di oggi. Sostituire una volta per tutte l'aiuto reciproco a quel cercare di essere "più furbi" che caratterizza il mondo di oggi. In altre parole smettere di farsi la guerra tra noi (cioè tra "poveri") quando questa guerra l'hanno mossa coloro che stanno in alto per sistemare una volta per tutte chi sta sotto.

In senso assoluto io non vedo la cosa come una tragedia. Si tratta essenzialmente di rimodellare i nostri pensieri e conseguentemente le nostre azioni su dinamiche diverse a quelle a cui siamo abituati. A ben vedere non è che il mondo e il modo in cui viviamo oggi ci facciano godere troppo. E' da notare che la cosiddetta "crisi socio-economica" che ha colpito milioni e milioni di persone, è una tragedia per molti (per la stragrande maggioranza) ma non per tutti. C'è anche chi grazie alla crisi ha riscoperto stili di vita più semplici, naturali, solidali. C'è chi grazie alla crisi vive meglio. Chiedere la "ripresa" significa essenzialmente chiedere "di più" da quel mondo di dominatori che ci ha ridotto come siamo.

Certamente, la spiritualità, nelle sue svariate applicazioni concrete, è ciò che in ultima analisi potrebbe fare la differenza tra il dramma e una vita da succube, ma comunque degna di essere vissuta in pace. Siccome i cambiamenti spirituali richiedono tempo e di sicuro non s'inventano in quattro e quattr'otto, è dunque bene per chi fa questa scelta intraprendere questo cammino sin da ora, senza azzuffarsi fino all'ultima briciola o all'ultimo osso lasciato cadere dall'alto dai padroni dell'Universo.

Notandone i risultati deludenti, spesso si ritiene del tutto insensato manifestare, fare cortei, scioperi, petizioni via internet o addirittura continuare ad andare a votare, almeno solo per non farci prendere per i fondelli dai ministri e dai governanti di turno, anche perché alla fine sono tutti uguali e nulla cambia in meglio ma solo in peggio.

Le proteste e le dimostrazioni di massa contro i poteri forti non servono a nulla se non a dare alle popolazioni l'illusione che qualcosa possa cambiare e con ciò tenerle ancora più docili. Ormai tutti sanno benissimo che le cose stanno così, perché se così non fosse avrebbero già vietato ogni tipo di dimostrazione e protesta collettiva, se pacifica, senza o quasi mai subirne uno scontro violento e intimidatorio da parte delle Forze militari (difatti è questo ciò che accade, e anche con violenza estrema, quando qualcuno dei dimostranti oltrepassa un dato limite).

E' ora di entrare nello stato razionale di idee e convincersi che qualunque istituzione governativa, nazionale e ancor più sovranazionale, nessuna esclusa, non è lì per difenderci ma per difendere il proprio Sistema dominante e con ciò i suoi controllori. Non sono lì per noi ma contro di noi. Sono strumenti (e lo Stato è il primo tra questi) utilizzati dal potere costituito per mantenerci sotto di loro. Tutte le istituzioni servono a questo, nessuna esclusa. Ognuno dovrebbe mettersi bene in testa questa realtà ed agire di conseguenza.

Bisognerà dunque ripartire da zero e difendere semmai quel territorio che abitiamo e che ci dà la Vita, difendere la famiglia (intesa in senso esteso), la comunità in cui viviamo. Difendere quel poco di margini di manovra che ancora ci sono rimasti cominciando a tirarsi fuori dal Sistema (e non a chiederne ancora di più), se è necessario anche a disubbidire, a non riconoscere l'assoluta autorità come tale e legale, a boicottare (in silenzio), a non pagare sovrattasse, multe ingiuste, ecc., insomma smetterla di sostenere al 100% tutto ciò che ci ruba la Vita. Non tanto, e comunque non solo, per cambiare l'ordine costituito quanto più semplicemente per poter vivere con maggior dignità.

E' ora di capire definitivamente che non si può e non si deve chiedere il permesso a qualcuno, a nessuno, per poter vivere. E ricordarsi che si deve morire comunque. La preservazione della vita a tutti i costi ha un senso se questa vita è degna di essere vissuta. Oltrepassato quel limite non è più così. Proviamo tutti a cominciare a vivere davvero bene da adesso e soprattutto a farlo a modo nostro.

LA GIGANTESCA CABALA MONDIALE:
ÈLITE, PREDAZIONE E SPIETATEZZA

In quest'articolo del 2011 tratto in parte dal 'Global Research', è assai chiara la seguente notizia che tutti dovrebbero conoscere: "Usa e politica globale controllati dalle famiglie più ricche del pianeta. Un potere esercitato in maniera profonda, assoluta e clandestina".

Questo controllo ha avuto inizio in Europa e ha una continuità che può essere fatta risalire al tempo in cui i banchieri scoprirono che era più redditizio fare prestiti ai governi che a singoli individui bisognosi.

Queste famiglie di banchieri e i loro beneficiari asserviti sono arrivati a possedere le imprese più importanti, nel corso di due secoli, durante i quali si sono, segretamente e in maniera crescente, organizzati come controllori dei governi di tutto il mondo e come arbitri della guerra e della pace.

Se non capiremo questo non saremo in grado di comprendere le vere ragioni per le due guerre mondiali e l'imminente Terza Guerra Mondiale, una guerra che quasi certamente inizierà come conseguenza del tentativo americano di conquistare e controllare l'Asia centrale. L'unica via di uscita per gli Stati Uniti è fare marcia indietro – cosa che i popoli degli Stati Uniti e del mondo vogliono, ma l'élite inter-nazionale no.

Gli Stati Uniti sono un paese controllato attraverso la proprietà privata della 'Federal Reserve', che a sua volta è controllata da un manipolo di famiglie di banchieri che si sono affermate soprattutto con l'inganno.

Nel suo interessante libro: 'The Secret Team' (La Squadra Segreta), il colonnello Fletcher Prouty, l'ufficiale addetto alle istruzioni del Presidente degli Stati Uniti dal 1955 al 1963, narra un importante episodio, in cui il primo ministro britannico Winston Churchill pronunciò delle frasi rivelatrici durante la seconda guerra mondiale:

«In questa notte particolare c'è stato un pesante raid su Rotterdam… (Rimase lì seduto, meditando, e poi, come parlando a se stesso, disse): …guerra sottomarina indiscriminata, senza restrizioni nei bombardamenti aerei – questa è guerra totale (Continuò a stare seduto lì, a guardare una grande mappa, e poi disse), Il Tempo e l'Oceano e qualche stella polare e la Grande Cabala (High Cabal) ci hanno reso quello che siamo».

Prouty afferma inoltre:

«Fu una scena memorabile e un'insolita rivelazione della realtà, nella migliore delle ipotesi. Se per il grande Winston Churchill, vi è una 'Grande Cabala' che ci ha reso ciò che siamo, la nostra definizione è completa. Chi poteva sapere meglio dello stesso Churchill, durante i giorni più bui della seconda guerra mondiale, che esiste, senza dubbio, la Grande Cabala Internazionale? Questa esistenza è quindi vera!».

Si è vera, oggi, è specialmente in questi tempi di Ordine Globale. Questo onnipotente gruppo ha dunque affermato la sua superiorità perché aveva imparato il valore dell'anonimato. Questa "Grande Cabala" composta da misteriosi intrighi e da oscuri imbrogli, è la "Cabala Globale" di oggi, la stessa che diversi scrittori chiamano l'élite o una cerchia ristretta e scelta di persone.

La Grande Cabala e Quello che Loro controllano

Oggi, l'élite in questione detiene tutti i mezzi di comunicazione, tutte le banche, la difesa delle nazioni, l'industria petrolifera e altre tra le più importanti imprese multinazionali. Nel suo libro 'Chi è chi dell'élite', Robert Gaylon Ross Sr. afferma:

"È mia opinione che loro detengono i militari americani, la NATO, il Servizio

Segreto, la CIA, la Corte Suprema, e molte delle corti inferiori. Essi sembrano controllare, direttamente o indirettamente, la maggior parte delle agenzie dello stato, delle contee, e le forze di polizia locali."

L'élite è intenta a conquistare il mondo sfruttando le capacità del popolo degli Stati Uniti. E' stato nel lontano 1774 che Amschel Mayer Rothschild ha dichiarato in una riunione dei dodici uomini più ricchi di Prussia a Francoforte:

«Le guerre devono essere condotte in modo che i popoli di entrambe le parti siano ulteriormente in debito con noi… Panico e depressioni finanziarie alla fine avranno come risultato un Governo Mondiale, un Nuovo Ordine Mondiale.»

L'élite possiede numerosi "Think tanks" che operano per espandere, consolidare e perpetuare la loro influenza sul mondo.

Il 'Royal Institute of International Affairs' (RIIA), il 'Council on Foreign Relations' (CFR), il 'Gruppo Bilderberg', la 'Commissione Trilaterale' e molte altre organizzazioni simili sono tutte finanziate dall'élite e lavorano per essa. Questi gruppi di riflessione pubblicano giornali e rotocalchi di ogni genere, come il 'Foreign Affairs', in cui queste idee imperialiste e contro la specie umana vengono pubblicate, e poi, se necessario, allargate in forma di libri e programmi radio-televisivi ai quali danno ampia pubblicità.

Zbigniew Brzezinski e Henry Kissinger ed altri, nonché i "pensatori" neo-con, devono la loro posizione e il buon tenore di vita alla generosità dell'élite. Questo è un punto importante ed essenziale che deve essere tenuto considerevolmente in bella vista in ogni momento. Questi pensatori e scrittori sono sul libro paga dell'élite e quindi lavorano per loro e a loro insindacabile favore.

Nel caso qualcuno avesse dubbi su una simile affermazione, potrebbe essere di auto leggere le seguenti citazioni scritte nella pagina 22 tratte dal libro di indagini scientifiche approfondite del Professor Peter Dale Scott: 'La strada verso l'11/9 – Ricchezza, Impero e il futuro dell'America' (University of California Press, 2007):

"… Bundy Harvard pupillo di Kissinger è stato chiamato ad essere consigliere della sicurezza nazionale, dopo aver preseduto un importante "gruppo di studio" presso il 'Council on Foreign Relations'. Come ex assistente di Nelson Rockefeller, Kissinger era stato pagato da Rockefeller per scrivere un libro sulla guerra limitata, per il CFR. Aveva anche lavorato duramente durante la perdente campagna elettorale per la nomination presidenziale di Rockefeller nel 1968. Così Rockefeller e il CFR potrebbero essere stati esclusi dal controllo del Partito Repubblicano, ma non dalla Casa Bianca Repubblicana".

L'ulteriore seguente citazione scritta nella pagina 38 dello stesso libro è molto rivelatrice:

"La relazione Rockefeller-Kissinger era complessa e certamente intensa. Come ha scritto il giornalista investigativo Jim Hougan: "Kissinger, sposato con un'ex assistente di Rockefeller, proprietaria di una villa a Georgetown, il cui acquisto fu possibile solo grazie a donazioni e prestiti di Rockefeller, è sempre stato un protetto del suo patrono Nelson Rockefeller, anche quando non era direttamente alle sue dipendenze".

Il Professor Scott aggiunge:
"L'arrivo di Nixon e Kissinger alla Casa Bianca nel 1969 coincise con la nomina di David Rockefeller a presidente della Chase Manhattan Bank. La politica estera di distensione di Nixon e Kissinger era altamente congruente con la spinta di Rockefeller ad internazionalizzare le operazioni bancarie della Chase Manhattan.

Così nel 1973 la Chase Manhattan è diventata la prima banca americana ad aprire un ufficio a Mosca. Pochi mesi dopo, grazie ad un invito di Kissinger, Rockefeller divenne il primo banchiere americano a parlare con i leaders comunisti cinesi a Pechino".

Come manipolare l'opinione pubblica

In aggiunta a questi strategici "Think tanks", l'élite ha creato una catena di istituti di ricerca dediti a manipolare l'opinione pubblica secondo i desideri dell'élite.

Come sottolineato da John Coleman nell'apertura del suo libro rivelatore delle losche attività riguardanti le relazioni umane dell'Istituto: "Tavistock"– Un progetto per il declino morale, spirituale, culturale, politico ed economico degli Stati Uniti d'America: «l'istituto fu fondato nel 1913 alla Wellington House di Londra per manipolare l'opinione pubblica».

Coleman aggiunge:
«La moderna scienza della manipolazione di massa è nata alla Wellington House, Londra, il robusto infante tenuto a battesimo da Lord Northcliffe e Lord Rothmere. La monarchia britannica, Lord Rothschild, i Rockefeller sono responsabili del finanziamento all'impresa … lo scopo di quelli della Wellington House era quello di effettuare un cambiamento nelle opinioni dei cittadini britannici che erano fermamente contrari alla guerra con la Germania, un compito formidabile che è stato realizzato con l'"opinion making", attraverso sondaggi. Lo staff era composto da Arnold Toynbee, un futuro direttore di studi presso il Royal Institute of International Affairs (RIIA), Lord Northcliffe, e gli americani Walter Lippmann e Edward Bernays. Lord Northcliffe era collegato ai Rothschilds tramite il matrimonio.

Bernays era nipote di Sigmund Freud, un fatto mai menzionato, e sviluppò la tecnica della "costruzione del consenso" Quando Sigmund Freud si trasferì in Gran Bretagna, anche lui, di nascosto, divenne associato a questo istituto attraverso l'Istituto Tavistock...

Bernays ha aperto la strada all'uso della psicologia e altre scienze sociali per manipolare e formare l'opinione pubblica in modo che il pubblico pensasse che tali opinioni fossero spontanee. Vi sono altre organizzazioni ausiliarie che sono sotto il suo controllo insieme a 3.000 Think thanks, per lo più negli Stati Uniti. Lo 'Stanford Research Institute', l'Istituto Hoover, l'Aspen Institute del Colorado, e molti altri, dediti alla manipolazione degli Stati Uniti così come dell'opinione pubblica mondiale, sono tutti emanazione del Tavistock. Questo aiuta a spiegare perché il pubblico americano, in generale, è così ipnotizzato da essere incapace di vedere le cose chiaramente al fine di poter reagire.»

Uno dei massimi ricercatori e collaboratori del Bildelberg, Daniel Estulin, cita dal libro di Mary Scobey:

"Coltivare Umanità', questa è una dichiarazione attribuita al professor Raymond Houghton, secondo cui il CFR è stato chiaro per lungo tempo nel dire che il controllo totale del comportamento umano è imminente ... senza l'auto-realizzazione dell'umanità, una grave crisi è a portata di mano!"

Si tenga anche presente che attualmente l'80% dei mezzi di comunicazione e di stampa degli Stati Uniti è di proprietà di solo sei grandi aziende. Questo sviluppo ha avuto luogo negli ultimi due decenni. Anche queste società sono di proprietà dell'élite. E' quasi impossibile per chi è a conoscenza di ciò che sta accadendo a livello globale, guardare, anche per pochi minuti, le bugie, le distorsioni e falsificazioni, riversate incessantemente da questi media, organi di propaganda e lavaggio del cervello dell'élite.

Una volta che il quadro è chiaro, è anche facile notare il silenzio criminale dei media sui crimini perpetrati contro l'umanità per volere delle élites. Quante persone sanno che i tassi di cancro a Falluja, in Iraq, sono superiori a quelli di Hiroshima e Nagasaki a causa dell'uso di uranio impoverito, e forse di altri dispositivi nucleari segreti, da parte delle forze degli Stati Uniti e dei loro alleati e nemici? Falluja, ad esempio, è stata punita per la sua eroica resistenza contro le forze americane.

L'importanza di Eurasia

Perché le forze militari belliche degli Stati Uniti sono spesso in Asia Centrale? Per capire questo, si devono guardare gli scritti dei tirapiedi dell'élite – Brzezinski, Kissinger, Samuel P. Huntington, e loro simili. È importante notare che i membri di questi Think thanks pagati dall'élite pubblicano libri come parte di una strategia finalizzata a dare rispettabilità a successive, immorali e predatorie azioni illegali che devono essere intraprese per volere delle élites. Le opinioni non sono necessariamente loro – sono le opinioni dei Think thanks. Questi tirapiedi formulano e annunciano politiche e piani per volontà dei loro padroni, attraverso organismi come il 'Council on Foreign Relations', il 'Bilderberg Group', ecc

Nel suo libro infinitamente arrogante: 'La grande scacchiera', pubblicato nel 1997, Brzezinski ha spiegato la filosofia dietro l'esplosione militare statunitense in corso. Egli comincia citando i ben noti punti di vista del geografo britannico Sir Halford J Mackinder (1861-1947), un altro lavoratore per l'élite. Mackinder era un membro del 'Coefficients Dining Club' istituito dai membri della Fabian Society nel 1902.

La continuità delle politiche dell'élite è indicata dal fatto che Brzezinski parte dalla tesi di Mackinder proposta per la prima volta nel 1904: "Chi governa l'Est Europa comanda l'Heartland: Chi governa l'Heartland comanda il supercontinente (Eufrasia): Chi comanda il supercontinente comanda il Mondo".

Brzezinski sostiene che, per la prima volta nella storia umana, una potenza non-eurasiatica è diventata preminente e deve dominare sul continente eurasiatico, se vuole rimanere la potenza globale preminente:

"Per l'America il premio geopolitico principale è l'Eurasia … Circa il 75 per cento della popolazione mondiale vive in Eurasia … l'Eurasia rappresenta circa il 60 per cento del PIL mondiale e circa i tre quarti delle risorse energetiche mondiali conosciute".

Non è solo la posizione geostrategica della regione – è anche la sua ricchezza, "sia delle sue imprese che sotto il suo suolo", ad esercitare questa attrazione per l'élite la cui avidità di denaro e sete di potere, restano insaziabili, come se fossero afflitti da una malattia.

Brzezinski scrive:

"Ma è sul campo da gioco più importante del globo – l'Eurasia – che a un certo punto potrebbe sorgere un potenziale rivale dell'America. Questa focalizzazione sui giocatori chiave e la valutazione attenta del terreno deve essere un punto di partenza per la formulazione di una geostrategia americana per la gestione a lungo termine degli interessi geopolitici dell'America in Eurasia".

Queste linee sono state pubblicate nel 1997. Milioni di persone sono morte negli ultimi due decenni, e milioni hanno perso la casa in questa regione, ma per Brzezinski essa rimane un "campo" da gioco e il suo trastullo!

Nel suo libro, Brzezinski ha tracciato due mappe molto interessanti – una di queste porta il titolo: 'La zona globale di penetrante violenza' (pagina 53) e l'altra (pag. 124) è intitolata: 'I Balcani Euroasiatici'.

La prima di queste racchiude una regione che comprende i seguenti paesi: Sudan, Egitto, Arabia Saudita, Turchia, Siria, Iraq, Iran, tutti gli Stati dell'Asia Centrale, Afghanistan, Pakistan e parti della Russia e dell'India.

La seconda ha due cerchi, un cerchio interno e un cerchio più ampio – il cerchio esterno racchiude gli stessi paesi della prima mappa, ma il cerchio interno comprende Iran, Afghanistan, Turchia orientale e le repubbliche ex sovietiche in Asia centrale.

"Questa vasta regione, lacerata da odi esplosivi e circondata da potenti vicini concorrenti, è probabile che sia un campo di battaglia importante. … - scrive Brzezinski - Una possibile sfida al primato americano dal fondamentalismo islamico potrebbero essere parte del problema di questa regione instabile. Queste righe sono state scritte in un momento in cui questo tipo di fondamentalismo non era un problema – Successivamente gli Stati Uniti hanno manipolato le cose e hanno scelto di crearne uno con tattiche provocatorie e ingannevoli. Secondo i suoi pensatori strategici, gli Stati Uniti potrebbero affrontare una sfida seria da una coalizione di Cina, Russia e Iran e devono fare tutto il possibile per evitare la formazione di una simile coalizione".

Per Brzezinski, il "terrorismo" – un concetto in stile Tavistock – è solo una strategia ben pianificata e ben congegnata, una menzogna e un inganno, per fornire una copertura per una presenza militare nella regione eurasiatica Centrale e altrove. Esso viene utilizzato per tenere il pubblico americano in uno stato di paura, per mantenere la Russia in uno stato di insicurezza riguardo ad ulteriori rotture (gli Stati Uniti hanno addestrato e sostenuto i combattenti ceceni, completamente "terroristi") per giustificare la presenza delle truppe statunitensi all'interno e nei dintorni dell'Asia centrale.

Preparazione della Guerra al Terrorismo

Il terrorismo giustifica la trasformazione degli Stati Uniti in uno stato di polizia. Secondo il Washington Post del 20 e 21 dicembre 2010, gli Stati Uniti hanno 4.058 organizzazioni anti-terrorismo! Queste non sono certamente destinate ai cosiddetti terroristi, che operano in Asia centrale – il numero supera di gran lunga il numero dei cosiddetti terroristi in tutto il mondo. Lo sfrenato spionaggio interno da parte delle agenzie degli Stati Uniti è ormai un dato di fatto e il pubblico americano, come sempre, ha accettato questo a causa della collusione dei media e di Istituti come il Tavistock di proprietà dell'élite.

Lo storico statunitense Howard Zinn si esprime molto bene:
«La cosiddetta guerra al terrorismo non è solo una guerra contro persone innocenti in altri paesi, ma anche una guerra contro il popolo degli Stati Uniti: una guerra alla nostra libertà, una guerra al nostro tenore di vita. La ricchezza del paese viene rubata al popolo e consegnata ai super ricchi. Le vite dei nostri giovani vengono rubate. E i ladri sono alla Casa Bianca.»
In realtà i ladri controllano la Casa Bianca e lo fanno da lungo tempo.

Nel suo libro eccezionale: 'Crossing the Rubicon', Michael Ruppert sottolinea:
"Gran parte della violenza nella regione asiatica centrale così come in Pakistan, che è stato incluso in due mappe nel libro di Brzezinski, è stata "avviata da delegati degli Stati Uniti. Dato che queste mappe sono state pubblicate ben quattro anni prima che il primo aereo colpisse il World Trade Centre, rientrano in una categoria di prove che ho imparato al Dipartimento di Polizia di Los Angeles [Los Angeles Police Department]. Si chiamano 'indizi'." Ciò significa che l'esplosione del militarismo degli Stati Uniti dopo l'11/9, e l'evento stesso, erano parte di una strategia pre-pianificata e coerente di dominio globale in cui il popolo degli Stati Uniti è stato "conquistato" attraverso la legislazione totalitaria attuata sulla scia dell'11/9."
Brzezinski afferma:
«L'America è troppo democratica a casa per essere autocratica all'estero. Questo limita l'uso del Potere dell'America, specialmente della sua capacità di intimidazione militare. Mai prima una democrazia popolare ha raggiunto la supremazia internazionale. Ma la ricerca del potere non è un obiettivo che suscita

la passione popolare, eccetto in condizioni di improvvisa minaccia o sfida al senso di benessere nazionale del pubblico... L'abnegazione economica (cioè, spese per la difesa) e il sacrificio umano (vittime anche tra i militari di carriera) richiesti nello sforzo non sono congeniali agli istinti democratici. La democrazia è nemica della mobilitazione imperiale.»

Certamente la legislazione post 11/9, la straordinaria espansione delle agenzie di sorveglianza sul pubblico americano è motivo di grande soddisfazione per l'élite – gli Stati Uniti difficilmente possono essere definiti una democrazia, ora.

Come riportato dal 'Washington Post': "la National Security Agency intercetta più di 1,7 miliardi di emails, telefonate e altre comunicazioni ogni giorno e le memorizza. Nessuna meraviglia che l'allora presidente degli Stati Uniti, George Walker Bush jr, denominò l'11/9 "una grande opportunità" e Donald Henry Rumsfeld, ex Segretario della Difesa degli Stati Uniti l'ho vide come analogo alla seconda guerra mondiale per "rimodellare il mondo".

Al fine di raggiungere gli obiettivi dell'élite, gli Stati Uniti hanno distrutto la Jugoslavia, mentre la Russia restava ipnotizzata e impotente, da cambi di regime effettuati in Asia centrale, basi militari costruite in Europa orientale e Asia centrale, ed esercitazioni militari altamente provocatorie per sfidare la volontà della Russia e della Cina. Hanno costruito una base militare in Kirghizistan che ha più o meno 500 miglia di confine con la Cina.

Quando i cinesi hanno protestato per le recenti esercitazioni navali con la Corea del Sud troppo vicine al territorio cinese, un portavoce USA ha risposto:

«Le decisioni in questione sono prese da noi e solo da noi ... Dove ci esercitiamo, quando ci esercitiamo, con chi e come, con quali risorse e così via, sono decisioni prese dalla Marina degli Stati Uniti, dal Dipartimento della Difesa, dal governo degli Stati Uniti.»

Come nota il giornalista Rick Rozoff: «Non c'è modo che un tale polemico, arrogante e volgare linguaggio non sia stato compreso nel suo giusto valore a Pechino.»

Gli Stati Uniti hanno acquisito basi in Romania, Bulgaria, Polonia e Repubblica ceca – e hanno creato la più grande base militare mai costruita nella regione, Camp Bondsteel, in Kosovo. Secondo un rapporto del giornale russo Kommersant, il 3 marzo 2011, un piano in quattro fasi per lo spiegamento di un sistema missilistico americano in Europa sarà pienamente completato entro la fine del 2020.

Gli Stati Uniti sono anche impegnati a creare legami militari bilaterali nel cortile di casa della Russia, con l'Azerbaigian, Kazakistan, Uzbekistan, Turkmenistan e perseguono l'obiettivo di una "Grande Asia Centrale", dall'Afghanistan fino al Medio Oriente, un grande corridoio da cui il petrolio, il gas, e le ricchezze minerarie di questa regione affluiranno nelle casse dell'élite degli Stati Uniti, a prezzo sanguinoso per la popolazione locale.

Come rilevato dal diplomatico di carriera indiano M.K. Bhadrakumar:

«Non passerà molto tempo prima che comincino a capire che 'la guerra al terrore' sta fornendo una conveniente agenda in base alla quale gli Stati Uniti garantiscono in modo incrementale, a se stessi, una dimora permanente negli altipiani di Hindu Kush, Pamir, nelle steppe dell'Asia centrale e del Caucaso che formano il nodo strategico che domina la Russia, la Cina, l'India e l'Iran. – La scena di una grande guerra che coinvolge le grandi potenze del momento – Stati Uniti, Russia e Cina – è stata impostata, su progetto dell'élite. E 'solo una questione di tempo».

Di volta in volta l'élite degli Stati Uniti ha portato la sua brava gente in grandi guerre attraverso inganni documentati da prove – l'affondamento del Lusitania durante la prima guerra mondiale, Pearl Harbour nella seconda guerra mondiale, e così via. L'élite ci considera "spazzatura umana" – un termine usato per la prima volta dai francesi in Indocina. Sta inoltre creando una buona dose di "rifiuti umani" negli Stati Uniti.

Un rapporto della Banca Mondiale afferma che, nel 2005, 28 milioni di americani erano "precari" – nel 2007 il numero era salito a 46 milioni! Un americano su cinque si trova di fronte la possibilità di diventare "indigente" – 38 milioni di persone ricevono buoni pasto!

Il giornalista investigativo Michael Ruppert lamenta:

«Il mio paese è morto. La sua gente ha ceduto alla tirannia e, così facendo, è diventata il principale gruppo di supporto alla tirannia, la sua base, il suo difensore. Ogni giorno appoggiano la tirannia facendo operazioni nelle sue banche e spendendo il loro denaro preso in prestito nelle corporazioni che lo gestiscono. La grande strategia dei Neocons di George HW Bush ha trionfato. Convincere le persone che l'America non può vivere senza le 'cose buone', poi sedersi e guardare mentre esse avallano crimini sempre più oltraggiosi mentre voi gettate loro ossa con sempre men carne. Per tutto il tempo li tenete bloccati nel debito. Distruggete la classe media, la sola base politica che deve essere temuta. Fate loro accettare, a causa della loro colpa comune, misure sempre più repressive da stato di polizia. Fate quello che volete.»

Un sistema economico globale eretto su valori inumani e predatori, dove pochi posseggono più ricchezza dei miliardi di affamati messi insieme, si concluderà, ma la fine sarà dolorosa e sanguinosa. Si tratta di un sistema in cui l'élite vive di guerra e miseria umana diffusa, sulla progettazione della morte e della distruzione.

Come disse il fisico e premio Nobel, Albert Einstein: «Io non so come sarà combattuta la terza guerra mondiale, ma posso dirvi cosa useranno nella Quarta – clave e pietre!»

I VERI PADRONI DEL MONDO
CHE POCHISSIMI O NESSUNO CONOSCE

I media russi che trasmettono informazioni in forma alternativa (rispetto ai media occidentali) si sono presi la briga di sviscerare e segnalare in modo specifico quali siano gli oligopoli finanziari anglosassoni- le quattro mega banche- che hanno il controllo della finanza mondiale, come è venuto alla luce dai risultati inquietanti di una ricerca fatta da "Russia Today": queste sono BlackRock, State Street Corp,- FMR/Fidelity,- Vanguard Group.

Le quattro grandi banche di Wall Street e le 8 famiglie collegate che dominano la finanza mondiale:

E' risultato fra l'altro che, anche che la "privatizzazione globale dell'acqua" viene attuata dalle stesse megabanche di Wall Street, in concomitanza con la Banca Mondiale, fatto questo che arreca benefici nel suo insieme al nepotismo dinastico della famiglia Bush (grande famiglia di petrolieri), i cui componenti stanno cercando anche di prendere il controllo delle fonti d'acqua dell'Acuífero Guaraní in Sud America, una delle maggiori riserve d'acqua dolce del pianeta.

Già nel 2012 il precedente legislatore texano Ron Paul –padre del candidato presidenziale Rand, uno dei creatori del poi rinnegato "Partito del Te", venuto poi meno, ma che è stato anche uno dei migliori esperti fiscali degli Stati Uniti- aveva segnalato che i Rothschild possiedono le azioni delle 500 principali multinazionali riportate nella rivista Fortune che sono controllate a loro volta dalle quattro grandi banche di Wall street ("the Big Four"): la BlackRock, la State Street, FMR/Fidelity e Vanguard Group (che strana coincidenza).

Adesso Lisa Karpova (LK), della Pravda.ru, è riuscita a penetrare, con la sua indagine, nei dedali della finanza globale ed ha commentato che si tratta di " sei, otto o forse 12 famiglie , che sono quelle che veramente dominano il mondo, pur sapendo che è un mistero difficile da decifrare".

Come può essere possibile che esista in pieno secolo XXI, un secolo ultra tecnologico e di trasparenza democratica (secondo gli apologeti del progresso, ben controllati anche loro) tanta opacità per arrivare a conoscere coloro i quali sono i plutocrati mega banchieri oligopolisti/oligarchici che detengono le finanze del pianeta?

LK arriva alla conclusione che le otto ridotte famiglie, che sono state ampiamente citate nella letteratura, non si trovano lontane dalla realtà: Goldman Sachs, Rockefellers, Loebs Kuhn e Lehmans a New York, i Rothschild di Paris/Londra, i Warburgs di Amburgo, i Lazard di París, e Israel Moses Seifs di Roma.

Vada pure avanti la polemica per cui, a mio giudizio, la lista risulta incompleta e non sono tutti quelli che vi si trovano e neppure tutti sono quelli che compaiono.

LK ha iniziato l'"inventario delle maggiori banche del mondo" e si è accertata dell'identità dei loro principali azionisti, così come di quelli che "prendono le decisioni".

Qualcuno potrà criticare, non senza ragione, che l'inventario di LK non arriva alla sofisticazione di Andy Coghlan e Debora MacKenzie, della rivista scientifica "New Scientist", i quali rivelano la plutocrazia bancaria e le sue reti finanziarie- l'1% che governa il mondo-, basandosi in una ricerca di tre teorici dei "sistemi complessi", che tuttavia alla fine dei conti, i risultati della ricerca coincidono in forma sorprendente, nonostante la sua semplicità di sistema di indagine.

LK ha scoperto che le sette mega banche di Wall Street che controllano le principali multinazionali (corporations) globali sono Bank of America, JP Morgan, Citigroup/Banamex, Wells Fargo, Goldman Sachs, Bank of New York Mellon e Morgan Stanley.

LK ha verificato che le megabanche del tempo passato erano controllate a loro volta dal nucleo dei "Quattro Grandi (The Big Four)": BlackRock, State Street Corporation, FMR/Fidelity e Vanguard Group.

Queste sono le loro tracce dei controllanti di ciascuna delle nove megabanche:

1) - Bank of America: State Street Corporation, Vanguard Group, BlackRock, FMR/Fidelity), Paulson, JPMorgan, T.Rowe, Capital World Investors, AXA, Bank of NY Mellon.

2) - JPMorgan: State Street Corp., Vanguard Group, FMR/Fidelity, BlackRock, T. Rowe, AXA, Capital World Investor, Capital Research Global Investor, Northern Trust Corp. e Bank of Mellon.

3) - Citigroup/Banamex: State Street Corporation, Vanguard Group, BlackRock, Paulson, FMR/Fidelity, Capital World Investor, JPMorgan, Northern Trust Corporation, Fairhome Capital Mgmt e Bank of NY Mellon.

4) -Wells Fargo: Berkshire Hathaway, FMR/Fidelity, State Street, Vanguard Group, Capital World Investors, BlackRock, Wellington Mgmt, AXA, T. Rowe y Davis Selected Advisers.

5) - Goldman Sachs: "I Quattro Grandi", Wellington, Capital World Investors, AXA, Massachusetts Financial Service y T. Rowe.

6) - Morgan Stanley: " I Quattro Grandi", Mitsubishi UFJ, Franklin Resources, AXA, T. Rowe, Bank of NY Mellon e Jennison Associates.

7) - Bank of NY Mellon: Davis Selected, Massachusetts Financial Services, Capital Research Global Investor, Dodge, Cox, Southeatern Asset Mgmt… e "I Quattro Grandi".

Dei Quattro Grandi che dominano le sette megabanche e che godono di sovrapposizioni ed incroci azionari, si evidenziano soltanto quelli che controllano State Street y BlackRock.

Le altre due sono:

8) - State Street: Massachusetts Financial Services, Capital Research Global Investor, Barrow Hanley, GE, Putnam Investment e… "I Quattro Grandi (Loro stessi sono azionisti!).

9) -BlackRock: PNC, Barclays e CIC.

Come esempio delle sovrapposizioni ed incroci azionari, si può prendere la PNC Bank, che viene controllata da tre dei "Quattro Grandi": BlackRock, StateStreet y FMR/Fidelity.

Nel suo libro "La Guerra delle Valute", l'autore cinese, Song Hongbing , catalogava in questo ai Rothschild come la famiglia più ricca del pianeta, con un capitale accumulato di 5 milioni di milioni di US. $.

Se i Rothschild fossero un paese, avrebbero avuto quindi, il quinto posto del ranking globale dietro il PIL di 7, 3 milioni di milioni di US. $ dell'India (quarto posto), e maggiore del Giappone, di 4,8 milioni di US-$, quinto posto, prima della Germania (sesto posto), della Russia (settimo posto), del Brasile (ottavo posto) e della Francia (nono posto).

Io avrei citato un articolo delle stesso Economist- anche questo di proprietà, come il Financial Times, del gruppo Pearson- tutti controllati dalla Black Rock, uno dei "Big Four"-, in cui si dimostrava quali fossero le multinazionali controllate dalla Black Rock: essendo questa la principale azionista della Apple, di ExxonMobil, di Microsoft, GE, Chevron, JP Morgan, P&G, Shell, Nestlé, senza contare la sua proprietà del 9% delle azioni di Televisa.

Secondo i risultati ottenuti dalla ricerca svolta da Lisa Karpova e dalla sua equipe, i "Big Four" controllano inoltre le seguente maggiori multinazionali anglosassoni:

Alcoa; Altria; AIG; AT&T; Boeing; Caterpillar; Coca–Cola; DuPont; GM; H–P; Home Depot; Honeywell; Intel; IBVM; Johnson&;Johnson; McDonald's; Merck; 3M; Pfizer; United Technologies; Verizon; Wal–Mart; Time Warner; Walt Disney; Viacom; Rupert Murdoch's News; CBS; NBC Universal. I padroni del Mondo!

Come se quanto esposto prima fosse poco, LK commenta che la Federal Reserve USA comprende 12 Banche, rappresentate da un Consiglio di sette persone, che rappresentano i "Big Four".

In definitiva la Federal Reserve si trova sotto il controllo dei Big Four privati: BlackRock, StateStreet, FMR/Fidelity y Vanguard Group.

A mio giudizio, è molto probabile che esistano imprecisioni che sarebbero il prodotto della stesa opacità dei mega banchieri.

Nella fase della guerra geofinanziaria, quello che conta è la percezione degli analisti finanziari di Cina e Russia che sono arrivati alla determinazione dei Quattro Grandi e delle otto famiglie, tra le quali si evidenziano i banchieri schiavisti Rothschild: controllori nel loro insieme di altrettante mega banche della Federal Reserve. Questi sono i veri padroni dell'Universo economico-sociale del nostro pianeta!

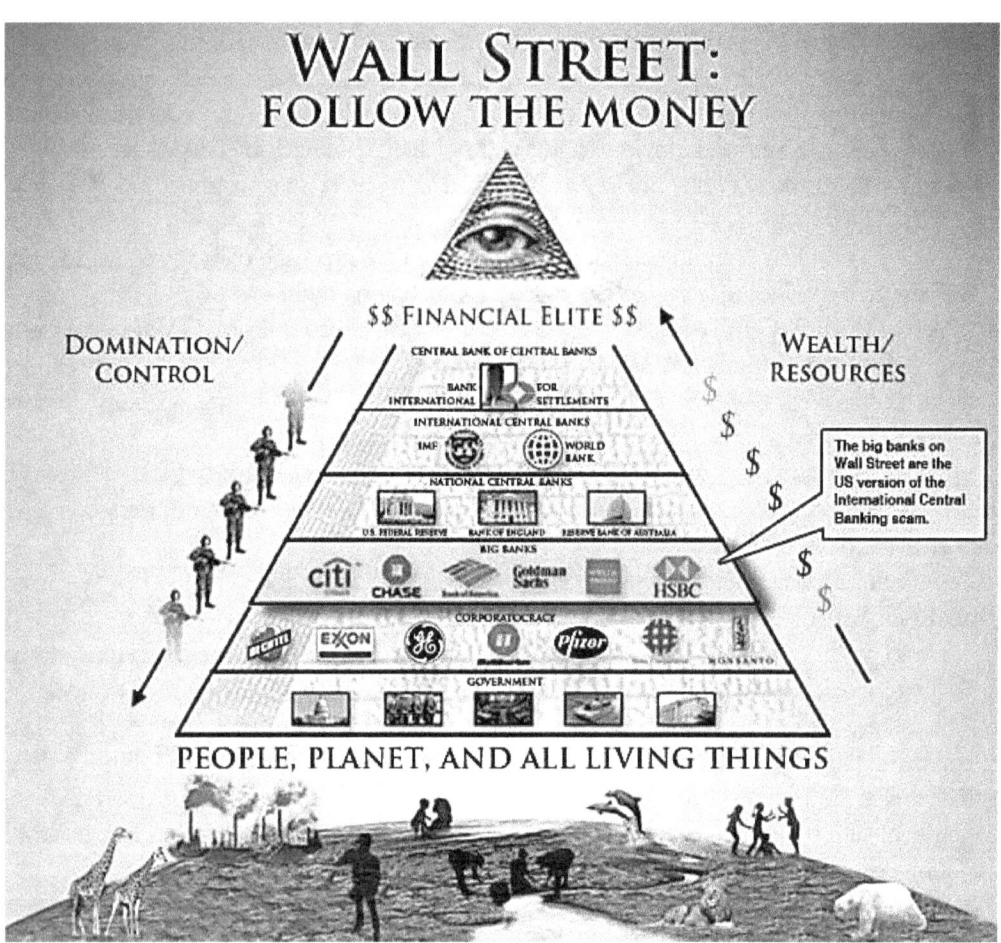

CHI DOMINA IL MONDO DOPO LA MORTE DI DAVID ROCKEFELLER ?

Il 20 marzo del 2017, ai 101 anni di età, è morto David, il patriarca del clan Rockefeller. Il multimiliardario deceduto aveva sviluppato le attività di suo nonno, il fondatore della dinastia, John Rockefeller, il capostipite che morì nel 1937.

Sicuramente David ha provveduto ad aumentare il capitale che aveva ereditato, tuttavia non si è trattato soltanto di questo. . David Rockefeller ha dato un contributo significativo alle tendenze ideologiche, politiche ed economiche che si sono sviluppate in America e nel mondo intero nell'ultimo secolo. Questo contributo, nell'opinione dell'autore dell'articolo scritto da, Valentín Katasónov, della Fondazione di Cultura Strategica, è la più rilevante che non la maggioranza dei presidenti degli Stati Uniti nel dopoguerra.

Le élite mondiali

David Rockefeller è stato colui che ha messo in marcia il progetto di globalizzazione e per tutta la sua vita lo ha sviluppato. In primo luogo, i Rockefeller hanno avuto sempre una partecipazione nel capitale del Sistema della Riserva Federale. Come risultato delle due guerre mondiali hanno rinforzato la loro posizione nella Federal Reserve, relegando ad un secondo livello i Rothschild (l'altra poderosa dinastia). I Rockefeller controllavano il principale banca di Wall Street, la Chase Manhattan, il cui presidente fino al 1981 fu lo stesso David.

David Rockefeller, banchiere e "filantropo"

In secondo luogo si costituirono istituzioni informali ma molto influenti della élite globale che permisero di promuovere nuove idee e progetti. Negli Stati Uniti naturalmente David è nel 'Council of Foreign Relations' (CFR), organismo costituito nel 1921, ed anche nel Gruppo Bilderberg era un partecipante regolare di tutte le riunioni, iniziando per il primo ed è stato un membro del Comitato dei Governatori del club.

In terzo luogo bisogna tenere in conto la Fondazione Rockefeller, quella che è una delle più grandi fondazioni "benefiche" d'America, le cui attività non sono mai state molto trasparenti. Le tre generazioni dei Rockefeller si sono dedicate ad "opere di carità" la cui priorità era quella di appoggiare il sistema di educazione superiore ed alcuni progetti nel campo della medicina e della genetica (in linea con le teorie dell'eugenetica). Gli studi genetici patrocinati dai Rockefeller hanno avuto carattere chiuso.

In quarto luogo, i Rockefeller, a differenza di altre dinastie capitaliste, hanno investito molto finanziando personaggi politici, intellettuali e i grandi media. A giudizio di Katasónov, questi investimenti risultano più redditizi nel lungo periodo che non nei valori di borsa.

Uno dei grandi successi di David Rockefeller si può considerare la creazione nel 1973 della Commissione Trilateral, una organizzazione internazionale privata che include rappresentanti dell'America del Nord, dell'Europa Occidentale e dell'Asia. Il loro obiettivo dichiarato è stato quello di discutere e trovare soluzioni ai problemi globali. Anche con aiuto dei Rockefeller è stato creato il Club di Roma nel 1968.

Fiduciari dei Rockefeller nel Governo degli USA

David Rockefeller non è mai entrato nel governo degli Stati Uniti ma ha sempre avuto suoi fiduciari all'interno. Fra di loro si trovano personaggi come Henry Kissinger e Zbigniew Brzezinski, sottolinea Katasónov, ma sempre ha confidato nel potere del suo clan; tra i suoi 4 fratelli il più influente era Nelson Rockefeller, governatore di New York e vice presidente sotto l'Amministrazione Ford.

Negli anni '70 del secolo XX, Rockefeller ha partecipato nello smantellamento del sistema monetario di Bretton woods, nel 1976 iniziò la conferenza in Giamaica in cui si è deciso di sostituire lo standard del dollaro in rapporto con l'oro con lo standard di carta.

Quello che rimaneva da fare era creare una domanda crescente per il biglietto verde. Il primo passo per ottenere questa meta era stata fatta dall'allora Segretario di Stato Henry Kissinger, il quale provocò la guerra del 1973 tra gli arabi e gli israeliani.

Questo fatto fu seguito dal drastico aumento dei prezzi del petrolio e da una crisi energetica. Kissinger ha mantenne conversazioni con i leaders dell'Arabia Saudita e altri paesi esportatori di petrolio convincendoli per vendere petrolio soltanto a fronte di dollari. Pertanto, lo standard dei dollari di carta si era trasformato fin da allora in petroldollari.

I petroldollari che iniziarono a guadagnare i paesi dell'OPEC sono stati inviati alle banche degli Stati Uniti, incluso la Chase Manhattan, e furono emessi in forma di prestiti ai paesi del Terzo Mondo (indebitandoli). Ai principi degli anni '80, come conseguenza di un forte aumento dei tassi d'interesse chiave della Federal Reserve, fu provocata una crisi del credito globale di cui si sono beneficiate le stesse Banche degli USA.

L'equipe di economisti liberali laureati nelle stesse università che la Fondazione Rockefeller sempre aveva finanziato, hanno iniziato in quel periodo a dare forma all'ideologia neoliberista delle globalizzazione economica e finanziaria diffusa da FMI.

L'essenza di questa ideologia consiste nella minimizzazione del ruolo dello Stato nell'Economia, nella eliminazione delle barriere, lasciando liberi non solo i movimenti delle merci ma anche quelli dei capitali. la privatizzazione delle proprietà statali e dei servizi pubblici, lo sviluppo integrale dei mercati finanziari, il predominio delle leggi di mercato e la fluttuazione dei cambi valutari e dei tassi d'interesse, la competitività dei salari (leggi sfruttamento della mano d'pera al più basso costo). Da allora, i mercati finanziari sono cresciuti fino a ottenere le proporzioni astronomiche di oggi, mentre l'economia tradizionale produttiva si è deteriorata.

Sarebbero i Rockefeller dietro la nuova truffa economica e la Chase Manhattan si trovava tanto instabile che ha dovuto andare a fondersi con la JP Morgan, cosa che ha portato alla creazione della Morgan Chase. David aveva denaro investito nel petrolio, ma andava comprendendo che il combustibile stava perdendo il suo valore senza tenere tempo per trovare qualche cosa che abbia futuro.

Il peggiore colpo lo ha sentito nel novembre del 2016, quando la corsa presidenziale è stata guadagnata da Donald Trump, conosciuto avversario della globalizzazione e partigiano dell'economia reale.

Nonostante questo, David Rockefeller non era un uomo capace di tutto. Era un semplice mortale, come gli altri, ma nel marzo del 2017 il suo settimo cuore si è fermato per sempre. Negli ultimi due decenni ha vissuto molte delusioni, una di queste riguarda la sua Banca preferita.

Nella opinione di Valentín Katasonov, la globalizzazione finanziaria ed economica nella sua forma attuale ormai non andrà a continuare. Nello scenario sta entrando altra gente, quella che Katasónov (dottore in economia e professore dell'Università MGIMO) preferisce chiamare il "clan della Silicon Valley".

Si tratta dei giovani informatici che pensano in altre categorie. Per loro esiste soltanto denaro digitale che è manipolata da Banche digitali, e persone come David gli sembrano vecchi dinosauri. E' l'ora di vedere il successivo atto del dramma mondiale.

Where do the Bilderberg group's members come from?

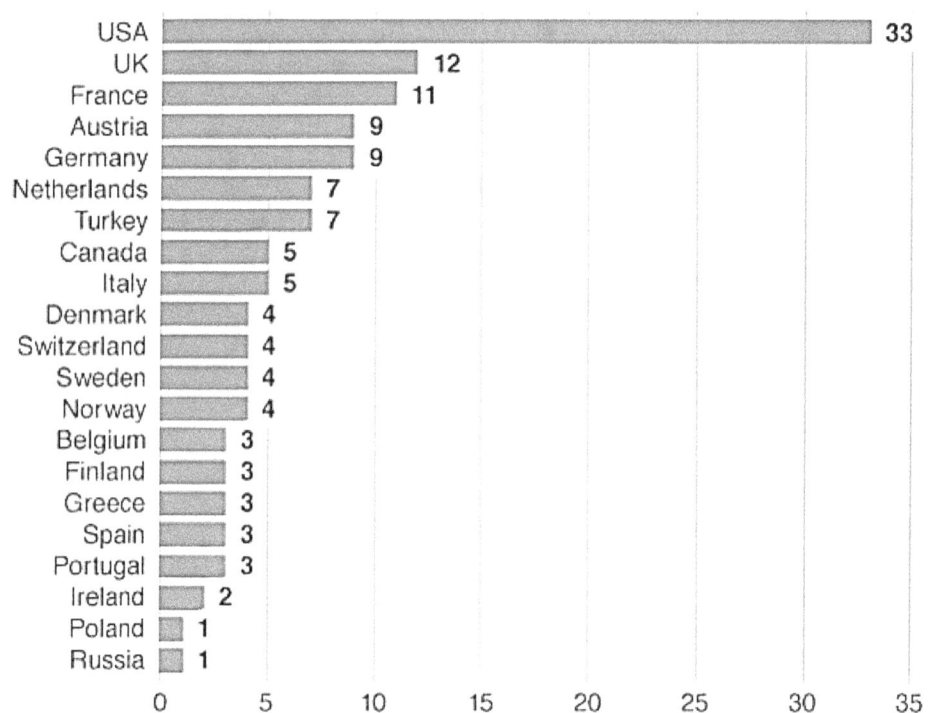

Source: Bilderberg

LA LISTA DEL GRUPPO DEI 30 (G30)

Il Gruppo dei Trenta (G30) è un'Organizzazione internazionale senza scopi di lucro ed è composta da finanzieri e accademici, creata alla fine degli anni '70 da G. Bellm, su iniziativa di J.D. Rockefeller della Rockefeller Foundation, con l'obiettivo di analizzare le questioni economiche e finanziarie e di esaminare quegli aspetti collegati in particolare allo scambio di valute, ai mercati di capitali e alle banche centrali.

Il G30, che organizza convegni, seminari e gruppi di studio, include come membri i vertici delle banche private e centrali. Vi partecipano o vi hanno partecipato personaggi di rilievo anche della finanza italiana, tra cui M. Draghi e T. Padoa Schioppa. Ha sede a Washington e si riunisce annualmente in forma plenaria.

In questo gruppo, presieduto dal predecessore di Draghi alla Bce, Jean-Claude Trichet, troviamo spesso grandi banchieri come Jacob A. Frenkel della JP Morgan e E. Gerald Corrigan della Goldman Sachs, ex presidenti della Federal Reserve americana come Paul A. Volcker ed economisti di fama internazionale come il premio Nobel Paul Krugman. In parole povere il lavoro quotidiano del G30 sembra essere quello di studiare come mantenere sani i mercati finanziari mondiali alla luce delle novità normative e dell'attualità economico finanziaria.

Solo i personaggi di spicco selezionati in circa 30 paesi possono essere presenti alle regolare riunioni del G30, difatti, la Ceo, associazione non governativa che monitora la quotidiana attività di lobby dei grandi gruppi di potere sul processo legislativo dell'Ue, ha presentato una denuncia al Mediatore europeo in quanto vedeva nell'appartenenza di Draghi al G30 un chiaro conflitto d'interessi. Un pericolo che, secondo la Ceo, rischia di diventare da allarme rosso visti i maggiori poteri che l'Eurotower sta acquisendo in tema di sorveglianza bancaria e di acquisto di bond nazionali sul mercato secondario.

Tuttavia, dopo aver esaminato la situazione, il Mediatore europeo, Nikiforos Diamandouros, ha respinto questo ricorso dal momento che, a suo avviso, il G30 "non può essere assimilato a una normale lobby di interessi finanziari privati, perché i suoi scopi, le fonti di finanziamento e i membri sono troppo diversi fra loro".

Di conseguenza, l'appartenenza di Draghi al gruppo dei G30 fu riconosciuta compatibile con il suo ruolo". Draghi venne infatti invitato solo per poter pubblicare sul sito della Bce la sua partecipazione al gruppo dei trenta "in nome della trasparenza".

Il Gruppo dei Trenta è stato fondato nel 1978 da Geoffrey Campana su iniziativa della Fondazione Rockefeller, che ha anche fornito il capitale iniziale.

Il suo primo presidente fu Johannes Witteveen, l'ex direttore generale del Fondo monetario internazionale (FMI), susseguito poi da Jean-Claude Trichet, ex presidente della Banca Centrale europea, succeduto poi da Jacob Frenkel.

La sede del G30 è a Washington DC, negli States. Ogni anno si tengono due riunioni plenarie, oltre a numerosi convegni, seminari e gruppi studio. Monitorano quotidianamente l'andamento dell'economia globale, veicolandola a proprio uso e consumo, nel tranquillo anonimato e nella cortina di disinformazione che li cela agli occhi e alle orecchie della maggior parte, troppo distratte e indaffarate dello schiavismo giornaliero.

L'organigramma del Gruppo dei Trenta

La rappresentazione grafica degli organi del G30 è molto semplice, e si divide in: Membri attuali; Membri Senior; Membri onorari; Membri del passato.

I membri attuali sono 31, provenienti da ogni parte del globo, sono tutte personalità di spicco, i soliti nomi che compaiono in ogni organizzazione elitaria mondialista.

Attenti a quei Trenta: ricattano il mondo truccando le regole

Nessuno li può fermare, perché maneggiano oltre 650.000 miliardi di dollari, cioè otto volte il Pil del pianeta, e in soli dieci anni, hanno messo in ginocchio l'economia reale. E sono ancora lì, a dettar legge, a cominciare da uno dei loro specialisti, Mario Draghi.

E' questa una teoria del complotto? No: è storia vera. E' quella del famigerato "Group of 30", creato alla fine degli anni '70 da personaggi come David Rockefeller. L'obiettivo: piegare le nazioni ai diktat della speculazione finanziaria.

Missione compiuta: oggi l'intera Europa è nelle loro mani, e un paese come l'Italia – membro del G8 – è agli ordini della super-lobby che aveva commissariato il governo affidandolo al fido oligarca Mario Monti, tecnocrate targato Goldman Sachs, veterano del Bilderberg, della Trilaterale e della micidiale Commissione Europea, quella che oggi dispone il suicidio sociale degli Stati mediante il pareggio di bilancio.

Fu un capolavoro eseguito in sole tre mosse

Prima mossa: attraverso la "superstizione o isteria del debito pubblico", si distrugge la capacità dello Stato di creare e controllare qualsiasi ricchezza finanziaria significativa, che a quel punto resta unicamente nelle mani dei mercati di capitali, da cui gli Stati finiscono per dipendere in toto.

Seconda mossa: i dominatori finanziari, che ora spadroneggiano, per ottimizzare la rapina globale incaricano la super-lobby dei tecnocrati di ridisegnare leggi e regole, con adeguata propaganda.

Terza mossa: gli oligarchi impongono le loro condizioni-capestro ai governi, ormai privati della facoltà di creare ricchezza finanziaria e quindi dipendenti dal ricatto, pronti cioè a ingoiare qualsiasi aberrazione speculativa.

Parola di Paolo Barnard, autore del saggio: "Il più grande crimine" sul complotto mondiale della finanza. Promotore italiano della Modern Money Theory – sovranità monetaria per avere democrazia reale e benessere sociale

Barnard fu reduce dalla caserma dei carabinieri nella quale ha sporto denuncia contro Monti e Napolitano per "golpismo finanziario".

In quegli anni c'era un piano ben congegnato per mettere nel sacco l'Italia: occorreva creare una sofferenza finanziaria artificiosa per consentire alla super-lobby di prendere direttamente il timone.

Peccato che i "salvatori" - afferma Barnard - fossero gli architetti stessi del piano: «Non ci vuole un genio a capire che il poliziotto iscritto al club dei ladri che gli pagano laute prebende finisce col tradire il suo mandato».

Mario Draghi, per esempio: «Poteva fermare facilmente e senza alcun ostacolo la loro mano semplicemente ordinando alla Banca Centrale Europea (Bce) di acquistare in massa i titoli di Stato italiani». Acquisto che avrebbe abbassato drasticamente i tassi d'interesse di quei titoli, la cui impennata stava portando l'Italia alla caduta nelle mani degli "investitori-golpisti".

Se Draghi avesse mosso un dito, i mercati si sarebbero fermati, «resi inermi di fronte al fatto che la Bce poteva senza problemi mantenere a un livello basso e costante i tassi sui nostri titoli di Stato».

Ma Draghi, che pure siede sul trono della Banca Centrale Europea, si guarda bene dall'intervenire. Motivo? Non è solo l'ex governatore di Bankitalia, ma è anche, e soprattutto, un uomo di punta dei "terribili Trenta".

Cosa ci fa un personaggio pubblico come Draghi dentro il club di coloro che hanno impedito al mondo di fermare la finanza criminale planetaria?

Purtroppo, aggiunge Barnard, il presidente della Bce «dovrebbe vigilare proprio su coloro che condividono il suo club con intenti criminosi».

Del resto, chi era il funzionario italiano che – da direttore generale del Tesoro – lungo tutti gli anni '90 «supervisionò la svendita del nostro Paese alle privatizzazioni selvagge che non hanno sanato di nulla il debito pubblico ma che hanno sanato di certo imprenditori falliti come De Benedetti e fatto incassare miliardi in parcelle alle Investment Banks?»

E chi era il funzionario italiano che «non ha detto una parola contro la micidiale separazione fra Banca d'Italia e Tesoro», divorzio «che ingrassò le medesime banche?». Sempre lui, l'ineffabile Draghi, «uomo "Group of 30", uomo Bilderberg, uomo Goldman Sachs, e anche "bugiardo-Sachs"», visto che «ha sempre negato di essere stato in forza alla Goldman quando la banca di Wall Street organizzò la truffa per truccare i libri contabili greci in collusione col governo di Atene». E invece, dice Barnard, alla Goldman lui c'era, eccome: e ne dirigeva proprio gli affari europei.

E' stato lui, Mario Draghi, a "inventarsi" un trilione di euro, in piena agonia dell'Eurozona, per regalarlo alle banche, praticamente senza condizioni. E tutto questo, dopo aver chiuso i rubinetti della Bce per far collassare il governo Berlusconi e consegnare l'Italia all'uomo del super-potere, Mario Monti.

Questa fu una manovra strategica orchestrata dai maxi-speculatori, gli inventori della più spaventosa truffa planetaria, quella dei "derivati", «astrusi prodotti finanziari del tutto comprensibili a non più di 200 individui nel mondo».

Ma il "derivato dei derivati", aggiunge Barnard, è proprio la crisi finanziaria 2007-2012, innescata dal virus dei titoli fasulli spacciati da Joseph Cassano, boss finanziario della City londinese. Il flagello dei "derivati" si è abbattuto su una situazione già catastrofica, provocata dalla bolla speculativa immobiliare americana dei mutui 'Subprime', infettando quasi tutte le maggiori banche del mondo.

Tutto ciò fino all'attuale "spirale della deflazione economica imposta", la famigerata austerity, che ora i "golpisti" – sempre loro – usano per depredare a sangue interi Stati europei.

I "derivati", dice Barnard, sono vere e proprie armi di distruzione di massa, visto che questi "Frankenstein-assets" vagano per il pianeta senza più controllo né regolamentazione, per una cifra di oltre 650.000 miliardi di dollari.

Il primo allarme nel lontano 1994, coi miliardi-fantasma della banca d'affari Merrill Lynch. Un pozzo senza fondo, che ha travolto anche i Comuni italiani, invitati a "privatizzare" il debito.

Ancora oggi, i contratti Otc ("Over the Counter") sono «liberamente usati per distruggere, e lo stanno facendo gli 'Hedge Funds' come quello del criminale John Paulson, che scommettono in queste ore contro l'euro».

Usando i "derivati", continua Barnard, un pugno di speculatori può affondare persino uno Stato sovrano. Può ricattarlo e sospingerlo oltre il baratro del default, con conseguenze agghiaccianti: disoccupazione e sotto-occupazione, suicidi, morti anzitempo, abbrutimento sociale, svendita-truffa del patrimonio pubblico, usura sullo Stato. E soprattutto: perdita di democrazia, a favore dei super-profitti dei soliti speculatori, grazie anche al "fascismo finanziario" dell'Unione Europea, che oggi fa gridare allo scandalo persino il "Financial Times", di fronte ai trattati-capestro imposti senza mai un referendum.

«Domanda: come si è arrivati a questo? Perché non lo si è evitato?
Risposta: "Group of 30". Questi stessi Trenta (G30), secondo Barnard, sono la punta di lancia dell'operazione "golpista". Sono una lobby di tecnocrati eccezionali, varata nel 1978 con l'aiuto dei Rockefeller: 30 membri a rotazione, accuratamente designati. Sono quasi tutti uomini che hanno lavorato con la mano destra nella speculazione finanziaria, e poi con la sinistra nella regolamentazione statale».

«La loro Missione: piegare le leggi ai propri voleri, naturalmente all'insaputa dei cittadini. Il "Group of 30", - scrive Eleni Tsingou nel più devastante lavoro accademico sulla super-lobby planetaria - non solo ha legittimato il coinvolgimento del settore privato nelle politiche di Stato, ma ha anche permesso all'interesse privato di divenire il cuore delle decisioni di politica finanziaria».

Sono un trust di cervelli, potentissimo e imbottito di miliardi. Fu proprio il "Gruppo dei 30" a intuire le immense potenzialità dei "derivati": sono stati loro, gli adepti della super-setta egemone, a inquinare il mondo con la peste dei titoli tossici, per riuscire infine a mettere in ginocchio interi Stati.

Nel 1993, racconta Barnard, il gruppo G30 pubblicò il primo manuale d'uso sui "derivati", destinato ai controllori statali, europei e americani, delle transazioni finanziarie. non sapevano come maneggiare quei titoli, quindi accolsero con favore lo studio del gruppo e l'ignoranza tolse loro ogni potere di contrastarne le seguenti pericolose conclusioni:

Primo: i "derivati" sono indispensabili perché "rappresentano nuovi modi di capire, misurare e gestire il rischio finanziario". Ovvero: «Gli strumenti più "rischiogeni" della storia della finanza avrebbero, secondo loro, ridotto il rischio».

Poi: si sottolineava che "la chiave per l'uso dei "derivati" è l'autoregolamentazione", visto che "le regole statali intrusive e basate sulla legge ne rovinerebbero l'elasticità e impedirebbero l'innovazione in finanza".

Ergo: 'Si prega di non disturbare il manovratore'. E i controllori?

«Per evitare di apparire degli ignoranti che brancolavano nel buio si aggrapparono alle raccomandazioni del proprio Gruppo G30, sia in Usa che in Europa, sospinti in modo decisivo proprio dai loro colleghi senior che erano membri di spicco di questa lobby».

Ma il "Group of 30" osò anche di più, continua Barnard: «La super-lobby scrisse che i controllori avrebbero dovuto "aiutare a rimuovere le incertezze legali dei regolamenti in vigore", e fornire un trattamento fiscale favorevole ai "derivati".

L'intero lavoro era stato abbondantemente oliato con i fondi della mega-banca speculativa JP Morgan».

Eppure, «nonostante la sfacciataggine di quelle righe – osserva Barnard – tre fra i maggiori organi di controllo del mondo, il Comitato di Basilea, il Congresso degli Stati Uniti e la Federal Reserve Usa, trovarono l'idea dell'autoregolamentazione accettabile. Inoltre, gettarono il loro peso contro i pochi controllori ed economisti che già allora suonavano le campane d'allarme, tra questi un prestigioso portavoce della Modern Money Theory come William Black».

Al che, si mossero due delle più potenti lobby finanziarie anglosassoni: l'Iif di Washington (Institute for International Finance) e la Liba di Londra (Investment Banking Association). «Questi due colossi buttarono sul tavolo della trattativa le loro proposte per l'autoregolamentazione della trasparenza sui "derivati", a pieno sostegno del "Group of 30".

Per dare un'idea agli scettici del complotto, - aggiunge Barnard - basta ricordare che proprio la Iif è la lobby che ha dato gli ordini nella trattativa suicida della povera Grecia verso la trappola del secondo "bailout". E dire che l'occasione per capire e controllare la distruttività dei "derivati" Otc si era presentata già all'inizio degli anni '90: ma il "Group of 30" fu il primario attore nell'annullamento di ogni tentativo di portare questi killer sotto il controllo pubblico, con le conseguenze che già sappiamo: crimini globali.

Utile riflettere, - dice Barnard - su cosa questi mostri hanno fatto alla vita di centinaia di milioni di famiglie, a milioni di aziende e alle democrazie dei maggiori paesi occidentali, per non parlare degli orrori nel Terzo Mondo e sull'ambiente.

Oggi, in pratica, viviamo tutti su un ordigno termonucleare finanziario fuori controllo che si chiama 650.000 miliardi di "Frankenstein-Derivatives" in grado di far fallire il pianeta. Apriamo gli occhi: Nessuna democrazia ha un senso, quando tutta la ricchezza è nelle mani di queste lobby senza pietà, a cui tutti i politici devono rispondere a bacchetta, invece che ai propri elettori».

E tanto per non far nomi, Paolo Barnard avverte: «Il "Gruppo dei 30" è fatto di persone in carne e ossa, ovviamente potentissime. Come gli americani Paul Volcker e Gerald Corrigan, passati dalla Fed a gruppi come Chase Manhattan Bank, Goldman Sachs, Morgan Stanley. Ci sono gli inglesi come lord Richardson of Duntisbourne (Banca Centrale d'Inghilterra, Lloyds Bank), l'ex ministro Geoffrey Bell, dirigente anche di Schroders, e lo stesso Mervyn King, governatore della Banca Centrale d'Inghilterra.

Se dominano gli esponenti della finanza anglosassone come gli statunitensi William McDonough (Dipartimento di Stato e First National Bank of Chicago) e Lawrence Summers (Segretario del Tesoro Usa, fedele del Bilderberg) non manca il resto del mondo: l'israeliano Jacob Frenkel (Banca Centrale d'Israele e Merrill Lynch), il giapponese Toyoo Gyohten (Ministero delle Finanze del Giappone, dirigente della Banca di Tokyo), il brasiliano Arminio Fraga Neto (Banca Centrale del Brasile, Solomon Brothers Ny, Soros Management Fund), l'iberico Guillermo de la Dehesa (Banca Centrale di Spagna e ministro delle finanze, nonché banchiere del Banco Santander Central Hispanico e di Goldman Sachs).

Alcuni membri del "Group of 30" hanno legato il proprio nome a famosissimi disastri: è il caso dell'ex ministro argentino dell'economia, Domingo Cavallo, padre della catastrofe che travolse il paese latinoamericano e "diligente allievo" del super-clan, i cui esponenti sono specializzati nel doppio incarico.

La Bundesbank e la Dresdner Bank per il tedesco Gerd Hausler, Banca Centrale di Francia e Bnp Paribas per il transalpino Jacques de Larosière.

Oltre a quello di Draghi, fra gli italiani spicca il nome dell'ex ministro prodiano Tommaso Padoa-Schioppa; quello dei "bamboccioni"; vari membri del Bilderberg come il francese Jean-Claude Trichet, già ministro delle finanze a Parigi e poi a capo della Bce.

Conflitti d'interesse permanenti:

Chi lavora per la speculazione è chiamato anche a presiedere le autorità europee di controllo sulla finanza. E' il caso del tedesco Axel Weber della Bundesbank, poi Ubs, quindi "European Systemic Risk Board" e "Financial Stability Board".

Grottesco, - annota Barnard - è uno che lavora per il profitto speculativo con la super-lobby che ha scatenato il peggior rischio sistemico della storia della finanza mondiale, poi siede anche fra i funzionari che valutano il rischio sistemico in Europa, dichiarando di vigilare sulle crisi.

Un altro controllore è l'inglese Adair Turner, presidente della Financial Services Authority della Gran Bretagna, l'istituto nazionale deputato a controllare l'industria dei servizi finanziari. Eppure: Eccolo a busta paga della super-banca speculativa Merrill Lynch Europe come vice-presidente, e in bella mostra al "Group of 30". Dopo aver anche fatto parte, a Londra, delle commissioni per le pensioni e per i salari minimi.

Un altro controllore è il tedesco Gerd Häusler (Global Financial Stability Report e Financial Stability Forum) ce lo ritroviamo come direttore dell'Institute of International Finance di Washington, altro deregolamentatore dei "derivati". Membro del "Group of 30", Häusler compare anche a New York nell'agguerrita agenzia Lazard, che nel caso-Grecia faceva il doppio gioco, come consulente sia degli "investitori-strangolatori", sia del governo di Papademos.

Questi e tanti altri, - dice Barnard - sono gli uomini che hanno creato le leggi-capestro che oggi dissanguano la nostra economia e confiscano la nostra intera sovranità. Stiamo parlando del sistema che ha messo in ginocchio l'economia del mondo in meno di un decennio.

Costoro menzionati in questa Lista del Gruppo dei 30 (G30) possiedono il super-potere che, anche in Italia, ha minato il futuro dei nostri bambini, regalandoci le immense sofferenze di cui ormai sono pieni ogni giorno i titoli del giornali, con buona pace di qualsiasi residua democrazia reale.

Questo è il famigerato "Group of 30", la lobby che ha aiutato in modo decisivo a causare l'allucinante scenario dell'attuale crisi economica, questo livello di crimine internazionale: - conclude Barnard - Trenta individui a rotazione, ma solo trenta, col nostro Draghi in prima fila. Roba da far apparire Goldfinger un patetico principiante».

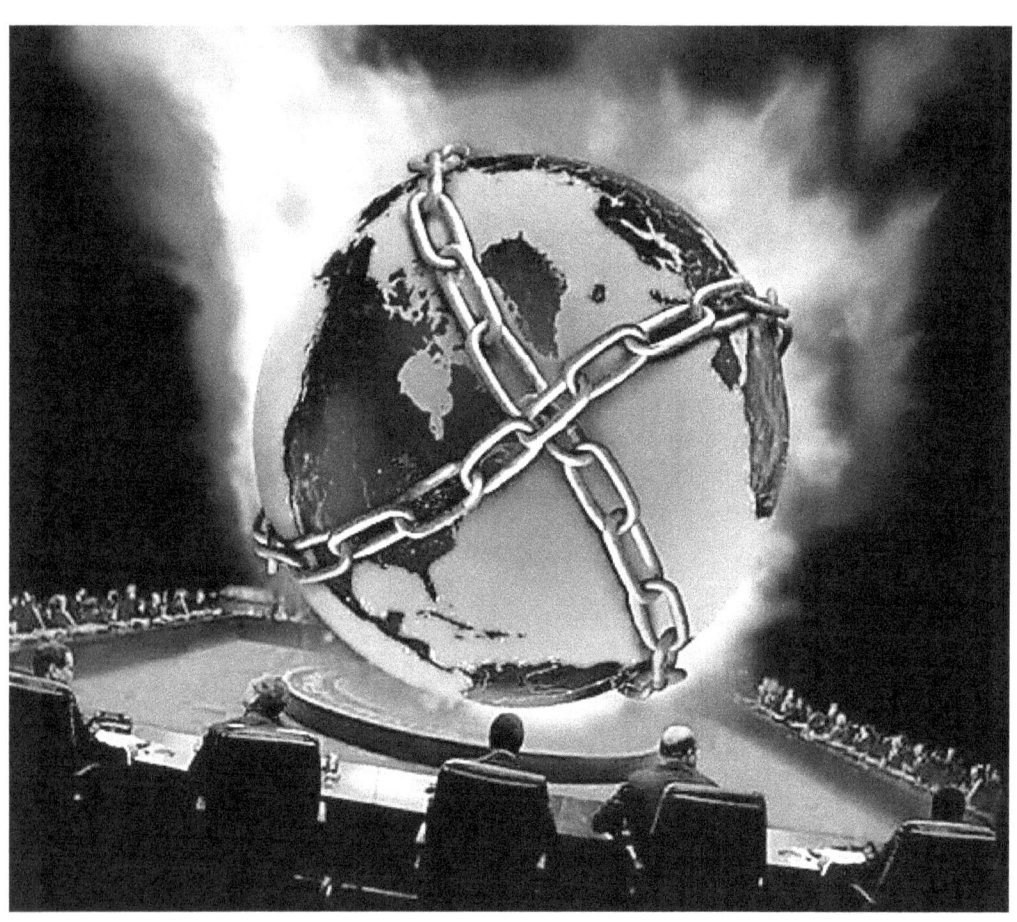

I PADRONI DEL MONDO:
LA MAPPA DEL SUPER-POTERE INVISIBILE

Come si è potuto costatare in un precedente articolo di questo libro, a discapito della finanza italiana e della sua intera economia sociale è sempre esistito un conflitto di interessi per molti politici ed economisti italiani ed in particolare per Mario Draghi, ex presidente della Bce e al tempo stesso esponente di punta del "Group of 30", quella super-lobby planetaria con sede a Washington che mira a condizionare le legislazioni a favore degli interessi delle grandi corporation, le multinazionali globalizzate e i colossi finanziari speculativi, registi occulti della grande crisi.

«Spesso abbreviato in G30, - scrive il giornalista Checchino Antonini in un articolo su "Il Megafono Quotidiano" - il super-gruppo si definisce un organismo internazionale di finanzieri, leader e accademici che mira ad "approfondire la comprensione" delle questioni economiche e finanziarie e ad "esaminare le conseguenze delle decisioni" prese nei settori pubblici e privati. Il clan è composto di 30 membri e comprende i capi delle principali banche private nonché delle maggiori banche centrali, così come illustri membri del mondo accademico e delle istituzioni internazionali.

Il G30, - aggiunge Antonini - tiene due riunioni plenarie ogni anno e organizza anche seminari, convegni, e gruppi di studio. Fondato nel 1978 da Geoffrey Campana su iniziativa della Fondazione Rockefeller, sua sostenitrice finanziaria fin dall'inizio, ha avuto come primo presidente Johannes Witteveen, ex direttore di gestione del Fmi, il Fondo monetario internazionale.

Il "Group of 30" fu presieduto nientemeno che da Jean-Claude Trichet, predecessore di Draghi a Francoforte. Sono sempre gli stessi i nomi che ricorrono nelle super-lobby internazionali: lo stesso Rockefeller, cinque anni prima, aveva fondato la Trilateral Commission, nome che deriva dalle tre aree a maggior sviluppo capitalistico (Nord America, Europa e Asia-Pacifico). Ognuna delle tre aree ha un suo presidente: per l'Europa è stato Mario Monti, finché non è divenuto premier. A sostituirlo ha provveduto l'onnipresente Trichet, mentre l'attuale referente italiano della Trilaterale fu l'ex rettore della Bocconi, Carlo Secchi.

Della Commissione, strettamente collegata al G30, ma decisamente più affollata, fanno parte circa 400 persone: banchieri, politici, editori, giornalisti e accademici.

Dato il profilo anche istituzionale (ex capi di Stato e di governo) l'organismo planetario si presenta in una veste quasi "ufficiale", ma vi si entra solo su invito. La Trilateral Commission – aggiunge Antonini – è considerata una filiazione diretta del Gruppo Bilderberg, di cui condivide membri e ideologia.

Il nome, stavolta, deriva dall'albergo in cui s'è riunito la prima volta nel '54, l'hotel Bilderberg di Oosterbeek, per iniziativa del principe Bernardo d'Olanda. Il Bilderberg è la più ristretta, esclusiva e segreta delle società (o sette) "internazionaliste". E' governato da un comitato esecutivo di cui fanno parte circa 30 persone, rielette ogni quattro anni, tra le quali per l'Italia lo stesso Monti e Franco Bernabè.

Il Gruppo – continua il "Megafono Quotidiano" – si riunisce una volta l'anno in località esclusive e hotel di lusso, protetto da guardie armate che non fanno avvicinare nessuno, tantomeno la stampa.

Le date e i luoghi sono segreti e chi vi è invitato ha l'obbligo della riservatezza, pena l'esclusione. Tra i nomi italiani l'ex ministro Giulio Tremonti, John Elkann (gruppo Fiat), Paolo Scaroni dell'Eni e, prima di loro, l'ex ministro prodiano Tommaso Padoa-Schioppa, super-tecnocrate di alto rango, tra i massimi padrini dell'euro».

>>Alcuni credono che facciamo parte di una cabala segreta che manovra contro gli interessi degli Stati Uniti", - scriveva nelle sue memorie David Rockefeller, consapevole dei sospetti di "internazionalismo". - Ovvero: Cospirare con altri nel mondo per costruire una struttura politica ed economica integrata – un nuovo mondo, se volete. - Il miliardario più famoso del globo non si lasciava certo intimorire - Se questa è l'accusa, mi dichiaro colpevole e sono orgoglioso di esserlo.<<

Secondo Rockefeller, gli innocenti "Bilderbergers" sono in cerca dell'era del post-nazionalismo. E spiegava, a modo suo, che si trattava di contribuire a costruire il "nuovo mondo", quello in cui non avremo più paesi, ma piuttosto regioni della Terra circondate da valori universali.

E' una visione in apparenza filantropica, ma in realtà è fondata su un'economia globale guidata da "un solo governo mondiale".

Attenzione, Rockefeller parlò di un governo selezionato, piuttosto che eletto, e naturalmente illuminato da una religione universale.

"Per raggiungere questi obiettivi egemonici, ammantati dalla luce sublime dell'amore universale, i "Bilderbergers" si concentrano su un approccio maggiormente tecnico, meglio ancora "tecnocratico", e su una minore consapevolezza da parte del pubblico in generale." - scrisse sul "New York Times" William Shannon, ambasciatore in Irlanda per Jimmy Carter e naturalmente membro del Bilderberg.

Parola d'ordine, per il "democratico" Shannon: "minore consapevolezza da parte del pubblico in generale". Ovvero: "sistematica manipolazione, preventiva, dell'opinione pubblica occidentale."

«Quello dei "Bilderbergers", - scrive ancora Checchino Antonini - è uno sforzo costante contro quelli che vengono definiti, testualmente: "gli eccessi della democrazia".

Alla lettera: "troppa trasparenza e troppa condivisione" a livello popolare finiscono per costituire un intoppo al libero corso dei buoni affari.

Accesso alle informazioni e alla vita pubblica? No, grazie, si prega di non disturbare il manovratore. Le élite mondiali temono che la democrazia possa rallentare il capitalismo globalizzato, con un vero e proprio sovraccarico del sistema decisionale, che può essere all'origine della crisi economica. Meglio quindi pilotare gli avvenimenti e fornirne una versione manipolata, ad uso e consumo degli ignari cittadini».

Il barone Denis Winstop Healey, due volte ministro britannico a cavallo tra gli anni '60 e '70, ne era convinto:

«Quel che accade nel mondo non avviene per caso; si tratta di eventi fatti succedere, sia che abbiano a che fare con questioni nazionali o commerciali. E attenzione: La maggioranza di questi eventi – aggiunge il barone Healey – sono inscenati da quelli che maneggiano la finanza».

«Le idee e la linea politica che vengono fuori dagli incontri annuali del Gruppo Bilderberg – scrive Daniel Estulin, un giornalista spagnolo che ha scritto un libro molto informato: ("The true story of the Bilderberg Group", TrineDay) – sono poi usati per creare le notizie di cui si occuperanno le maggiori riviste e i gruppi editoriali del mondo.

Lo scopo, - aggiunge il reporter iberico - è proprio quello di dare alle opinioni prevalenti dei "Bilderbergers" una certa attrattiva, per poterle poi trasformare in politiche attuabili. Un altro obiettivo è di far pressione sui capi di Stato mondiali per sottometterli alle "esigenze dei padroni del mondo"».

«Purtroppo, non vi è nulla che possa fermare tutto ciò, - conclude Estulin – Quest'assurdo insieme di principi e strategie basate su: sottomissione, padroni, attrattive, nessun accesso alle informazioni…: non sono più un'utopia, una chimera ma una realtà che già da molti decenni è attivamente in moto.

Anche se le attuazioni dei "Bilderbergers" sono puramente dispotismo illegale e neo-medievale, sono perfettamente consonante con la visione della Trilaterale e del "Gruppo dei 30".

Certo, questi dominatori del mondo attuale hanno bisogno di sostegno quotidiano e propaganda mediatica, per trasformare e continuare a realizzare la loro bruta ideologia in verità e renderla comunemente accettata da tutte le nazioni. Purtroppo, la cosiddetta "stampa libera mondiale" è già alla completa mercé di questi nuovi padroni del mondo e dissemina propaganda da essi concordata in tutte le lingue e in tutti i 4 continenti del pianeta».

LA NUOVA CLASSIFICA DEI PIÙ "POTENTI" DEL MONDO

La rivista americana Forbes ha pubblicato la lista dei 73 leader politici, finanziari, filantropi ed imprenditori più potenti del mondo (uno ogni 100 milioni di abitanti del pianeta). La selezione è stata fatta basandosi su diversi parametri come l'impatto sociale, le risorse finanziarie e la sfera d'influenza che queste persone hanno.

Si tratta dello 0.00000001% della popolazione che ha veramente il potere di cambiare il futuro del pianeta. Giusto per fare un esempio, al quarto posto compare Papa Francesco: non a causa delle ricchezze del Vaticano, ma in quanto leader spirituale di oltre un miliardo di cattolici. Ovvi i criteri di scelta nel caso di alcuni imprenditori: Bill Gates (sesto) è stato scelto in base alla sua ricchezza.

In altri casi, però, la selezione non è stata fatta valutando solo la ricchezza reale, ma le risorse "potenziali": come nel caso del re dell'Arabia Saudita, Salman bin Abdulaziz Al Saud (14esimo) che controlla il 20 per cento delle riserve di petrolio del mondo.

Con grande sorpresa, e per il terzo anno consecutivo, al vertice di questa lista è finito il presidente russo Vladimir Putin. Dietro di lui la cancelliera tedesca Merkel, in ascesa di ben tre posizioni (era al quinto posto l'anno scorso). Grande sorpresa per il presidente degli Stati Uniti Barak Obama "solo" al terzo posto (era secondo nel 2014).

E gli italiani? Nessuno occupa posti di rilievo. Renzi non compare neanche nella lista dei primi 73. Il primo e unico connazionale ad essere riportato nella lista è Mario Draghi all'undicesimo posto, ma solo in quanto governatore della Banca centrale europea e, aspetto tutt'altro che secondario, in netto calo rispetto al 2014 (quando si era piazzato all'ottavo posto).

SI PROSPETTA UN ORDINE MONDIALE POST OCCIDENTALE

I fallimenti delle politiche di Washington stanno sospingendo i grandi paesi emergenti a trovare un proprio percorso che non sia più legato alla subordinazione verso l'egemonia politica e culturale americana.

Come hanno scritto alcuni dei maggiori analisti ed esperti di varie nazionalità, nessuno oggi può fidarsi della superpotenza americana che ha dimostrato di svolgere un ruolo distruttivo in qualunque parte del mondo sia intervenuta.

Piuttosto molti paesi, dal Medio Oriente all'Africa, si rivolgono alla Federazione Russa che ha dimostrato di essere un potere che tende alla stabilizzazione e che riesce a dialogare con tutte le nazioni.

Attualmente, alcuni grandi paesi stanno mettendo da parte il dollaro e utilizzano altre valute, il che dimostra che gli Stati Uniti sono vittime del loro stesso unilateralismo . In contrasto con la politica statunitense, si sta facendo largo nel mondo in concetto del multilateralismo e della sua importanza elle relazioni internazionali. Attualmente l'ordine internazionale non può essere più limitato e condizionato dall'Occidente.

Stiamo iniziando a vivere in quello che si può definire un mondo post-occidentale, in cui ogni paese deve svolgere un suo ruolo e la sovranità deve essere rispettata anche se il suo sistema politico non è conforme alle potenze occidentali dominanti. Il vecchio pretesto di intervento degli USA e dei suoi alleati della NATO, quello della "tutela dei diritti umani", non regge più, considerando i massacri di popolazioni civili di cui si sono responsabili gli USA e i loro alleati dall' Iraq alla Libia, all'Afghanistan allo Yemen.

L'emanazione di sanzioni unilaterali, coercitive e internazionali da parte di Washington contro alcuni paesi, è un fenomeno che ha danneggiato le relazioni internazionali e prodotto delle conseguenze importanti . La prima fra queste conseguenze è la perdita della fiducia nel potere e nel modello americano.

La dominazione anglo USA sul mondo da decenni è stata basata su un modello economico e culturale di fabbricazione americana impostato sul consumismo, sulla preminenza del mercato, su una visione individualista e materialista della società, collegata con i miti dell'arricchimento personale e del successo. Anche questo è un mito che ha perso la sua efficacia assieme al sistema liberista occidentale che ha consentito l'arricchimento spropositato di una élite economica a scapito di grandi masse di persone sottoposte allo sfruttamento e sospinte alla marginalità economica.

Con l'arrivo di Donald Trump alla Casa Bianca, nel gennaio 2017, Washington ha aumentato in modo significativo le sue politiche di pressione a livello internazionale, innalzando il motto "America the First" (gli Stati Uniti prima di tutti gli altri) .

Il ministro degli esteri russo, Serguei Lavrov, aveva segnalato da tempo che l'imposizione di nuove sanzioni e dazi commerciali da parte USA contro determinati paesi , risponde al tentativo di impedire la formazione di un nuovo Ordine Mondiale. Non si può dare torto al ministro Lavrov, quando questi afferma che, al giorno d'oggi, già stiamo vivendo in un mondo post occidentale che si trova ancora in processo di formazione, e che di fatto segna l'inizio di una nuova epoca storica.

Dopo la lunga epoca del dominio occidentale che è durato alcuni secoli, non è facile adattarsi alle nuove realtà che stanno arrivando, ai nuovi centri di forza economica, finanziaria e politica che potranno essere ubicati in Cina, in India, o in Brasile. Non solo questi ma anche altri paesi, per risorse e posizioni geopolitiche, giocheranno un ruolo fondamentale.

Di certo la Russia si avvantaggia di questo processo e rappresenta una potenza politica e militare che dispone di una sua sfera di influenza allargata, con il prestigio guadagnato dalla sua capacità di imporsi a difesa dei suoi alleati e dei suoi interessi geopolitici. Le decisioni di Mosca, a differenza di quelle di Washington, sono state sempre basate sul diritto internazionale e non hanno tenuto conto dei tentativi dell'Occidente di condizionare o limitare l'espansione della influenza russa con le minacce e le sanzioni.

In ogni caso si può prevedere che non è la Russia che guiderà il nuovo ordine mondiale ma il processo sarà di carattere storico e nessun paese, per quanto grande e possente, sarà in grado di fermarlo. Neppure con le restrizioni finanziarie o con le sanzioni e tanto meno con le minacce militari e la strategia di sobillazione.

L'Amministrazione degli Stati Uniti ha dimostrato di non avere rispetto di tutti gli accordi internazionali sottoscritti e, di fatto, si è ritirata da molti di questi ed ha calpestato il diritto internazionale, con la pretesa di imporre la sua giurisdizione a tutto il mondo. Allo stesso tempo, Washington si è trasformata in un potere centrale per le politiche di coercizione e l'imposizione di sanzioni e tariffe arbitrarie e unilaterali contro diversi paesi del mondo, compresi i suoi stessi alleati, per far avanzare le sue politiche imperialiste e neo coloniali.

Flotta USA NATO nel Mar Nero

Non è un caso che la Russia che la Cina, i principali competitor degli USA. insistono sul fatto che la politica estera dell'Amministrazione americana rappresenta una grave minaccia per la pace e la stabilità internazionali e hanno chiesto un'azione internazionale per contrastare l'unilateralismo di Washington. Sempre più paesi aderiscono alle nuove intese di cooperazione in Asia come in Africa e in America Latina.

Tutto questo rappresenta un cambiamento essenziale nell'assetto del mondo e la prospettiva di sviluppo e di futuro dovrà essere vista da punti di vista ben diversi da quelli che imponeva la visione americano centrica che ha dominato nel ventesimo secolo.

PENTAGONO:
"L'AMERICA NON È SICURA SE NON CONQUISTA IL MONDO"

Il rapporto del Pentagono sulla sua strategia militare 2015: "Gli stati sovrani e indipendenti sono una minaccia. La guerra con la Russia e altri stati è il nostro futuro, a meno che non diventi uno stato vassallo.

Il Pentagono ha pubblicato il suo "National Military Strategy of the United States of America 2015" [Strategia Militare Nazionale degli Stati Uniti d'America June 2015].

Il documento annuncia un cambio di attenzione dai "terroristi" agli "attori di stato", che "stanno sfidando le norme internazionali". È importante comprendere cosa significano queste parole. I governi che stanno "sfidando le norme internazionali", sono paesi sovrani che perseguono politiche indipendentemente dalle politiche di Washington.

Questi "Stati revisionisti" sono minacce, non perché pianifichino di attaccare gli Stati Uniti, cosa che il Pentagono ammette mentre né la Russia né la Cina vogliono fare, ma perché sono indipendenti.

Comprendete bene il punto: la minaccia è l'esistenza di stati sovrani, la cui indipendenza di azione, li rende "stati revisionisti".

In altre parole, la loro indipendenza è in disaccordo con la dottrina del Potere Unico neo-conservatore, che dichiara che l'azione indipendente è un diritto solo di Washington.

L'egemonia che Washington ha ricevuto della storia, preclude ad ogni altro paese di essere indipendente nelle sue azioni. Per definizione, un paese con una politica estera indipendente da Washington, è una minaccia. Il rapporto del Pentagono definisce stati revisionisti prioritariamente la Russia, la Cina, l'Iran e la Corea del Nord, ma l'attenzione è indirizzata primariamente sulla Russia.

Non è chiaro se l'Iran sia sfuggito al destino che Washington ha imposto all'Iraq, l'Afghanistan, la Libia, la Siria, la Somalia, lo Yemen, il Pakistan, l'Ucraina e, per complicità, alla Palestina.

Il rapporto del Pentagono è sufficientemente audace nella sua ipocrisia, come tutte le affermazioni che giungono da Washington, per dichiarare che Washington e suoi vassalli "Sostengono le istituzioni stabilite e i processi dedicati ad evitare conflitto, rispettare la sovranità e sostenere i diritti umani"

Questo da parte dell'esercito di un governo che ha invaso, bombardato e sovvertito 11 governi, ucciso e dislocato milioni di popoli, dal regime Clinton e che sta attualmente lavorando per sovvertire governi in Armenia, Kyrgyzstan, Ecuador, Venezuela, Bolivia, Brasile e Argentina.

Nel documento del Pentagono, la Russia è sempre sotto attacco per non agire "in accordo con le norme internazionali", ciò significa che la Russia non sta seguendo la leadership di Washington e non si sta comportando come vassallo, che è il comportamento autorizzato dal Potere Unico.

Null'altro può essere detto sul rapporto del Pentagono, che giustifica guerra e sempre più guerra fino all'estinzione di tutti. Senza guerra e conquiste, gli Americani non si sentono al sicuro. Questa via verso una Armageddon nucleare è qualcosa a cui si addestrano ogni giorno le teste degli Americani e i vassalli di Washington in Europa, tramite i media-prostitute occidentali.

La visione di Washington nei confronti della Russia è la stessa di Catone il Vecchio verso Cartagine. Catone il Vecchio finiva ogni suo discorso al Senato romano, su qualsiasi argomento, con l'affermazione: "Cartagine dev'essere distrutta".

Il rapporto del Pentagono ci dice chiaramente che la guerra contro la Russia è il nostro futuro, a meno che la Russia non sia d'accordo a diventare uno stato vassallo come ogni altro paese in Europa, In Canada, Australia, Ukraina, Giappone e altri.

Diversamente i neoconservatori, hanno deciso che è impossibile per gli Americani tollerare la vita in un mondo in cui i paesi fanno decisioni indipendentemente da Washington. Se l'America non può essere il Potere Unico che detta legge al mondo, meglio morire tutti. Così la faremo almeno vedere ai Russi.

NESSUN CITTADINO POSSIEDE LA LIBERTÀ DI SCELTA

Tutte le persone sono consumatori professionali, diligenti, compulsivi... pensano sia il loro orgoglio nazionale, il loro dovere civico...Chi se ne fotte del baseball, è il consumo ciò che conta. Nei paesi ricchi e sviluppati l'ultimo vero valore che è rimasto...è comprare.

La gente spende denaro che non ha anche per cose di cui non ha bisogno, cosi può ammassare le carte di credito e passare il resto della vita a pagare un'ingente somma di rate e percentuali di interesse su cose che apparentemente sono costate pochi dollari o euro... ma che poi una volta a casa... non trovano più belle o necessarie.

Ma se ti siedi a parlare razionalmente con uno dei tanti soggetti consumatori... specie con uno che possiede un basso quoziente di intelligenza (IQ), un comportamento ottuso, le cattive decisioni ...ecco cominciano a parlarti di istruzione. Si questo è il grande tema!

"Abbiamo bisogno di più' denaro per l'istruzione, di più' libri, più' insegnanti, più' classi più' scuole, abbiamo bisogno di più test per i ragazzi... ci abbiamo provato sai ... ma i ragazzi continuano a fallire non passano i test...no, non preoccuparti... abbasseremo i livelli di giudizio del test..."

Si è questo quello che fanno... abbassano i criteri di valutazione del test...cosi possono passare più' ragazzi e se più' studenti passano ... tutti sono pipì felici, il QI del paese scivola in giù di altri 2-3 punti. ... Poi ci si chiede perché 17 altri paesi laureano più' scienziati di noi...

I politici si che sanno il perché... loro che tradizionalmente si nascondono dietro 3 cose: la bandiera, la Bibbia e i bambini... "nessun figlio deve essere lasciato indietro"...

Ma c'è una ragione per cui l'istruzione non andrà mai meglio, perciò' siate contenti di ciò che avete, perché chi possiede questo paese non vuole si vada meglio. Sto parlando di chi veramente lo possiede...i grandi ricchi, il grande business, che controlla tutte le cose e prende tutte le grandi decisioni riguardo alla popolazione.

I politici? Lasciate perdere i politici, sono irrilevanti. Sono messi li per darvi l'idea che avete la libertà di scelta. In realtà però non l'avete. Nessuno ha scelte. Tutti abbiamo chi ci possiede.

Possiedono tutto, ogni cosa tastabile e non, possiedono me, voi, gli altri e tutto ciò che consumiamo, che usiamo e che possediamo. Possiedono tutti i continenti, i deserti, il mare, il cielo, i boschi, la terra agricola e quella edificabile, possiedono tutte le grandi multinazionali, da sempre hanno il Senato, il Congresso, hanno pure i giudici nella tasca posteriore... controllano tutti i grandi media. Controllano tutte le informazioni che sentite... vi tengono sempre sott'occhio e sanno tutto di tutti.

Spendono miliardi di dollari o di euro all'anno per fare attività lobbistica, spremono le loro meningi per inventarsi nuove tecniche su come soggiogare maggiormente i popoli, per ottenere esattamente ciò' che vogliono e sappiamo cosa vogliono... più' ricchezze e potere per loro stessi e meno o poco e niente per tutti gli altri.

Quei pochi appartenenti al club elitario che vogliono dominare il mondo attuale, non desiderano una popolazione fatta di cittadini che abbiano pensieri critici sui loro programmi e metodi governativi, non vogliono persone ben informate e di buona cultura in grado di avere atteggiamenti contrari alle loro direttive, regole e procedimenti. No, questo non è a loro vantaggio.

Vogliono solo lavoratori obbedienti, intelligenti quanto basta per far funzionare le loro fabbriche ed accettare passivamente ogni tipo di lavoro possibilmente poco pagato, ma con più' ore di lavoro, con benefici e retribuzioni ridotti e salari miseri che scompaiono quando vai a riscattarli. così facendo, questi dominatori possono raccogliere il denaro anche dalla tua pagata assistenza pensionistica e sociale.

Vogliono il denaro legato alla tua sicurezza, anche quello della tua vecchiaia. Lo rivogliono indietro, così lo possono spendere e investire con i loro amici criminali di Wall Street.

Purtroppo, anche usando vie illegali o legali basate su nuove leggi che loro stessi hanno imposto al costo di deviarne i testi della Costituzione ufficiale, prima poi esigeranno e di sicuro ruberanno da ognuno di noi il denaro richiesto, pur se questo è il frutto maturato di un'intera vita lavorativa.

Disgraziatamente questo è un grande e potente club che agiscono indisturbati come dei predatori senza pietà per nessuno se non altro solo per se stessi... una Loggia mondiale poderosa, influente e crudele di cui nessuno di noi può farne parte.

Essendo ormai troppo vigoroso, questo club intercontinentale comanda su tutto il genere umano soggiogandoli, dominandone anche le loro menti e ordinando loro a cosa devono credere, cosa devono pensare, come devono agire, cosa devono vendere e comprare, cosa mangiare e bere e cosa possono guadagnare o perdere.

Il loro dominante gioco nel governare le nazioni è assai taroccato e nessuno sembra rendersene conto, nessuno sembra farci attenzione e quel qualcuno che ne sa qualcosa non può far nulla contro questo gigantesco pesce che divora a sbavo i piccoli pesciolini che sottomette come schiavi nella sua morsa infernale!

Persone modeste e grandi lavoratori, non importa il colore o ceto sociale... continuano ad eleggere questi ricconi e ciarlatani nati con la camicia a cui non interessa nulla, ma proprio niente del benessere della gente.

DALLA LIRA ALL'EURO (1936.27 Lire= 1 Euro)
QUESTO CAMBIO SBAGLIATO E SCELLERATO NON FU SOLO UN ERRORE DI CALCOLO

Il 1° gennaio 2019 l'euro compì i suoi primi venti anni di vita. Oggi dovremmo ormai aver maturato la giusta consapevolezza su come giudicare l'attuale progetto di integrazione europea, culminato nell'unione monetaria del 1999.

Oltre alle venti candeline, l'Unione Europea ha spento qualsiasi possibilità di attuazione di politiche emancipatorie per le classi meno abbienti e ha contribuito in maniera decisiva alla depoliticizzazione delle decisioni di politica economica, ormai dipinte quasi esclusivamente come scelte tecniche.

Tuttavia, una cosa non è riuscita ancora a spegnere a distanza di due decenni: anche in sedi apparentemente più illustri del bar sotto casa, qualcuno si chiede ancora perché la parità dell'euro sia stata fissata a 1936.27 lire, asserendo contestualmente che la situazione di arretratezza economica e sociale in cui versano da anni i paesi periferici, l'Italia IN PRIMIS, sia stata in gran parte generata da un cambio del tutto 'sbagliato'!

Semplificando, il tasso di cambio ci indica quante unità della nostra moneta occorrono per acquistare una unità della moneta di un altro Paese. Ma perché ci occorre acquistare valuta estera?

Ad esempio, se avessimo intenzione di acquistare un telefonino da un produttore americano, questo vorrà essere pagato in dollari statunitensi (che potrà ad esempio usare per andare a cena in un ristorante di New York, dove difficilmente saranno accettati euro), e pertanto avremo la necessità di 'cambiare' i nostri euro in dollari, di fatto, staremmo cedendo euro in cambio di dollari ad un dato tasso di cambio. Nell'ipotesi che un telefonino sia venduto a 800 dollari, dovremmo pertanto disporre dell'equivalente in euro di quegli 800 dollari, cambiarli da un intermediario (ad esempio: una banca) al tasso di cambio corrente, e una volta ottenuti i dollari (anche se questo passaggio non lo vediamo materialmente, avviene nei terminali stabiliti dagli intermediari) effettuare l'acquisto del telefonino.

Se ad oggi occorre 1 euro per avere 1 dollaro, occorreranno 800 euro per acquistare 800 dollari, ed il telefonino americano diventerà nostro per una cifra in dollari pari a 800 euro.

Se domani occorreranno 1,2 euro per avere 1 dollaro, serviranno più di 800 euro (nella fattispecie: 960) per avere gli stessi 800 dollari necessari per l'acquisto di quel telefonino dal produttore americano.

Tecnicamente, abbiamo assistito ad una rivalutazione del dollaro rispetto all'euro (il che equivale a dire una svalutazione dell'euro rispetto al dollaro), che, a parità di altre condizioni, penalizzerà verosimilmente le vendite in Europa di telefonini americani, visto che un cliente italiano dovrà sborsare più euro (960 invece che 800) per ottenere gli 800 dollari necessari per l'acquisto.

Questo ragionamento vale, ovviamente, anche in via speculare. In quest'esempio, una svalutazione del dollaro rispetto all'euro, ossia una rivalutazione dell'euro rispetto al dollaro, rende i telefonini americani più competitivi sui mercati europei.

Questo preambolo concettuale è necessario per comprendere, in una logica diametralmente opposta, il concetto di 'cambi fissi'. Se nell'esempio precedente una modifica del tasso di cambio poteva di fatto rendere: 'Ceteris Paribus', più o meno competitive le merci di alcuni Paesi, nel contesto dell'Eurozona, dal 1999, non esistono più i cambi flessibili.

Per sua natura, l'adesione ad un'unione monetaria prevede l'esistenza di cambi fissi ed irrevocabili: 1 euro 'italiano' si cambia, e si cambierà anche domani, con 1 euro 'tedesco', semplicemente perché sono la stessa cosa.

Come molti ricorderanno, nel 1999 abbiamo detto addio alle lire (così come i tedeschi ai loro marchi), ed è stato stabilito – come vedremo, non a caso – di cambiare le nostre vecchie monete e banconote ad un preciso tasso di cambio: per avere un solo euro, i possessori di lire (verosimilmente, i cittadini italiani) dovevamo darne in cambio 1936.27, ed analogamente i possessori di marchi tedeschi (verosimilmente, i cittadini tedeschi) per avere un euro dovevano darne in cambio 1.95583. I complottisti non passino notti insonni: abbiamo opportunamente verificato come, alla fine del 1998, 1936.27 delle nostre lire equivalevano a 1.95583 marchi, quindi nessuna 'truffa' almeno da questo punto di vista.

Proprio per quanto riguarda il cambio fissato a 1936.27 lire, si sente ancora molto rumore di fondo, ad opera di opinionisti più o meno avvezzi ai temi economici.

Più precisamente, esistono due categorie di commentatori che gridano al "cambio scellerato", quelli che affermano: 'Dovevamo entrare a 1000 lire = 1 euro' e quelli che: 'Dovevamo entrare a 3000 lire = 1 euro' (per fare cifra tonda).

Prima di discutere delle differenze sul tasso di cambio, è utile osservare che nelle due posizioni riscontriamo un forte elemento di omogeneità: sembra di intuire dai toni, piuttosto che dalle argomentazioni di entrambe le fazioni, che se fossimo entrati nell'euro ad un cambio diverso, tutto sarebbe andato meglio se non bene, e che quindi non ci ritroveremmo ad oggi con una disoccupazione che supera di gran lunga il 10%. Questo ragionamento, come vedremo, presenta da un lato delle grossolane imprecisioni, e dall'altro delle enormi debolezze analitiche.

Partendo dalle inesattezze, va chiarito che il cambio a 1936.27 lire non è stato il frutto di una decisione arbitraria o anti-italiana voluta da un qualche crucco, per quanto sia ragionevole (come spesso asserito anche da personaggi tutt'altro che rivoluzionari) ritenere che gli industriali tedeschi abbiano di fatto beneficiato della scomparsa di una lira debole.

Quel cambio rifletteva l'andamento dei tassi di cambio di mercato negli anni immediatamente precedenti al 1999.

Per accompagnare il percorso di adesione all'unione monetaria, il trattato di

Maastricht aveva infatti stabilito che le banche centrali ed i Governi dei vari Paesi aderenti all'euro dovessero evitare forti oscillazioni della propria moneta rispetto all'ECU.

Quest'ultima era una valuta che non circolava, esistente solo nei registri contabili, il cui valore era dato da una media del valore di tutte le valute dei membri del Sistema Monetario Europeo. Se la moneta di un Paese aderente si deprezzava rispetto ad una o più monete di altri Paesi membri, e quindi l'altra o le altre valute si apprezzavano, di fatto il valore dell'ECU non si modificava.

Alla luce di questo meccanismo, l'impossibilità di svalutare la propria moneta rispetto all'ECU rappresentava sostanzialmente il primo passaggio verso i cambi fissi.

Portando questo meccanismo all'estremo, dal 1997, e come previsto dall'art. 109 del trattato di Maastricht, non furono sostanzialmente più possibili oscillazioni rispetto all'ECU: in sostanza, i cambi sono stati fissati nel 1997, mentre prima di quella data si trattava di 'cambi fissi ma aggiustabili'. Infatti, è necessario sottolineare che nonostante per alcuni Paesi, tra cui l'Italia, fosse prevista una banda di oscillazione del 6% (più alta di quella standard del 2,25%), la Lira aveva sperimentato importanti svalutazioni, in particolare nei confronti del marco tedesco, fino al 1995.

Per ribadire che il cambio non fu 'scelto a caso', né fu tanto meno frutto di 'errori di calcolo, è sufficiente, dati alla mano, osservare che la parità a 1936.27 lire era in linea con quella di mercato registrata in quel periodo (in particolare, nei due anni precedenti alla fissazione irrevocabile del cambio datata 1999), in cui, tra l'altro, l'economia italiana registrava tassi di crescita analoghi a quelli degli altri Paesi europei.

Per sgombrare il campo da equivoci occorre tuttavia aggiungere che, seppur contravvenendo alle 'regole' appena descritte, l'Italia fosse riuscita ad entrare nell'euro con un cambio diverso, avremmo dovuto di fatto svalutare la Lira italiana (per quelli che volevano l'euro a 3000 lire), o rivalutarla (per quelli che lo volevano a 1000 lire) rispetto a tutte le altre valute europee di circa il 50%.

Si sarebbe trattato di un'oscillazione 'Una Tantum' cospicua e senza precedenti. Prendendo come riferimento la serie storica del tasso di cambio tra Italia e Germania (nel grafico, quante lire occorrono per un marco tedesco), notiamo che nonostante un pressoché continuo e piuttosto costante percorso di deprezzamento, le svalutazioni 'secche' della lira non hanno mai superato il 10%.

Facciamo fatica a capire le ragioni di coloro che, volendo l'euro a mille lire, avrebbero tifato per un'ingente rivalutazione. I beni stranieri, ad esempio quelli tedeschi, ci sarebbero costati circa la metà, e ciò ci avrebbe spinto a preferirli rispetto a quelli nostrani, con un'evidente caduta della domanda interna; allo stesso tempo, le merci italiane sarebbero costate il doppio sui mercati esteri, con un conseguente impatto negativo sull'export che a sua volta avrebbe contribuito ad affossare ulteriormente la domanda aggregata e l'occupazione.

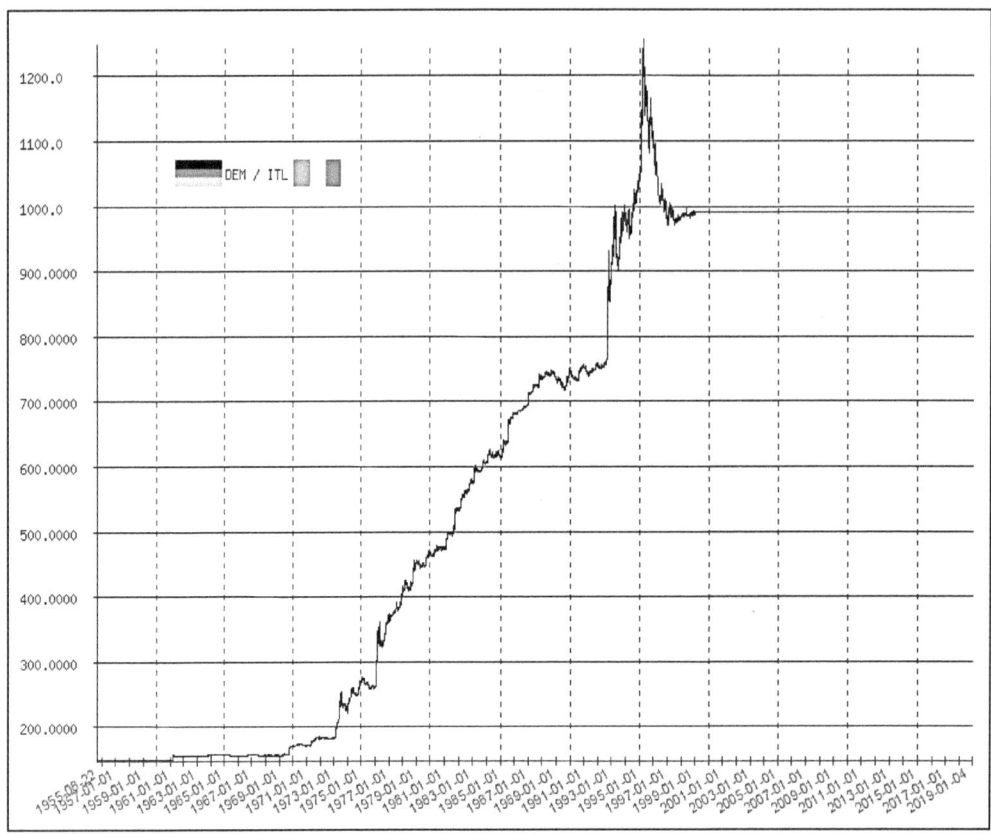

Tasso di cambio tra Lira italiana e Marco tedesco

Tale rivalutazione, inoltre, sarebbe andata ad aggiungersi a quella che si era già verificata nel biennio precedente al 1997, ossia nell'ultimo periodo di cambi sostanzialmente flessibili: si noti dal grafico che gli effetti dell'ultimo percorso di svalutazione della lira nei confronti del marco tedesco – da circa 1000 a più di 1200 tra il 1994 e il 1995 – sono evaporati con la rivalutazione antecedente il 1997.

Verrebbe piuttosto da chiedersi come mai l'unico episodio di rivalutazione della storia d'Italia sia avvenuto proprio prima dell'ingresso nell'euro, o per meglio nell'ultima finestra temporale (pre-1997) in cui c'è stata, nella sostanza, la flessibilità del cambio?!

È innegabile che tale rivalutazione, magari frutto di impegni già presi ai tempi di Maastricht e/o di compromessi politici, possa aver penalizzato il sistema produttivo italiano, impedendo l'ingresso nell'euro ad un cambio 'più svalutato'.

Tuttavia, la questione non può certo esaurirsi ad una critica dei punti di partenza, bensì deve estendersi ad una critica generale al cambio fisso.

Certo, se osservassimo il periodo tra il 1993 e il 1997, noteremmo che l'Italia ha registrato un enorme surplus commerciale proprio a seguito dei due più incisivi episodi di svalutazione della lira (1992 e 1994). Questo, però, non deve portarci a dare acriticamente ragione al partito del "cambio a 3000 lire".

Una svalutazione effettuata 'un attimo prima' di fissare la parità, infatti, avrebbe senz'altro dato linfa alle esportazioni (le nostre merci sarebbero risultate più economiche per i compratori europei), ma una volta beneficiato di quest'ultimo giro di giostra avremmo comunque dovuto fare i conti, come stiamo facendo oggi, con il problema di fondo, ossia con la rinuncia definitiva non solo alla possibilità di svalutare la nostra moneta, ma anche alla possibilità stessa di utilizzare la politica monetaria.

Se guardiamo poi all'esperienza italiana, notiamo anche che la possibilità di gestire il tasso di cambio ha delle conseguenze per quel che riguarda il conflitto di classe. I capitalisti, in generale, possono rispondere agli aumenti salariali (ottenuti grazie alle rivendicazioni dei lavoratori) aumentando i prezzi dei beni da loro prodotti. L'aumento dei prezzi porterebbe tuttavia a due effetti: uno interno ed uno esterno, mentre la flessibilità del cambio gioca un ruolo decisivo nella partita sul secondo di questi effetti.

Nel mercato domestico, è ragionevole attendersi, semplificando il discorso, che quando i lavoratori ottengono un aumento dei salari, i capitalisti, per rivitalizzare i profitti erosi dall'aumento salariale, aumentino i prezzi.

Il salario reale dei lavoratori, che è il rapporto tra i salari nominali (ovvero la quantità di denaro che viene pagata ai lavoratori) e i prezzi delle merci, resta quindi invariato (se aumenta la busta paga ma allo stesso tempo crescono anche i prezzi, verosimilmente il lavoratore continua a poter consumare la stessa quantità di beni).

Tale criticità può essere tuttavia 'gestita' da un Governo che abbia a cuore le sorti dei lavoratori attraverso opportuni strumenti di politica economica, uno su tutti la cosiddetta 'indicizzazione' dei salari all'inflazione (fulgido esempio: la 'scala mobile' operante in Italia fino al 1984). Ad esempio, se i lavoratori avessero ottenuto un aumento dei salari nominali del 2% ed i capitalisti avessero risposto a tale rivendicazione con un aumento dei prezzi del 4%, nel contratto successivo sarebbe automaticamente scattato un aumento dei salari nominali del 4% (pari all'aumento dei prezzi), così da preservare il maggior potere d'acquisto dei lavoratori.

Tuttavia, un aumento dei salari (e quindi dei prezzi) comporta per i capitalisti una perdita di competitività delle merci vendute sui mercati internazionali, che diventano meno convenienti rispetto a quelle prodotte dai loro 'Competitor' stranieri. Tale perdita di competitività può però essere mitigata da una svalutazione della moneta: se per un tedesco occorrono meno marchi per comprare le lire necessarie ad acquistare un bene italiano, l'aumento del prezzo del bene 'Made in Italy' viene sostanzialmente compensato dalla contemporanea svalutazione della lira (cioè da un marco che diventa più forte).

Per queste ragioni, se da un lato l'indicizzazione dei salari rappresentava uno strumento di lotta interna per i lavoratori, la possibilità di svalutare la propria moneta risultava un dispositivo utile a non penalizzare le esportazioni, e quindi uno strumento di sostegno della domanda aggregata, e di conseguenza dell'occupazione.

Il problema di fondo non sta pertanto nella parità a 1936.27, bensì nella camicia di forza del cambio fisso, ovvero in una delle specifiche caratteristiche dell'Unione Monetaria che si è inserita nel più ampio progetto dell'Unione Europea: un cambio fisso, ipotizziamo pur 'giusto' nel 1999, potrà difficilmente essere un cambio 'giusto' dieci anni dopo, in quanto i differenziali di inflazione e di crescita del costo del lavoro possono per natura divergere da Paese a Paese.

Pertanto, nel contesto del mercato unico europeo, dominato dalla libertà di movimento di capitali e di circolazione delle merci, la fissazione del tasso di cambio impone alle economie nazionali un vincolo esterno, e scarica tutta la pressione derivante dalla concorrenza internazionale sul costo del lavoro.

Al contrario, un cambio flessibile permetterebbe ad un Paese come l'Italia di rendere le proprie merci più competitive sui mercati esteri senza dover comprimere i salari: se il continuo processo di svalutazione della lira che ha caratterizzato l'intero dopoguerra rappresentava un compromesso tra le rivendicazioni dei lavoratori e le resistenze delle imprese, l'adozione dell'euro ha fornito ai padroni dell'economia europea e mondiale l'alibi perfetto per comprimere i salari; non potendo più svalutare, hanno scaricato su tutti i lavoratori l'onere della competitività, contenendo la crescita dei salari.

La perdita del controllo dei tassi di cambio è soltanto una delle leve di politica economica persa dagli Stati nel contesto dei trattati europei. Un pilastro decisivo che assieme a tutti gli altri definisce quella gabbia che rende impossibile l'applicazione di politiche a favore delle classi lavoratrici e dei ceti subalterni.

Limitare la critica all'architettura dell'Unione Europea al problema della perdita dello strumento del cambio – per quanto nel caso italiano si sia rivelato uno strumento a disposizione dei lavoratori per opporsi a compressioni salariali – sarebbe del tutto parziale.

Se, per assurdo, ci si sganciasse dal cambio fisso rimanendo però dentro i trattati, si continuerebbe a subire il cappio al collo dell'austerità fiscale, delle misure di politica economica fortemente penalizzanti per i ceti meno abbienti (tassazione poco progressiva e deregolamentazione del mercato del lavoro), nonché al ricatto permanente della libera circolazione di capitali e merci che producono recessione e contenimento salariale.

Viceversa, solo una critica a 360 gradi a tutti i dispositivi di controllo e disciplina delle politiche economiche degli Stati, dal perduto tasso di cambio alle politiche fiscali vincolate, passando per la corsa frenetica al ribasso del costo del lavoro imposta dalla libera circolazione dei capitali, può fondare una proposta di politiche economiche radicalmente diverse da quelle neo-liberiste rese cogenti dai trattati europei.

In conclusione: a tutto diritto, l'Italia sarebbe potuta e dovuta entrare nel Sistema Monetario Europeo a 1000 lire = 1 euro e non a 1936.27 lire= 1 euro, e quindi alla pari con il dollaro americano. Attualmente invece, questo cambio sbagliato e scellerato che fu attuato da quei politici ed economisti italiani inefficienti, inesperti, corrotti e per nulla audaci, non fu solo un errore di calcolo ma una mancata manovra politicamente giusta e strategica.

Quest'errore madornale divenuto ormai senza rimedio è oggi uno tra i fattori principali che hanno reso i poveri ancor più miseri di quanto già erano, chiudendo alle attuali e prossime generazioni di giovani italiani le porte economiche e lavorative per poter realizzare una carriera di successo nella loro nazione natia.

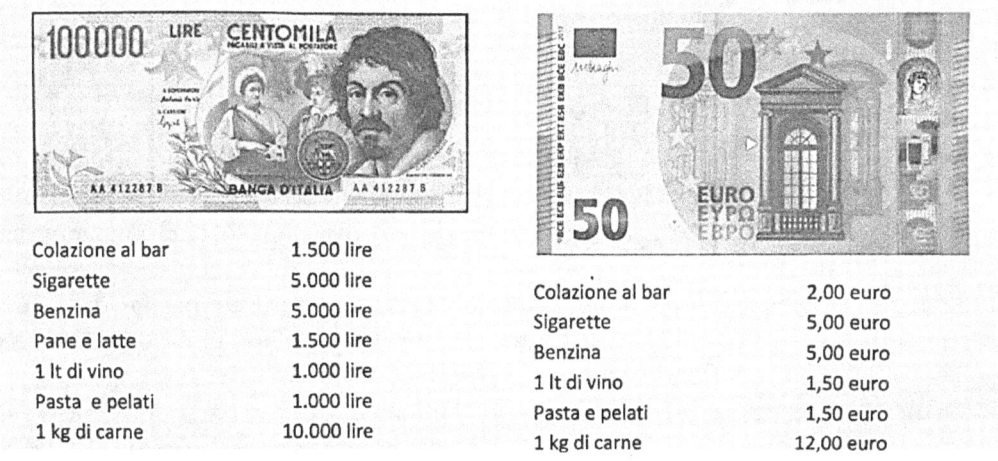

Colazione al bar	1.500 lire
Sigarette	5.000 lire
Benzina	5.000 lire
Pane e latte	1.500 lire
1 lt di vino	1.000 lire
Pasta e pelati	1.000 lire
1 kg di carne	10.000 lire

Colazione al bar	2,00 euro
Sigarette	5,00 euro
Benzina	5,00 euro
1 lt di vino	1,50 euro
Pasta e pelati	1,50 euro
1 kg di carne	12,00 euro

IL CAMBIO EURO-LIRA FU UN GRAVISSIMO ERRORE

Il Dr. Paolo Cirino Pomicino sostiene che l'entrata nell'euro non fu di per sé un errore: l'errore fu entrarci al cambio sbagliato. Alla richiesta di precisare quale sarebbe stato quello giusto, precisa: "poco più della metà". Insomma, il cambio corretto, secondo Cirino Pomicino, sarebbe stato di circa 1000 lire per euro.

Qualcuno penserà: "Chiacchiere del sabato sera!", e tirerà dritto. Sbaglierebbe. Quello che vi ho appena mostrato è in effetti un documento storico sconvolgente, e, se vorrete seguirmi, proverò a spiegarvi perché.

Intanto, rivolgo il mio pensiero ai più giovani, quelli che magari sono "euronativi" (nel senso che non hanno mai usato altra moneta che l'euro). Loro, legittimamente, possono ignorare chi sia Paolo Cirino Pomicino. Nato nel 1939, laureato in Medicina e chirurgia, era ministro del Bilancio e della programmazione economica quando, il 7 febbraio del 1992, venne firmato il Trattato di Maastricht.

È stato quindi un politico influente: un medico titolare di un ministero economico all'epoca in cui l'Italia prese quella che ormai tutti riconoscono come una decisione quanto meno avventata, l'ingresso nella moneta unica. Preciso che il Trattato non lo firmò lui. Lo firmarono due suoi colleghi: Carli (Tesoro) e De Michelis (Affari esteri), per l'allora presidente della Repubblica italiana(Scalfaro).

E ora, rivolgo il mio pensiero ai meno giovani (cui appartengo), quelli che queste cose le ricordano, e che spesso sento svolgere "ragionamenti" analoghi a quelli di Cirino Pomicino: "Eh, ma il cambio era sbagliato! Eh, ma saremmo dovuti entrare a 1000 lire per euro! Eh, ma entrando a quasi 2000 i prezzi sono raddoppiati, e questo ci ha rovinato!", ecc.

Vorrei sommessamente far osservare che purtroppo questi sono ragionamenti da bar, e per chiarirlo, ahimè, è necessario fare un piccolo sforzo: quello di ricordarsi come funzionava il Sistema monetario europeo (SME) prima dell'entrata nell'euro.

Credo che lo sforzo valga la pena di farlo, perché permette di capire una volta per tutte due cose non banali:

1) che il cambio a 1936,27 lire per un euro non saltò fuori dal nulla e

2) che cosa sarebbe successo se avessimo dato retta a Cirino Pomicino entrando a 1000 lire per euro.

Vi ricordo che i paesi aderenti allo SME (fra cui noi) definivano il tasso cambio della propria valuta in termini di ECU (European Currency Unit). L'ECU era quindi una unità di conto (appunto, l'unità di conto europea), cioè una moneta scritturale.

La storia è piena di valute simili, valute non coniate, ma usate per far di conto: era una unità di conto lo scudo di conto nella Roma papalina, lo è oggi il Diritto speciale di prelievo del Fondo Monetario Internazionale.

Quali conti servisse a fare l'ECU ve l'ho appena detto: serviva a determinare il valore delle rispettive valute europee. Ad esempio: nel 1992 con un ECU si compravano 1587,48 lire, oppure 2,02 marchi tedeschi (per citare due valute appartenenti al sistema), dal che consegue che occorrevano 1587,48/2,02= 785,88 lire per un marco tedesco.

Insomma, l'ECU non era materialmente possibile metterselo in tasca, eppure, dal 1989 al 1998, aveva governato le vite di ognuno di noi, perché il valore delle valute nazionali in Europa veniva stabilito con riferimento ad esso.

Il valore dell'ECU, a sua volta, da cosa era dato?

Dalla media del valore di tutte le valute dei membri dello SME. L'ECU era cioè una "valuta paniere" (una valuta il cui valore dipendeva da quello di un "paniere" di valute, come il Diritto speciale di prelievo).

Quindi la lira si indeboliva rispetto all'ECU (e quindi occorrevano più lire per comprarne uno) se una delle valute nel "paniere" (ad esempio il marco) diventava più forte.

Ora, ricorderete che l'art. 109j primo comma Trattato di Maastricht prevedeva che per almeno due anni prima dell'ingresso nell'Unione monetaria i paesi candidati non avrebbero dovuto svalutare la propria valuta rispetto all'ECU (fatte salve minime oscillazioni).

Il senso era chiaro: prima del matrimonio (cambio irrevocabilmente fisso), buon senso chiedeva che ci fosse un periodo di fidanzamento, per vedere se si andava d'amore e d'accordo.

La data del matrimonio (l'ingresso nell'euro) era il 1° gennaio 1999, quindi occorreva che i cambi fossero fissati dal 1997. Dato che a fine 1992 la lira svalutò, nel 1997 per acquistare un ECU ne occorrevano 1929,66 (più di prima).

Questa quotazione venne "congelata", ed è sostanzialmente identica alla quotazione "irrevocabile" definitiva, cioè al famoso 1936,27 (dalla quale dista dello 0.3%).

Da questa storia, che è nei dati e in ogni libro di testo, traiamo due conclusioni pratiche, utili per orientarsi in un dibattito spesso dilettantesco o volutamente confuso:

1) in pratica noi nell'euro ci siamo entrati nel 1997, perché è da quella data che la lira non si è più potuta aggiustare rispetto alle valute dei principali partner europei (dato da non ignorare, per non restare vittima dei tanti furbetti in circolazione);

2) se nel 1999 avemmo preso la decisione geniale di entrare a 1000 lire per euro, di fatto avremmo svalutato (prendendo come base la quotazione del 1997) di circa il 93%.

Questo, credo capiamo tutti: se invece di "comprare" un euro con quasi 2000 lire lo avessi "comprato" con la metà (1000 lire), vuol dire che l'euro avrebbe avuto il doppio del valore.

Quindi saremmo stati il doppio più ricchi, come evidentemente pensa Cirino Pomicino? Figata! perché mai allora non ci abbiamo pensato all'epoca?

Forse che Ciampi, ministro del Tesoro, bilancio e programmazione economica del governo D'Alema, cioè il successore di Cirino Pomicino in carica il 1° gennaio 1999, era un serciotto? Non credo proprio lo si possa dire.

Credo invece a Cirino Pomicino, e a molti suoi e miei coetanei sparsi per i vari bar della penisola, sfuggano due dettagli, che tali non sono:

1) il valore di una valuta non si decide con un tratto di penna, ma lo stabilisce il mercato (e per il mercato un ECU/euro stava da qualche parte intorno alle 1930 lire);

2) una rivalutazione del 93% ci avrebbe reso più ricchi il primo giorno, e poi ci avrebbe sbriciolato.

Capiamoci tto che chi come me aveva una busta paga attorno ai due milioni si sarebbe trovato in tasca 2000 e non 1000 euro: il doppio! Certo che per alcuni furbetti sarebbe stato più difficile prezzare a un euro (cioè a duemila lire) quello che fino al giorno prima costava 1000 lire.

Ma sarebbe successa anche un'altra cosa, che vi spiego con un semplice esempio. Una Punto all'epoca costava 17.700.000 lire. Al tasso di conversione ufficiale (dividendo per 1936,27 e arrotondando) facevano 9.150 euro (9.141,28)

Al tasso "pomicinico" (cioè dividendo per 1000) avrebbero fatto 17.700,00 euro, cioè quasi il doppio. E voi direte: "Bè, ma che ce ne sarebbe importato! Tanto avremmo avuto anche il doppio di euro in tasca!"

Ecco: ma gli altri europei? I tedeschi, ad esempio, entrarono a circa due marchi per euro (cioè a circa 1000 lire per marco). Se noi fossimo entrati a 1000 lire (anziché circa 2000), per loro la nostra Punto sarebbe costata dall'oggi al domani il doppio (17.700 euro anziché 9.150). E lo stesso sarebbe valso per tutti i nostri prodotti esportati verso l'Eurozona.

Chiaro il concetto? La rivalutazione realizzata entrando a 1000 lire sarebbe stata neutrale sul mercato interno, ma catastrofica su quello etero: si stima che un simile raddoppio dei prezzi italiani avrebbe determinato un dimezzamento delle nostre esportazioni.

Dall'oggi al domani le imprese italiane avrebbero fatturato 50 miliardi di euro in meno sui mercati esteri.

Certo, c'è un colossale "a meno che": a meno che i tedeschi non avessero deciso anche loro di rafforzare di conserva il marco, entralo a un euro per marco (anziché per quasi due marchi): nel qual caso, avendo erambi (noi e loro) raddoppiato il valore nominale delle nostre valute rispetto a nuova unità di conto, il rapporto fra i nostri e i loro prezzi sarebbe rimasto inarato.

Ma se pensate che i tedeschi siano entrati nell'euro per "fforzare" la loro valuta, forse vi sfugge una cosa che Vincenzo Visco ha spieto tanto bene a Stefano Feltri: alla Germania faceva comodo un euro debole per questo ci voleva dentro).

E qui torno sulla mia affermazione iniziale, quella secondo lo scambio di tweet nel quale Cirino Pomicino dà indirettamente dell'incomente a Ciampi non è (solo) una chiacchiera da bar del sabato sera.

È (anche) la prova provata di una verità storica tanto inoppusile (confessio regina probationum) quanto sconvolgente: il fatto che le élihe ci hanno condotto ad aderire a uno dei trattati più gravidi di conseguenze la storia del nostro paese erano tremendamente superficiali ed impreparate.

Se è stato lui a scrivere il tweet che vi ho citato, bisogna orosamente concludere che al Ministro del bilancio del governo che fi Maastricht mancano le basi dell'economia internazionale monetaria.

Peraltro, a me mancano quelle di neurochirurgia (la specialione dell'ex ministro), e infatti non passo le serate su Twitter a parlarne. Sapeteno uno di quei pignoli che vogliono tenere tutto sotto controllo: parlare di di cui si sa poco o nulla non è il modo migliore per realizzare questo obiettivo.

Mi dispiace molto per i teorici del complotto: sì, con l'euro abbi reso una fregatura, ma i tedeschi cattivi c'entrano fino a un certo punto.

Forse sbagliammo anche noi a scegliere una classe dirigente incali capire che se il prezzo dei beni italiani raddoppia per un acquirente tedesc cile che questi decida di rivolgersi altrove (e quindi compri meno Fiat, ma higeot o Volkswagen).

Non dobbiamo volerne al peraltro simpaticissimo ex ministro, iale in particolare dovremmo tutti apprezzare la disponibilità al confron social network (segno in effetti di una notevole vivacità intellettuale non necessariamente di competenza in economia).

Probabilmente per lui è difficile immedesimarsi in un tedesco, o ser ente in una persona soggetta a un vincolo di bilancio.

Ai suoi tempi si larggheggiava, si sa. E oggi si tira la cinghia. Un bel r del quale lui fu compartecipe con la consapevolezza che abbiamo descritto, e per il quale gli mandiamo il nostro riverente abbraccio.

CAMBIO EURO:
"LA GERMANIA CI HA GUADAGNATO PIÙ DI TUTTI.
PER GLI ITALIANI PERDITA DI 73MILA EURO PRO CAPITE"

Un rapporto del 'Centrum für Europäische Politik' (CEP) stima in 23mila euro pro capite l'impatto positivo della moneta unica per i tedeschi tra 1999 e 2017. Seguono gli olandesi con 21mila euro di guadagni. Roma e Parigi guidano invece la classifica dei "perdenti".

I numeri sono ricavanti confrontando l'andamento del pil con quello di altri Stati che non hanno adottato l'euro e che in precedenza avevano performance economiche simili

"La crescita italiana è deludente da 25 anni. Ormai non conviene avere scontri con l'Ue o la nostra solvibilità sarà a rischio

La Germania e i Paesi Bassi (Olanda) hanno tratto enormi benefici dall'euro nei vent'anni trascorsi dalla sua introduzione, mentre per quasi tutti gli altri membri la moneta unica ha rappresentato un freno alla crescita economica. E l'Italia è il Paese in cui la moneta unica ha avuto i maggiori effetti negativi: senza l'euro, tra 1999 e 2017 il PIL del Paese sarebbe aumentato di 4.300 miliardi di euro in più, pari a 73.600 euro pro capite".

Queste sono le conclusioni a cui arriva lo studio: '20 Years of the Euro: Winners and losers' del 'Think Tank' tedesco: 'Centrum für europäische Politik' (CEP), secondo cui i Paesi membri che hanno promosso l'ortodossia di bilancio e criticato il salvataggio dei Paesi più indebitati sono stati i maggiori beneficiari della valuta unica.

Dietro l'Italia nella classifica dei più penalizzati c'è la Francia, con una perdita di 56mila euro pro capite. Al contrario, i tedeschi grazie all'ingresso nell'Eurozona si ritrovano più ricchi di 23mila euro pro capite e gli olandesi di 21mila.

Vantaggi e perdite stimati con il metodo del "Controllo sintetico"

Il report, firmato da Alessandro Gasparotti e Matthias Kulas, stima i guadagni e le perdite di PIL determinati dall'ingresso nell'area euro con un metodo definito 'Controllo sintetico'.

In pratica si tratta di confrontare le performance dei Paesi che sono entrati con quelle di diversi altri Stati (gruppo di controllo) che non hanno adottato l'euro e negli anni precedenti avevano registrato trend economici molto simili a quelli del Paese considerato.

Lo studio si concentra otto paesi su 19 dell'area euro, quelli in cui c'è stato un lungo gap tra ingresso nella UE e introduzione dell'euro, perché negli altri casi il risultato avrebbe potuto essere "distorto dall'ingresso nell'UE e nel suo mercato unico". I ricercatori specificano che il metodo non tiene conto di eventuali riforme messe in campo nei Paesi considerati.

Eurozone country	Impact of euro-introduction on prosperity 1999-2017 per inhabitant	Impact of euro-introduction on prosperity 1999-2017 overall
Germany	+ 23,116 euro	+ 1,893 billion euro
Netherlands	+ 21,003 euro	+ 346 billion euro
Greece	+ 190 euro	+ 2 billion euro
Spain	− 5,031 euro	− 224 billion euro
Belgium	− 6,370 euro	− 69 billion euro
Portugal	− 40,604 euro	− 424 billion euro
France	− 55,996 euro	− 3,591 billion euro
Italy	− 73,605 euro	− 4,325 billion euro

L'Italia non aveva capito come essere competitiva

Per l'Italia il gruppo di controllo è costituito da Gran Bretagna (con un peso del 63,2%), Australia (31%), Israele (3,8%) e Giappone (2%), scelti perché nel periodo pre- euro avevano PIL pro capite non troppo diversi da quelli italiani.

L'economia tedesca è stata invece messa a confronto con un paniere che comprendeva il Bahrain, il Giappone e la Gran Bretagna.

"In nessun altro Paese tra quelli esaminati", si legge nella scheda sulla Penisola, "l'euro ha causato simili perdite di prosperità. Questo è dovuto al fatto che il PIL pro capite italiano ha ristagnato da quando è stato introdotto l'euro. L'Italia non ha ancora trovato un modo per essere competitiva all'interno dell'Eurozona.

Nei decenni prima dell'euro l'Italia a questo fine svalutava la sua moneta. Dopo l'introduzione dell'euro questo non è stato più possibile. Sarebbero state necessarie riforme strutturali. La Spagna mostra come queste riforme possano ribaltare il trend negativo".

Nel 2017 impatto positivo di 280 miliardi per la Germania

"Nel solo 2017, sostiene lo studio, il fatto di far parte dell'Eurozona ha avuto un impatto positivo di 280 miliardi per la Germania e un impatto negativo di 530 miliardi per l'Italia, pari a 8.700 euro pro capite.

Gli effetti cumulati sulla prosperità nel periodo 1999-2017 – il 1999 fu l'anno di debutto dell'euro sui mercati finanziari, anche se come moneta sarebbe entrato in circolazione solo nel 2002 – sono calcolati sommando i dati pro capite di ogni anno e "moltiplicando i risultati per il tasso di consumo medio nazionale del Paese" nel periodo prima dell'ingresso nell'euro.

La Grecia, si legge nel rapporto, "ha guadagnato molto nei primi anni dopo l'introduzione dell'euro, ma dal 2011 ha sofferto enormi perdite. Sull'intero periodo, il bilancio fu lievemente positivo, per 2 miliardi o 190 euro per abitante".

I DOMINATORI DEL MONDO ATTUALE
CI PREFERISCE DEPRESSI, PERCHÈ PIÙ' GOVERNABILI

"Una popolazione arrabbiata può essere difficile da governare, ma una depressa è un giochetto da bimbi".
Riflessioni di un politico inglese dopo le elezioni britanniche (2015) con la vittoria dei Conservatori.

Poche ore dopo la rielezione dei Conservatori, questo governo iniziò subito a decurtare il welfare (il benessere collettivo), subito dopo, per rendere ancora più ampio il divario tra la ricchezza e la miseria mise mano ai tagli nell'assistenza ai disabili facendo a pezzi i cittadini più vulnerabili del proprio paese.

Si poteva pensare che almeno avrebbe avuto la decenza di offrire loro dei fiori prima di metterli in povertà, ma così non è stato, non per quei bisognosi che per casuale sfortuna sono costretti a vivere come vittime sulle spalle del governo.

La voce incasinata ed equivoca di ciò che un tempo era il partito della sinistra, non ha potuto competere con il messaggio impietoso dell'austerità che ci diceva che avevamo ciò che sta arrivando. E sappiamo cosa è: più tagli ai servizi pubblici, più tasse, più disuguaglianza, più menzogne…

Per queste e altre ragioni, oggi tantissimi cittadini sono molto depressi, e con buona ragione. Quindi è assai importante parlare della depressione di massa provocata dal declino autoritario messo in atto da governanti oligarchici che si atteggiano indisturbati come dei psicopatici contro il loro stesso popolo.

La depressione è una malattia fisica ed emozionale, con una profonda componente socio-politica. E anche assolutamente bastarda. La depressione ti dice che sei pigro e senza valore. Che le cose cattive che possono accaderti e possono accadere alla tua famiglia sono colpa tua e che se ti senti morire potrà diminuire questi indesiderato surplus patologico nella popolazione.

C'è una ragione per cui la depressione e la sua precaria cugina: l'ansia, sono le modalità politiche dominanti del tardo capitalismo. Così, secondo il piano dei dominatori del mondo attuale è come dovresti sentirti: 'depresso'. E' questo è proprio come ti senti quando sei obbligato ad accettare la logica attuata dai politicanti. Non hai bisogno di una vocina fetente nella tua testa che ti dice che sei inutile e che non meriti nulla.

Come in Italia e anche in altri paesi i Tories (i Conservatori britannici) prendono di mira le politiche della disperazione e noi tutti glielo abbiamo consentito. Non è un nostro errore. La depressione è anche vergogna, specialmente in un paese occidentale e ricco come il nostro. Quando tutto sembra orrendo e fuori controllo, è paradossalmente più facile incolpare se stessi e i propri vicini che esprimono direttamente all'esterno la rabbia.

Quando le cose peggiorano molto velocemente, quando la società diventa più meschina e costosa, quando il tuo lavoro è precario, la tua casa diventa temporanea con un domicilio familiare incerto e provvisorio creatosi da una situazione economica cagionevole, e la precarietà stessa diventata una realtà quotidiana e ansiosa, in qualche modo conforta solo il pensiero che tu e la tua comunità avrebbero potuto cambiare il tutto, facendo scelte diverse.

'E' tua la colpa di sentirti pigro e malato'. Forse questa frase di autocommiserazione non è del tutto esatta, ma potrebbe farti sentire un po' più al sicuro. Più al sicuro che affrontare l'idea che persone autorevoli cui interessi sono così alieni dai tuoi, prendono un sacco di decisioni errate sulla tua vita, senza che tu possa intervenire per fermare il proprio crac familiare.

Lo psichiatra M Scott Peck, è uno dei molti esperti ad osservare che la depressione è semplicemente rabbia rivolta contro l'impotenza di se stessi. Questo è vero su piano sociale ma anche sul piano politico. L'obiettivo principale e fondamentale dei politici è sempre il seguente: 'Una popolazione arrabbiata è difficile da governare. Invece una popolazione depressa e facilissima da sottomettere'.

Quindi non è un caso che, tra tutti servizi pubblici che vengono tagliati per soddisfare l'austerità del paese, il sistema della salute mentale, già sotto-sovvenzionato prima, sia quello che più ne ha sofferto.

Il complesso delle errate decisioni adottate dai governi per limitare la spesa pubblica e i consumi privati allo scopo di risanare l'economia, ha provocato la più grande crisi a discapito della salute mentale e di altre patologie psichiche indesiderate, ciò per soddisfare esigenze che sono solo profondamente politiche.

«Svegliatevi… - direbbe un sordo, muto e cieco a chi ancora è in piena salute, - rendetevi conto che i strapagati dominatori del mondo attuale desiderano garantirsi a tutti i costi un salario milionario perenne, anche se ciò provocherebbe un danno gravissimo e assai svantaggioso ai comuni mortali. intervenite ora e subito, anche con la forza fisica attraverso una rivoluzione di massa».

Le politiche attuali sono le politiche moderne della depressione, sono governi capitanati dai quei pochi e ricchi che comandano solo nel proprio esclusivo interesse. E proprio ora stanno avanzando e vincendo a grandi passi. Solo urlare o dimostrare in piazza, anche in massa, contro di essi non sarà di alcun aiuto.

Non è fuori luogo essere depressi di questi tempi. Ma il momento in cui date adito alla depressione, è maledettamente il momento in cui costoro che riscaldano giacendo sulle comode poltrone del Parlamento e della Camera vincono. Essi vincono quando le persone deboli non agiscono seriamente ma cominciano a giustificarsi e a fare le vittime dicendo cose come: "E' così che va il mondo, noi non possiamo farci niente".

L'opposto della repressione non è la felicità. Non è persino la speranza. L'opposto della depressione è invece l'azione.

Il contrario della depressione è l'azione vigorosa

L'azione forte e decisiva è la sola cosa che porta il semplice individuo in un mondo migliore e grandi azioni vigorose e determinate cominciano con azioni piccole. Diversamente, la depressione vince quando sentirsi meglio sembra così impossibile, sembra che non si possa assolutamente fare. Il riprendersi ha inizio con un piccolo passo alla volta.

C'è un enorme differenza tra essere depressi perché il tuo paese e le tue finanze private stanno andando all'inferno e le tue comunità si stanno frammentando, ed essere depresso per colpa della tua vita, carriera malandata o eventi personali.

Anche per chi ce l'ha fatta ad avere una certa stabilità finanziaria con coscienza intatta, non è questo il momento di accettare la narrativa che l'assegnazione politica segue a seconda della classe sociale popolare.

Non bisogna essere interessati solo a come i governanti elaboreranno qualcosa di alternativo alle politiche di paura e alla non speranza. ma necessita impensierirsi e interessarsi a ciò che sta per accadere alla gente comune.

Quel che conta è prenderci cura l'uno dell'altro ed essere il più possibile coerenti reciprocamente, perché in vista c'è una grande battaglia tra i ricchi che pretendono di avere ancor più ricchezza e autorità e i meno abbienti e disagiati che da poveri diventano miseri disponendo a malapena dello stretto necessario per sopravvivere.

Con l'intento di eliminare o comunque di frenare quell'attivo monopolio governativo e dominante dei potenti del mondo, per non divenirne succubi e soggiacere completamente al volere tirannico di questi è indispensabile la compartecipazione di tutti. Il sostegno reciproco è obbligatorio ma la rabbia vera e propria è necessaria.

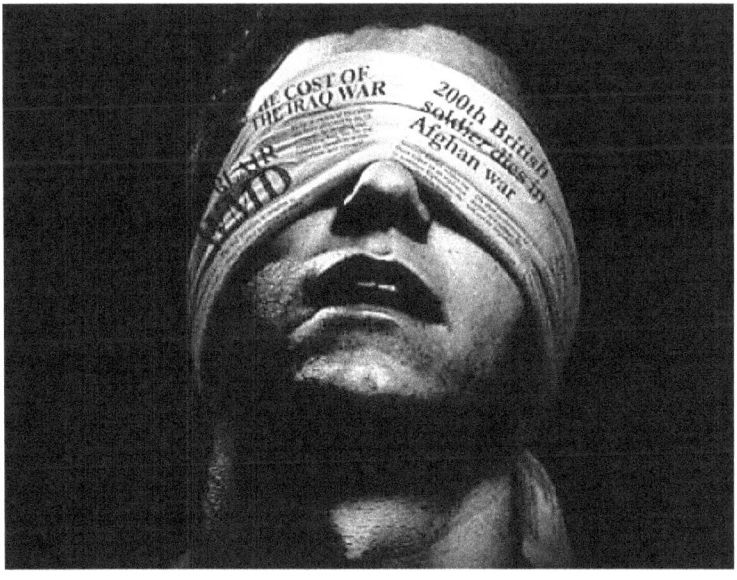

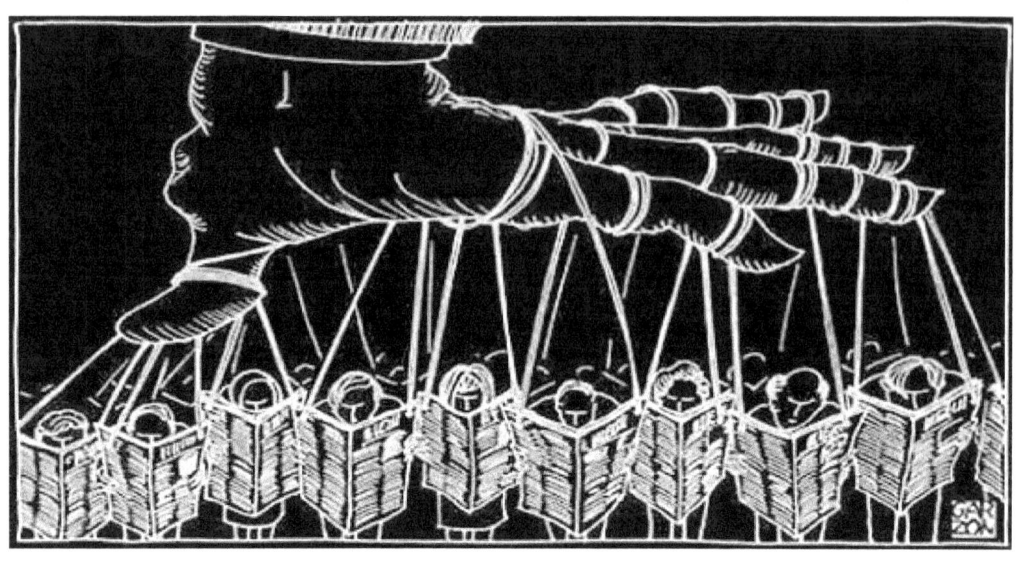

MOLTI DEI DOMINATORI DEL MONDO ATTUALE
SONO PSICOPATICI

È difficile non sospettare la presenza di soggetti psicopatici nelle grandi stanze del potere, politico, giuridico, militare, nei media, ai vertici delle grandi aziende e nelle religioni istituzionali?

Le evidenze e i fatti dimostrano di no! Gli psicopatici sono ovunque. Veramente, sono in tutti i luoghi: in tv, nei nostri film preferiti, in ufficio, vicino a te, in metropolitana…

Addirittura oltre il 10% della gente può avere delle tendenze psicopatiche lievi o molto gravi, ma prima di dare la possibilità di essere simile ai predatori di Hannibal Lecter, nascosti dietro l'angolo, prenditi un secondo per apprendere cosa significa veramente essere psicopatico.

La psicopatia è forse la condizione mentale di cui si parla di più e si enfatizza di più nell'industria dello spettacolo e sui media e la sua definizione è stata distorta e manipolata fino ai nostri giorni. Quindi i fatti e le realtà potrebbero stupirti.

La psicopatia non è una solo una diagnosi psichiatrica

Sebbene il termine psicopatico sia spesso lanciato negli scenari di criminologia e nei media che ipotizzano tesi, la psicopatia non è un disturbo psicologico o psichiatrico assai riconosciuto.

Già da molti anni la psicopatia è un termine usato in modo incoerente anche nella comunità medica, mentre oggi è generalmente riconosciuto sia come sottocategoria sia come estensione di un disturbo di personalità antisociale o 'malattia mentale'.

I critici hanno discusso se essere pro o contro l'idea che un disturbo di personalità antisociale e la psicopatia, siano sinonimi, ma ancora deve esserci una concreta decisione sulla questione.

L'elemento caratteristico di chi tipicamente viene visto come uno psicopatico, include la mancanza di empatia e di sentimenti per gli altri, l'egoismo, l'assenza di senso di colpa ed un fascino superficiale che si manifesta esclusivamente per manipolare gli altri.

Pur se il paziente stesso non se ne rende conto, un soggetto con una personalità psicopatica, è un individuo con disturbi del comportamento dovuti a un'acuta o cronica leggera, media o intensa malattia mentale che provoca alterazioni sociali caratteriali.

La psicopatia per natura è dimensionale. La psicopatia, contrariamente a quanto comunemente si crede, non avviene in modo binario. Naturalmente è una tentazione vedere la psicopatia in bianco e nero, ma la ricerca ha suggerito che tale condizione si verifica in uno spettro, non dissimile dall'autismo.

Quindi è possibile avere minori tendenze psicopatiche o persino caratteristiche più serie o più moderate. Alcuni psicopatici possono avere certe caratteristiche della condizione patologica, ma non tutte e persino tra psicopatici gravi, alcune manifestazioni del disturbo possono essere assenti.

Poiché la psicopatia non è una malattia riconoscibile vera e propria, non c'è un test biologico o delle indagini al cervello che possano identificare indiscutibilmente una persona come uno psicopatico.

Il dispositivo più comunemente usato per identificare psicopatici è il test, riveduto e corretto della psicopatia il (PCL-R) Il test è un inventario di 20 voci relative ai tratti della personalità e ai comportamenti registrati.

Questo test fu sviluppato negli anni 70, da Robert D. Hare e il questionario viene sottoposto in un formato intervista semi-strutturata e opera partendo da un sistema fondato sul fatto se un dato comportamento (per esempio il patologico mentire), possa ragionevolmente coincidere con il soggetto.

All'individuo viene assegnato un punteggio da 0 a 40 e 40 significa massima psicopatia, 0 la minima. La media per essere etichettato psicopatico è 30 in USA e 25 in UK.

I psicopatici e sociopatici non sono la stessa cosa

Alcune fonti mediatiche o materiali educativi meno moderni, possono far ritenere intercambiabili la sociopatia e la psicopatia. Tuttavia la ricerca più recente dice che le cose non stanno proprio così. Sebbene entrambe le condizioni siano associate a scarso senso di "giusto e sbagliato" e a una carenza di empatia, ci sono alcune differenze chiave tra le due condizioni.

Secondo il Dr. L. Michael Tompkins, uno psicologo al 'Sacramento County Mental Health Treatment Center': «La differenza sta nell'avere una coscienza. Uno psicopatico non ce l'ha», così ha affermato a WebMD.

Un psicopatico continuerà a derubarti senza sentire il minimo senso di colpa, anche se può fingere di averla se viene colto sul fatto o davanti all'evidenza.

Un sociopatico, d'altro canto, comprenderà che prendere il tuo denaro è sbagliato e potrebbe sentire rimorso, ma ciò non sarà abbastanza per fermare il suo comportamento deviato.

Uno psicopatico ha meno riguardo per gli altri, rispetto ad un sociopatico.

Un'altra differenza tra i due sta nella incredibile abilità dello psicopatico di mischiarsi, integrarsi. Possono risultare affascinanti, intelligenti e persino possono mimare delle emozioni che in realtà non sentono.

il Dr. Tompkins ha confermato: «I psicopatici sono abili attori la cui unica missione è manipolare le persone per ottenerne un vantaggio personale. È molto più probabile invece che i sociopatici si presentino come "teste calde" e possano agire più impulsivamente, dimostrando ad altri la loro carenza di normale empatia».

Gli psicopatici non sono sempre violenti

Nell'industria dello spettacolo, la parola psicopatico è piuttosto sinonimo di pazzo omicida. Quasi tutti i personaggi descritti come psicopatici nei film e nella televisione sono serial killer (come Hannibal Lecter nel Silenzio degli Innocenti per esempio).

Ma nella vita reale, le tendenze psicopatiche non necessariamente significano che una persona sia destinata a condurre una vita di disprezzabili crimini. Le caratteristiche più importanti di uno psicopatico non ruotano sempre intorno alla violenza, ma intorno alla presenza di egoismo, manipolazione, menzogne, furti tramite imbrogli e truffe e a dimostrarsi simpatico.

Un fattore evidente è la sua mancanza di onestà, sincerità, empatia, l'incapacità di identificarsi con un'altra persona in una determinata situazione e l'ammettere i propri errori anche davanti alle prove evidenti e altri testimoni.

E' vero: alcuni psicopatici possono usare tratti aggressivi, pazzoidi e omicidi per commettere dei crimini, ma altri si affidano alla loro natura manipolativa e alla loro abilità di incantare coloro che lo contattano.

Molti psicopatici in realtà trovano successo nel mondo del business, grazie alla loro natura spietata; un numero sproporzionato di amministratori delegati sono effettivamente degli psicopatici. Alcuni altri ambiti di carriera comuni agli psicopatici sono funzionari della legge, i politici, i media e i venditori.

...Ma sono sovra-rappresentati in carcere

Come già detto, non tutti gli psicopatici sono violenti, ma molti violenti possono essere psicopatici. Non è corretto pensare che una persona che abbia tendenze psicopatici finisca poi con l'essere un criminale, ma non possiamo ignorare che i ricercatori affermano esplicitamente che c'è un enorme numero di psicopatici in prigione.

Tra i 50% e l'80% di prigionieri troviamo caratteristiche di disturbo di personalità antisociale e il 15% dei prigionieri è probabile sia psicopatico. Paragonato all'1-5% che si suppone sia nella popolazione totale, questo è un chiaro indizio.

Non c'è molta ricerca disponibile sui serial killer e sugli omicidi di massa, ma sarebbe ragionevole supporre che gli psicopatici siano sovra-rappresentati anche tra la popolazione.

Questo non perché essere uno psicopatico significa automaticamente essere un elemento di violenza, che è solito abusare della propria forza fisica in modo incontrollato e impulsivo, ma perché la personalità dello psicopatico rende più facile agire aggressivamente e senza scrupoli per via degli stimoli o idee che non possiede.

Ciò che ad uno psicopatico manca sono alcune emozioni altruistiche quali: l'empatia, l'onestà, il senso di colpa, la paura di calpestare il benessere di un'altra persona normale, la meticolosa diligenza nell'adempimento di un dovere e di un compito.

La diversità tra maschi e femmine psicopatici

Da molti anni la ricerca ci dice che gli psicopatici studiati in prigione, sono di solito di sesso maschile. Scienziati e psicologi hanno spesso suggerito una serie di ragioni per questo fatto, che vanno dalla sfera biologica alla semplice idea che le donne possono sfuggire ai loro crimini più degli uomini, perché la società e la legge si aspetta decisamente meno comportamento psicopatico tra le donne.

Sebbene gli studi abbiano concluso che i pochi soggetti donna psicopatici disponibili per questo studio, siano pericolosi tanto quanto le loro controparti maschili, il modo in cui si può manifestare la loro condizione patologica mentale, può variare.

Per esempio, è più probabile che le donne esprimano la loro psicopatia attraverso comportamenti che spesso vengono confusi con altre malattie mentali, questo è un'altra possibilità del perché sono identificate relativamente solo poche donne con le varie forme di psicopatie.

L'Amigdala svolge un ruolo significativo nelle tendenze psicopatiche

Sebbene sia difficile fare semplicemente ricerca sulla psicopatia, causa la nebulosità della sua diagnosi, certe strutture cerebrali sono state identificate come fattori chiave nel processare emozioni ed empatia, la cui mancanza è cosi importante per la psicopatia.

Le regioni frontali del cervello sono state indicate come rilevanti nella psicopatia, particolarmente l'amigdala. Messa in relazione a reazioni emotive, meccanismi decisionali e paura, l'amigdala è stata identificata in molti studi per aver ridotto l'integrità o la funzione in coloro che hanno un alto punteggio nel test PCL-R.

In uno di questi studi, alcuni soggetti con un disturbo della personalità fortemente antisociale, hanno mostrato un distinto assottigliamento della corteccia cerebrale e deformazioni nella amigdala.

PSICOPATICI AL POTERE
INCULCANO NELLA SOCIETA' LA MALEVOLENZA

Steve Jobs, il fondatore di Apple, è sempre stato l'idolo del successo, un uomo indicato a modello ai giovani intraprendenti. Tuttavia, molti dei suoi sottoposti hanno ammesso: «Lavorare con lui era un inferno Jobs si faceva cogliere da rabbie incoercibili, insultava, de-motivava. Quando si era convocati nel suo ufficio, era come salire alla ghigliottina».

Chi lo ha conosciuto ha parlato di lui come di "uno stronzo" (asshole), un maleducato insopportabile (jerk). Uno dei suoi migliori amici, Jony Ive che ha lavorato al suo fianco, ha raccontato a Business Insider: «Quando era frustrato, il suo modo di arrivare alla catarsi era di ferire qualcuno. Pensando di averne diritto. Come se le norme sociali non si applicassero a lui».

Quelli qui evocati sono tratti di vera e propria psicopatia, un disturbo antisociale di personalità, o un disturbo narcisista di personalità. Ferire, svalutare e spregiare i sottoposti fa parte dei tratti principale di questo tipo di disturbati: la totale mancanza di empatia e di compassione, ossia di mettersi nei panni degli altri e l'incapacità di avere rimorso per il male che fanno al prossimo.

Il Dr. Sam Vaknin, un esperto delle psicologie aziendali ha affermato: «Nelle forme più gravi e conclamate, questi tipi umani finiscono in manicomio o in prigione. Esiste infatti una naturale affinità tra il narcisista patologico e il criminale uniti dalla stessa mancanza di empatia e compassione, capacità sociali deficienti, sprezzo per le norme morali e legali. Ma nelle forme attenuate, certe psicopatie rendono chi ne è affetto altamente funzionante, e lo portano – paradossalmente, al successo in aziende multinazionali e a capo di Stati o di chiese».

La maggior parte degli studi psichiatrici riguardano infatti dei carcerati. «I detenuti sono facili, amano incontrare i ricercatori, ciò interrompe la monotonia delle loro giornate - racconta lo psichiatra Robert Hare - Sappiamo molto meno sulle psicopatie aziendali e le loro conseguenze: gli amministratori delegati, i politici, i ministri – questi squali – mica si fanno esaminare». Robert Hare, con il collega Paul Babiak, ha condotto uno dei rarissimi studi sul tema: "Scienze del comportamento e la legge"

Entrambi i psichiatrici sono d'accordo: «Alla testa delle grandi aziende e delle finanziarie, gli psicopatici sono uno su venti, ossia 4 su cento. Se vi sembra poco, pensate che è un'incidenza quattro volte superiore ai disturbati nella popolazione generale. Wall Street potrebbe contarne uno su 10, attirati dai vuoti normativi che consentono grossi profitti».

L'identikit di questi potenti
Il Dr. Robert Hare ha affermato:
«Possiedono un fascino superficiale, un ego senza limiti, una menzogna

patologica, un'astuzia fredda e calcolata per raggiungere e imbrogliare la loro prossima preda. Sono spesso impulsivi e irresponsabili, mostrano una totale assenza di empatia e mancano di senso di colpa, non hanno mai rimorsi. La loro pericolosità è accentuata da altri caratteri, come la polivalenza criminale e una marcata capacità di manipolare [cioè soggiogare la volontà altrui], ingannare e controllare le mosse altrui».

Questi sono i caratteri, diciamo, di un gangster di successo, come ad esempio Al Capone che riunì una sua banda di criminali killer, mettendone a sua volta Chicago ai suoi piedi, prima di finire in galera.

Sono i tratti perversi che permettono agli psicopatici di ascendere a posizioni di vertice di potere e d'influenza. Fino ad arrivare al potere assoluto nelle grandi imprese o organizzazioni. Sono loro che suscitano espressioni come: "Quel bastardo! Bravo però…ma che stronzo".

La cosa non stupisce il professor Joel Bakan, docente di diritto all'università della Colombia Britannica (Canada) che ha contribuito ad uno studio dal titolo: "Do psychopats run the world?", è che gli psicopatici comandano il mondo!

Cosa c'entra un docente di legge nella questione delle psicopatia? C'entra, se ascoltate quel che ha da dire:

«Anche se per lo più alla testa di imprese ci sono persone morali, è anche vero che i dirigenti devono anzitutto servire gli interessi dell'impressa che guidano. Gestiscono soldi che non sono i loro, non possono usarli per guarire malati… Dunque? Nel mondo dell'impresa, le persone buone sono incoraggiate a comportarsi male. Dopotutto la società, come la personalità psicopatica che le somiglia, è programmata per sfruttare il prossimo a fini di lucro».

HARVARD SFORNA PSICOPATICI?

Che gli psicopatici sono al potere vale anche per le Società per Azioni, come per la società odierna in genere. Darrel West della 'Brooking Institution', ad esempio, ha sottolineato la responsabilità proprio delle facoltà di diritto e di 'Business Administration' – dalle quali escono i futuri capi d'impresa, speculatori di Wall Street e amministratori delegati di multinazionali quotate – nel formare (o attrarre) psicopatici di potere.

«Lì, - ha spiegato West - inchiodano nella testa degli studenti il concetto che Milton Friedman, l'economista del liberismo totale (autore del libro: 'Massimizzare il valore per gli azionisti è la sola responsabilità di un'azienda') – L'unica responsabilità sociale dell'impresa è massimizzare i profitti. Alla fine degli studi, i neo-laureati – lo vediamo dai questionari che gli sottoponiamo – vedono l'interesse dell'azionariato come l'obbiettivo sociale più importante. Ciò è aggravato dal fatto che proprio le scuole più prestigiose che danno i più pregiati 'Masters in Business Administration' [gestione aziendale, ragioneria, economia e commercio] non hanno corsi distinti "che forniscano delle concezioni generali sul compito dell'impresa nella società", sono scuole che insegnano tecniche, e rendono indifferenti alla morale.

Fatto su cui riflettere: Per secoli, fino a ieri, anche nel mondo britannico, le scuole che preparavano classi dirigenti ad assumere le posizioni di potere, erano scuole classiche: Eton, Oxford... corsi umanistici, dove si insegnavano latino e greco, storia greca e romana, storia della filosofia..., ma nessuna "tecnica di gestione"; quelle le imparavano durante la carriera.

Oggi è solo l'ideologia di Friedman che ha conformato dirigenti di multinazionali e leader d'opinione, educandoli alla mancanza di responsabilità verso gli altri.

Lo psicopatico finge l'azione morale per servirsene come strumento per manipolare gli altri; allo stesso modo, il "bastardo" di successo, fa profitti senza scrupoli ed è motivato dalla giustificazione morale che la sua cultura-ambiente gli mette a disposizione.

Il Dr. Robert Hare ha affermato: «Criminali in colletto bianco. Eh sì. Essi prosperano perché i caratteri che definiscono il loro disordine psichico sono in realtà valorizzati. Quando i grandi speculatori vengono beccati a delinquere, specie nel mondo bancario-finanziario, "cosa gli si fa? Un buffetto sulla mano, una interdizione ad operare in Borsa di sei mesi, o solo una lieve multa....", sospira lo psichiatra».

A questo punto è difficile distinguere un "bastardo" deliberato da uno psicopatico. Entrambi sono motivati dalla giustificazione morale che traggono dal loro ambiente. «Ciò significa la capacità di un sistema psicopatico di conformare la propria classe dirigente», riflette Nick Parkins, filosofo.

Una sinistra riprova è proprio nel raro studio del Dr. Hare e del professor Bakan sui disturbati che hanno raggiunto il vertice delle carriere: «Benché essi siano oggettivamente gestori di scarsa qualità, con poco spirito di equipe e ricevano valutazioni di prestazioni cattive dai loro stessi dipendenti (come è logico: sono malati mentali, e quindi sono impossibilitati a lavorare bene), proprio coloro che hanno alti "punteggi" clinici come psicopatici sono portati in palmo di mano dai loro superiori immediati come "creativi e innovatori, buoni comunicatori e pensatori strategici.

Ciò risponde all'equivoco tragico specificando che chi ha questi disturbi di personalità possiede un'ottima comunicazione, eccellenti metodi persuasivi e le competenze di relazioni interpersonali per sormontare tutte le "cadute" nella loro carriera».

«In certe imprese i quadri psicopatici sono considerati come aventi capacità di leadership, a dispetto del rendimento cattivo e delle note sfavorevoli dei subordinati. - dice lo psichiatra Babiak - A noi psichiatri è da gran tempo noto che psicopatici di questo genere hanno una grande competenza a manipolare i decisori: una infallibile capacità dello psicopatico di cercare e privilegiare le relazioni con i più alti in autorità, e mostrano una formidabile abilità a influenzarle».

Nel suo libro: "Understanding and Treating the Psychopath, Wile", il Dr. Dennis Doren ha scritto: «Hanno una qualità da camaleonti di imitare il loro ambiente leggendo e influenzando i superiori con l'arte dell'inganno, con l'auto-promozione o a sottile persuasione».

Del resto anche sui social media, gli individui che avevano ottenuto un alto punteggio nei test di personalità narcisistica avevano più amici su Facebook, ovviamente, perché aggiornavano più regolarmente il loro profilo, con molte foto di sé stessi. Un esempio di quella loro speciale competenza.

A guardare la storia, ci si accorge che John D. Rockefeller, il famoso magnate del petrolio e il suo collega Robber Baron, anche se proclamavano di essere religiosissimi, avevano tratti di personalità psicopatica. Erano capaci di rovinare senza il minimo scrupolo i concorrenti. Entrambi affermarono: «Il mio denaro me l'ha dato Dio».

Ugualmente Mayer Rotschild e J.P. Morgan, famosi banchieri d'affari ammirati sulla scena finanziaria, anch'essi hanno seminato attorno a loro distruzione e sofferenze.

Questi personaggi hanno trovato nell'ambiente americano e nelle sue "libertà" e "individualismo" il posto ideale per fiorire; nello stesso tempo, hanno conformato il modo di pensare americano per cui, a loro dire: «I poveri lo sono per colpa loro, e questi sono immeritevoli di sostegno».

Oggi trionfa in Usa una ideologia che non riconosce sé stessa, che in mancanza di meglio chiameremo "cattivismo".

Si va da Hillary Clinton che ridacchia per l'uccisione dell'ex Primo ministro della Libia: Mu'ammar Gheddafi ("Veni, vidi, e lui morì") o chiede "se non c'è un drone per ammazzare Assange", alla Nuland di "fuck Europe", al senatore McCain che se la intende coi più sanguinari terroristi in Siria e instancabilmente cerca la guerra con la Russia, fino ai direttori della CIA che minacciano apertamente di far uccidere questo e quello; senza dimenticare Barack Hussein Obama (44° presidente degli Stati Uniti) che fece uccidere centinaia di esseri umani nel mondo, scegliendoli da liste presentategli dai servizi, in esecuzioni extragiudiziali con droni.

DELIZIOSO ROVINARE LA GENTE

A Wall Street e nel mondo degli affari questo sentimento è coltivato con godimento. «L'idea di rovinare la gente è semplicemente deliziosa: Niente di personale, è alimentare. Il potere è tutto ciò che mi ha veramente interessato nella vita: il potere distruttore, la conoscenza, l'influenza invisibile»

Così ha confessato una donna di successo, descrivendo la sua malattia psicopatica di cui è diventata consapevole.

Ma che il cattivismo, traversato l'Atlantico, sia diventato l'ideologia delle oligarchie dominanti anche in Europa, bastano a dimostrarlo certe affermazioni dell'economista, accademico e politico Mario Monti: «Stiamo efficacemente distruggendo la domanda interna, mai sprecare una bella crisi», oppure le note parole dell'economista e politico Tommaso Padoa Schioppa sul vero senso delle "riforme" imposte della UE:

«Nell'Europa continentale, un programma completo di riforme strutturali [...] delle pensioni, della sanità, del mercato del lavoro, della scuola..., dev'essere guidato da un unico principio: attenuare quel diaframma di protezioni che nel corso del Ventesimo secolo hanno progressivamente allontanato l'individuo dal contatto diretto con la durezza del vivere, con i rovesci della fortuna, con la sanzione o il premio ai suoi difetti o qualità».

Per non parlare della brutale assenza di compassione che Berlino e Bruxelles hanno usato contro i Greci. Così l'intera "civiltà" occidentale è arrivata al punto descritto dal saggista Michael Ellner: «Proviamo solo a guardarci. Tutto va a rovescio. I medici distruggono la salute, gli avvocati distruggono la giustizia, le Università distruggono il sapere, i governi distruggono la libertà, i media più influenti distruggono l'informazione e le religioni distruggono la spiritualità»

Aggiungiamo a questo mondo a rovescio il connotato più agghiacciante: la pedofilia. Vizio occultato delle più alte élite, da Jimmy Savile (James Wilson Vincent) l'uomo di spettacolo della BBC (oggi defunto) che ha stuprato bambini fino a renderli cadaveri, e condotto rituali satanici, mentre i suoi superiori chiudevano gli occhi, fino al recente e soppresso scandalo "Pizzagate", nell'ambiente massimamente "cattivista" dei fratelli Podestà e della pizzeria "Comet Pingpong". Perché certo in quegli atti, potenti che si sanno impunibili e se ne infischiano delle norme penali godono della delizia di rovinare gente.

C'è dunque una malevolenza sistemica nascosta nella società che seleziona gli psicopatici per i vertici del potere e viene conformata dagli psicopatici? Dove la psicopatia funziona in quanto parte integrante del sistema e gli psicopatici sono adorati e imitati dalle masse per i loro successi?

Se lo domanda il filosofo Nick Parkins. Il quale conclude: «Di colpo, il termine psicopatia non sembra più sufficiente».

Già. Forse è per tranquillizzarci che diamo nomi clinici a realtà che vengono da regioni più oscure e abissali; forse questa società in cui si praticano libertà scandalosamente senza limiti, si è consegnata volontariamente all'Anomos, il Cattivista per eccellenza. il Narcisista primario, colui che proclamò, in una notte senza tempo: «Non serviam».

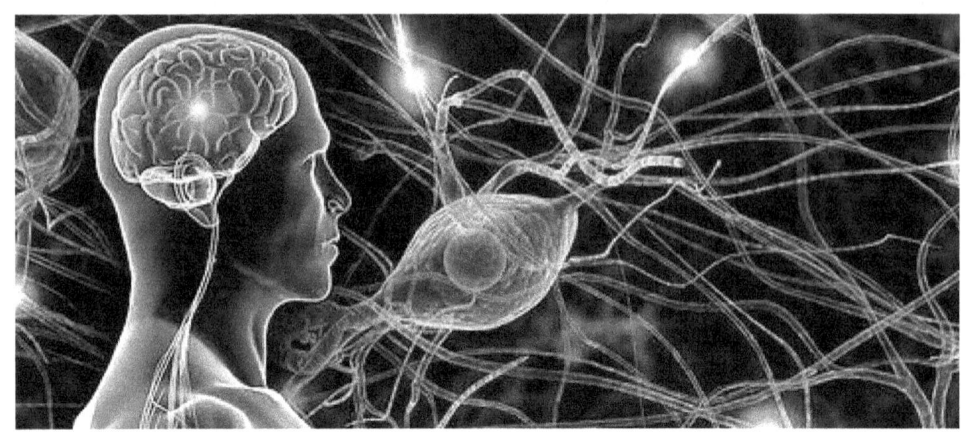

DOVE C'È POTERE, VI SONO ANCHE PSICOPATICI

Il Dr. Hugo Marietán è uno dei principali specialisti argentini in materia psichiatrica, docente universitario e autore di vari libri sulla psicopatia, egli è un vero punto di riferimento per coloro che studiano nel dettaglio queste personalità atipiche, che non per forza sono protagoniste di eventi di cronaca giudiziaria ad alto impatto. Marietán ci spiega come individuarle nella nostra quotidianità e ci avverte a proposito della loro presenza nelle classi dirigenti governative:

«La politica è un ambito nel quale lo psicopatico si muove come un pesce nell'acqua. Ciò non significa ovviamente che tutti i leader o politici siano psicopatici. Però è vero che, laddove c'è potere, ci sono psicopatici, indipendentemente dalle ideologie. Per questo li troviamo tanto nei partiti politici di Destra che a Sinistra. - asserisce Marietán -

Vale a dire: quando parliamo di uno psicopatico, non ci riferiamo necessariamente a un criminale in stile "Hannibal Lecter", il disturbato psichiatra de "Il silenzio degli innocenti", ma a quelle personalità che la psicologia definisce "psicopatici quotidiani".

Probabilmente, la novità più importante apportata da questo professionista, membro dell'Associazione Argentina di Psichiatria e considerato un'eminenza nel suo campo, è la conclusione che lo psicopatico non sia un malato mentale, bensì un modo di essere al mondo. Si tratta cioè di un tipo di essere umano che si distingue dagli per il fatto di avere bisogni particolari.

La smisurata sete di potere, di protagonismo o di uccidere possono essere alcuni di questi bisogni. Hanno codici propri, diversi da quelli accettati dalla società, così come hanno una propria logica e sono in genere molto abili a reggere le forti pressioni grazie al loro alto livello di insensibilità e di tolleranza in situazioni di tensione estrema.

Il Dr. Marietán è autore di vari saggi, quali: "El complementario y su Psicópata" (Il complementare e il suo psicopatico) e: "El Jefe Psicópata" (Il Capo Psicopatico).

DOMANDE E RISPOSTE

Come si può identificare se un politico è psicopatico?

R.: Lavora sempre per sé stesso, anche quando dice il contrario. tende a occultare quest'ambizione con obiettivi sovranazionali, quali la sicurezza, la patria, la povertà, la rivoluzione, ecc.

È un bugiardo e può anche fingere di essere sensibile, e le persone gli credono più e più volte, perché sa essere molto convincente. Un dirigente qualsiasi sa che deve svolgere le sue funzioni durante un determinato periodo di tempo. Svolta la sua missione, se ne va. Lo psicopatico, invece, una volta che si trova in cima, non ce lo toglie più nessuno: vuole starci una, due, tre volte. Non rinuncia al potere, meno che mai lo delega.

Un'altra caratteristica tipica è la manipolazione che attua sulle persone. Intorno al dirigente psicopatico si muovono gli ossequiosi: persone che, sotto l'incantesimo del suo effetto di persuasione, sono capaci di fare cose che in altre situazioni non farebbero. E possono essere anche persone molto intelligenti.

Perché persone tanto intelligenti sarebbero degli ossequiosi dello psicopatico?

R.: È proprio quello che uno si chiede, ovvio. "Com'è possibile che tizio o caio striscino davanti a questa persona?". Beh, primo, perché sono vulnerabili agli psicopatici. Lo psicopatico lavora con le menti delle persone e, quando ti relazioni a lui e sei vulnerabile, si insinua nel tuo cervello, ti cattura. E quando questo succede, l'ossequioso diventa uno schiavo mentale. Ti mangia la testa, come dicono i giovani, ed è molto difficile uscire da questo circo vizioso.

Lo psicopatico è inoltre un manipolatore: manda a fare, non 'fa' mai lui. È un ingrato, manca di sensibilità, di empatia, non si mette nei panni dell'altro. E quando lotta per il potere, isola il suo nemico e lo annulla. O meglio, manda gli altri ad annullarlo. Altra cosa importante: lo psicopatico ha una logica, un modo di pensare molto diverso dal resto della società, e trasmette ai suoi ossequiosi tale logica.

Non esiste una cura per la psicopatia?

R.: No. Ma (lo psicopatico) sa perfettamente cosa è bene e cosa è male. Per questo diciamo che non esistono 'tipi' tra di loro, quanto piuttosto gradi e livelli d'intensità differenti. Così, lo stupratore seriale sarà uno psicopatico più intenso di quello quotidiano, ma entrambi sono portatori della medesima personalità. Non riconosce mai di aver commesso degli errori, per questo non può correggere il tiro.

Non vi è modo di esercitare il potere senza essere uno psicopatico?

Prima di rispondere, devo chiarire una cosa importante: certo che si può esercitare il potere senza psicopatici e, di fatto, la maggioranza dei leader non lo è. In qualche maniera è vero che tutti i politici lavorano per sé stessi, perché vogliono essere rieletti, ma lavorano anche per gli altri, e cercano di produrre benefici.

Allo psicopatico, invece, di produrre benefici per le persone non importa affatto, e se questo avviene è per via di qualche effetto collaterale. Un leader comunitario si distingue anche per il fatto che forma alleanze e genera consensi. Cede per avanzare nella carriera politica. Lo psicopatico, al contrario, è carente di capacità per offrire/generare consensi, giacché non può mettersi nei panni dell'altro. Per questo, è difficile entrare nella sua testa. si tratta di un concetto che un leader normale non comprende. "Se io fossi al suo posto, cederei o cercherei consensi, anche per preservare il potere", pensa il politico non psicopatico. Lo psicopatico, invece, non pensa affatto così.

E tali politici si trovano tanto a destra come a sinistra?

R.: Sì. E anche tra i moderati, che hanno bisogno di essere "condotti". Dove c'è potere, ci sono sempre psicopatici. Lo psicopatico stabilisce relazioni piramidali. Una delle sue frasi tipiche è: "O siete con me, o contro di me".

Che effetto si genera intorno a un leader politico psicopatico?

R.: La tensione. Sono generatori perenni di tensioni, conflitti e divisioni. In un consorzio, quelli che finiscono per litigare sono gli altri, lui ne esce sempre pulito, sebbene sia quello che ha generato il conflitto. In una famiglia, quelli che si ammalano sono gli altri, in genere per lo stress prodotto dallo psicopatico, mentre lui si mantiene fresco come una rosa.

Esistono società più propense di altre a dare potere a dirigenti psicopatici?

R.: Sì, ovvio. in quelle società in cui vi sono crisi ricorrenti è frequente che accada, giacché lo psicopatico è un essere brillante ed è ricercato in situazioni di massima tensione. Lo psicopatico fiorisce durante le crisi perché è freddo, calcolatore e possiede un savoir faire in situazioni ad alta pressione che una persona comune non ha.

Come si sostituisce un politico psicopatico?

R.: Con un altro psicopatico, o con l'unione di tanti politici comuni, con un'alleanza. per un politico normale solo, il tutto risulta impossibile da gestire.

L'ONU:
«TAGLIAMO I VIVERI ALLA FINANZA MONDIALE E A TUTTE LE POPOLAZIONI»

Un mercato poverissimo, pieno di prodotti d'importazione: non in Norvegia, ma in Senegal, nel cuore verde dell'Africa. Un sacco da 50 chili di riso importato costa 14.000 franchi Cfa, la moneta delle ex colonie francesi.

«Di colpo, la zuppa della sera è sempre più liquida», scrive il grande antropologo svizzero Jean Ziegler: «Solo pochi chicchi sono autorizzati a galleggiare nell'acqua della pentola: presso i mercanti, le donne acquistano ormai riso al bicchiere».

È il risultato della finanziarizzazione delle derrate alimentari: la speculazione globalizzata sta affamando anche i paesi africani meno poveri. Miliardi di tonnellate in pochissime mani, che si palleggiano i prodotti facendoli rincarare. Così tutto aumenta ogni giorno, accusano le donne africane intervistate da Ziegler per un reportage apparso su "Le Monde Diplomatique" e ripreso da "Micromega".

L'Onu dispone aiuti alimentari, ma il problema è un altro: sottrarre al sistema speculativo le materie prime agricole.

Speculano sulla fame

«È così che, lentamente, la finanza affama le popolazioni, senza che queste ultime comprendano sempre i meccanismi su cui si fonda la speculazione».

Un dispositivo perverso, perché lo scambio dei prodotti agricoli non funziona come gli altri: su questo mercato, si consuma più di quanto si venda. Così, stima l'economista Olivier Pastré, il commercio internazionale di cereali rappresenta poco più del 10 % della produzione, comprendendo tutte le colture, fino al riso (7%).

Secondo Pastré: «Uno spostamento minimo della produzione mondiale in un senso o nell'altro potrebbe fare tremare il mercato.

Davanti alla crescente domanda, l'offerta (la produzione) si scopre non soltanto frammentata, ma estremamente sensibile alle variazioni climatiche: siccità, grandi incendi, inondazioni. Per questo, all'inizio del XX secolo, a Chicago, apparvero i prodotti finanziari derivati, per permettere agli agricoltori del Midwest di vendere la loro produzione ad un prezzo fissato in anticipo: contadini garantiti in partenza in caso di crollo dei prezzi al momento del raccolto, e investitori pronti a incassare profitti in caso di impennata. Ma, all'inizio degli anni '90, questi prodotti a vocazione prudenziale si sono trasformati in prodotti speculativi».

Heiner Flassbeck, economista alla guida della Conferenza delle Nazioni unite sul commercio e lo sviluppo (Unctad), ha stabilito che tra il 2003 e il 2008 la speculazione sulle materie prime per mezzo di fondi indicizzati è aumentata del

2.300%. L'impennata dei prezzi degli alimenti-base ha provocato le famose "rivolte della fame" che hanno scosso 37 paesi. Hanno fatto il giro il mondo le immagini delle donne della 'Bidonville haitiana' di Cité Soleil che preparavano gallette di fango per i loro figli.

Violenze urbane, saccheggi, manifestazioni che radunavano centinaia di migliaia di persone nelle strade del Cairo, di Dakar, di Bombay, di Port au Prince, di Tunisi, che reclamavano pane per assicurarsi la sopravvivenza, hanno occupato per diverse settimane la prima pagina dei giornali.

L'indice 2008 dei prezzi stilato dalla FAO era in media superiore del 24% rispetto a quello del 2007, e del 57% rispetto a quello del 2006. Nel caso del mais, la produzione di bioetanolo americano, dopato da circa 6 miliardi di dollari (4,7 miliardi di euro) di sovvenzioni annuali erogate ai produttori di "oro verde", ha considerevolmente ridotto l'offerta statunitense sul mercato mondiale del mais.

Dal momento che questo serve in parte all'alimentazione animale, la sua scarsità sui mercati, mentre la domanda di carne cresce, ha contribuito ad aumentare i prezzi del 2006».

Un altro economista, Philippe Chalmin, rivela:
«L'altro grande cereale coltivato, il riso, ha conosciuto all'incirca la stessa evoluzione, con prezzi che, a Bangkok, sono passati da 250 a oltre 1.000 dollari per tonnellata».

«Il mondo, - osserva Ziegler - ha preso bruscamente coscienza del fatto che nel XXI secolo decine di milioni di persone muoiono di fame. Poi il silenzio ha ricoperto nuovamente la tragedia. Ma, dopo lo scoppio della crisi finanziaria, la speculazione sulle materie prime alimentari non ha fatto che accelerare: fuggendo dal disastro che essi stessi avevano provocato, gli speculatori, in particolare i più importanti, gli 'Hedge funds' o fondi speculativi si sono spostati sui mercati agroalimentari.

Per loro, - continua l'antropologo elvetico - tutti i beni del pianeta possono diventare oggetto di scommesse sul futuro. Allora perché non gli alimenti "di base": riso, mais e grano, che, insieme, coprono il 75% del consumo mondiale (50% per il riso)? Secondo il rapporto 2011 della FAO, solo il 2% dei contratti a termine sulle materie prime si conclude effettivamente con la consegna di una merce; il restante 98% è rivenduto dagli speculatori prima della data di espirazione.

Questo fenomeno, - prosegue Ziegler nel suo reportage - ha assunto una tale ampiezza che il Senato americano se ne è preoccupato: nel luglio 2009 ha denunciato una "speculazione eccessiva" sui mercati del grano, criticando in particolare il fatto che alcuni trader detengono fino a 53.000 contratti contemporaneamente. Il Senato ha anche denunciato il fatto che "sei fondi indicizzati sono attualmente autorizzati a tenere 130.000 contratti sul grano nello stesso momento, per un ammontare superiore al limite autorizzato per gli operatori finanziari standard". Il Senato statunitense non è l'unico ad allarmarsi.

Nel gennaio 2011, un'altra istituzione – il 'Forum economico mondiale' di Davos – ha classificato l'impennata dei prezzi delle materie prime, soprattutto alimentari, come una delle cinque maggiori minacce che pesano sul benessere delle nazioni, allo stesso livello della guerra cibernetica e della detenzione di armi di distruzione di massa da parte dei terroristi».

Una condanna che ha del sorprendente, quella di Davos, dato il meccanismo di reclutamento di quel "cenacolo": Il fondatore del Forum economico mondiale, l'economista svizzero Klaus Schwab, non ha lasciato al caso la domanda di ammissione al suo "Club dei 1.000" (nome ufficiale del circolo mondiale) dove sono invitati ed iscritti esclusivamente i dirigenti di società multinazionali il cui bilancio supera il miliardo di dollari.

Ognuno dei membri paga 10.000 dollari per l'entrata nel Forum. Essi solo possono avere accesso a tutte le riunioni. Tra loro, evidentemente, gli speculatori sono numerosi. I discorsi di apertura tenuti nel 2011 nel bunker del centro congressi hanno tuttavia indicato chiaramente il problema. Essi hanno condannato con tutte le loro forze gli 'speculatori irresponsabili' che, per il puro richiamo del profitto, rovinano i mercati alimentari e aggravano la fame nel mondo.

Per vincere una volta per tutte gli speculatori e preservare i mercati delle materie prime agricole dai loro attacchi a ripetizione, Flassbeck propone una soluzione radicale:

«Togliere agli speculatori le materie prime, in particolare quelle alimentari». E rivendica un mandato specifico dell'ONU, per riprendere il controllo mondiale sulla formazione dei prezzi di Borsa delle materie prime agricole, relegando gli "investitori" al solo intervento sui mercati a termine, come accadeva un tempo nel Midwest per tutelare gli agricoltori.

Inoltre, Chiunque negozierà un lotto di grano o di riso, o degli ettolitri di olio, dovrà essere costretto a consegnare il bene negoziato. Converrà anche instaurare – per gli operatori – un'elevata quota minima di autofinanziamento. Chi non farà uso del bene negoziato verrà escluso dalla Borsa».

Il "metodo di Flassbeck", se venisse applicato, allontanerebbe gli speculatori dai mezzi di sopravvivenza dei dannati della terra e ostacolerebbe seriamente la finanziarizzazione dei mercati agroalimentari. La proposta di Flassbeck e della Unctad è energicamente sostenuta da una coalizione di Ong e organizzazioni di ricerca.

«Ciò che manca - osserva Ziegler - è la volontà di tutti gli Stati».

LA GRANDE SETE:
SENZA CIBO PER TUTTI, UN FUTURO DI GUERRE!

Non troppo lontano, in Asia Centrale, la caduta dell'Urss ha provocato il collasso del bacino irriguo del Syr Darya, il fiume che bagna Kirghizistan, Uzbekistan, Tagikistan e Kazakistan prima di svuotarsi nel lago d'Aral, a sua volta prosciugato dalle monocolture come il cotone introdotte negli anni '50.

Rimasto senza il gas russo a buon mercato, ora il Kirighizistan trattiene a scopo idroelettrico le acque del lago artificiale di Toktogul, creato per scopi irrigui.

A valle, ne soffrono uzbeki e kazaki. Finora, nessun accordo internazionale ha risolto il problema, neutralizzando le tensioni. Senza contare i guai dei paesi meno sospettabili, dal punto di vista della carenza idrica. L'ennesima siccità nel Midwest degli Usa ha seriamente compromesso il raccolto di prodotti strategici come il mais e la soia.

Visto che il paniere agricolo americano influenza i prezzi del cibo globale, la penuria apre un conflitto coi paesi in via di sviluppo. Basandosi su dati storici, il 'New England Complex Systems Institute' dimostra che, oltre una certa soglia, il rincaro dei prezzi alimentari causa quasi certamente rivolte; la stessa 'Primavera araba', del resto, fu innescata dalla protesta per il costo del pane.

Quello che non ci raccontano è che la grande sete ci sta ormai minacciando da vicino, come una vera e propria guerra. Oltre 800.000 siriani scapparono già nel 2010, ben prima dell'esplosione del conflitto, abbandonando le aree rurali del paese. Senza contare le centinaia di migliaia di profughi fuggiti fino al 2019 solo dalla Siria.

Motivo dell'esodo, oltre alle dighe turche che drenano le acque dell'Eufrate, «da peggiore siccità a lungo termine e il più grave insieme di fallimenti agricoli da quando cominciarono le civiltà nella Mezzaluna Fertile», quelle che "inventarono" l'agricoltura.

Francesco Femia, co-fondatore del 'Center for climate and security', sostiene che – insieme all'esplosione demografica – l'innalzamento del clima terrestre (e quindi la scarsità d'acqua) si stiano traducendo in un problema drammatico, a livello planetario: la carenza di cibo. Ne risentono persino le aree centrali degli Stati Uniti, oltre al Medio Oriente e all'Asia Centrale. L'emergenza non ha confini: investe Cina e India, ripercuotendosi anche sull'Africa.

Per i climatologi, la recente e prolungata siccità nel Mediterraneo orientale è dovuta al surriscaldamento terrestre, rivela Katie Horner in un report sullo stato del pianeta, ripreso da "Come Don Chisciotte".

Poco più a sud della Siria, vacilla anche l'Arabia Saudita, che già oggi è uno dei primi 5 importatori mondiali di riso: dopo aver pompato acqua per decenni dal sottosuolo per far crescere il grano nel deserto, l'emirato petrolifero sa che dal 2016 in poi sarà certamente dipendente al 100% dalle importazioni di derrate alimentari.

Una spia allarmante: «Dato il ruolo dell'Arabia Saudita come produttore di petrolio, disordini politici dovuti al clima e all'acqua potrebbero gettare scompiglio sull'economia globale». Di acqua e terra fertile è invece ricchissima l'Africa, che però fa gola agli assetati e agli affamati di altri paesi.

Secondo "Oxfam International", il Medio Oriente e l'Asia – Cina in primis – hanno già comprato qualcosa come 560 milioni di acri di terra africana, in una sorta di "neo-colonialismo climatico" che prevede l'inevitabile sfratto dei nativi, espropriati dei loro terreni e costretti a emigrare. «Non c'è bisogno di dire che anche questa dinamica è una ricetta per un conflitto».

Due giganti come Cina e India sono costrette ad affrontare gravissime crisi idriche, «con popolazioni affamate dai raccolti asciutti».

Inoltre, l'energia richiesta per pompare e canalizzare l'acqua è normalmente fornita da impianti potenti, che per funzionare richiedono a loro volta grandi quantità d'acqua. Come se non bastasse, Pechino controlla la più grande fonte di acque fluviali, a nord dell'India.

Per Brahma Chellaney, esperto geostrategico dell'università di Nuova Delhi, nessuna nazione nella storia ha costruito più dighe della Cina: più di quelle del resto del mondo messo insieme. Sbarramenti che dirottano altrove anche l'acqua che fluirebbe in India.

L'acqua manca per tutti, ci si affida alle piogge stagionali e l'agricoltura diventa instabile: dovendo affrontare la prospettiva di nutrire due miliardi e mezzo di persone, «non è difficile immaginare tensioni in ebollizione», lungo i confini tra i due colossi dell'Est.

NASA: I GHIACCI DISCIOLTI INCLINANO L'ASSE TERRESTRE
SOS: A RISCHIO L'ESTINZIONE DELLA VITA

«Il sole è allo zenit in un cielo completamente diverso. Risultato: clima impazzito, temperature in aumento, cataclismi naturali dovuti all'inaudito scioglimento dei ghiacci e alla "migrazione" di immense quantità d'acqua. Sta accadendo qualcosa di mai prima osservato»: lo affermano gli anziani Inuit, intervistati nell'Artico dal regista e produttore canadese Zacharias Kunuk, in contatto con la Nasa.

«Gli anziani, abitanti di quei luoghi freddi, parlano di come il loro mondo è cambiato, da come era decenni prima di oggi. - riassume il blog "La Crepa nel Muro" - E' un quadro preoccupante, di cui gli Inuit sono testimoni: lo scioglimento dei ghiacciai artici, la scomparsa del ghiaccio marino. Le foche hanno bruciature sulla loro pelliccia e sono coperte di piaghe e di una pelle più sottile, la pelle è deteriorata».

E mentre gli scienziati sostengono che è l'inquinamento umano a contribuire in modo decisivo al cambiamento climatico, i vecchi Inuit sono convinti qualcosa di molto molto più grande sta succedendo. L'agenzia aerospaziale americana conferma: «I ghiacci che si sciolgono ai poli e le falde idriche depauperate sulla terraferma modificano la distribuzione della risorsa idrica sul pianeta, alterando la rotazione della Terra: lo spostamento è tale da inficiare l'accuratezza di un Gps».

Come noto, ricorda Filomena Fotia su "Meteoweb", la Terra ruota sul suo asse in modo irregolare, oscillando e sobbalzando: queste variazioni naturali sono accompagnate da quelle generate dai cambiamenti climatici, spiega oggi la Nasa, confermando le inquietanti anomalie osservate dagli anziani Inuit.

«L'oscillazione fa variare leggermente l'inclinazione dell'asse terrestre, provocando uno spostamento, che per tutto il XX secolo si è diretto verso la Baia di Hudson, in Canada, ma ha invertito la rotta a partire dal 2003, spostandosi di circa 17 centimetri all'anno in direzione delle Isole Britanniche».

Il risultato della ricerca, pubblicato su "Science Advances", si deve a Surendra Adhikari e la sua collega Erik Ivins, entrambi ricercatori della Nasa. Gli esperti, aggiunge Fotia, hanno analizzato i dati dal 2003 a oggi dei satelliti Grace (Center Gravity Recovery and Climate Experiment) che misurano la distribuzione delle masse d'acqua sul pianeta, e hanno fatto una scoperta clamorosa:

«La natura degli spostamenti spiegava la migrazione dell'asse verso l'Europa, rilevata a partire dal duemila. Si consideri che ogni anno in Groenlandia si sciolgono 278 trilioni di chili all'anno di ghiaccio e in Antartide occidentale 172 trilioni di chili».

Oltre che allo scioglimento dei ghiacci, secondo i ricercatori della Nasa la "migrazione" verso l'Europa è dovuta anche «al depauperamento delle risorse idriche sulla terraferma, in particolar modo in Eurasia: 530 trilioni di chili di acqua all'anno vanno persi a causa della siccità e dell'eccessivo sfruttamento delle falde, provocando un innalzamento del livello del mare».

Effetti di cui soffriamo tutti, e il cui impatto è particolarmente forte tra gli abitanti delle più estreme regioni artiche, convinti – per primi – che il "climate change" non sia solo dovuto alla Terra, cioè all'uomo, ma anche al cielo: gli anziani intervistati da Zacharias Kunuk «dicono che il Sole non sorge più come nella normalità del tempo andato: hanno la luce del giorno più a lungo, per cacciare, e il Sole è più alto di quanto non lo sia mai stato prima e riscalda più velocemente l'ambiente».

Su questo sono tutti d'accordo: il sole e la luna, che sono "cambiati", «influenzano la temperatura, il modo in cui soffia il vento». E così, a memoria d'uomo, non è mai stato così difficile prevedere il tempo. «Conosciamo i problemi correlati alla geoingegneria, cioè le "scie chimiche", e tutti gli effetti negativi di ricaduta sulla Terra e la salute pubblica. Ma a questi problemi ora si aggiungono quelli scoperti dagli anziani Inuit, determinati dallo spostamento dell'asse terrestre confermato dalla Nasa».

Coltre a possedere, manovrare e manipolare l'intera economia mondiale, che cosa fanno i potenti élites della Terra per risolvere o comunque evitare o perlomeno limitare le catastrofi intercontinentali che già si intravedono all'orizzonte? NULLA!

SOS: RISCHIAMO UN'ESTINZIONE DI MASSA SUL PIANETA TERRA

«Si avvicina il rischio di un'estinzione di massa, secondo storici e antropologhi sarebbe la sesta nella storia della Terra». Lo affermano Daniele Conversi e Luis Moreno, commentando una recentissima ricerca statunitense. Secondo la prestigiosa PNAS, "Proceedings of the National Academy of Sciences of the United States of America", per la sesta volta, saremmo nell'imminenza di un evento chiamato "biological annihilation", annientamento biologico.

Miliardi di animali sono stati eliminati negli ultimi decenni, conseguenza diretta e indiretta dell'attività umana. Come se non bastassero gli allarmi che ci giungono da tutti i fronti, le ricerche confermano un'unica tendenza: l'impatto del consumo di massa promosso dal neoliberismo imperante sta alterando la superficie terrestre in maniera irreversibile, fino a cambiare lo stesso suolo su cui poggiamo i piedi.

Nel corso dell'ultimo secolo, con l'uso generalizzato dell'automobile, ci si è adagiati sullo sfruttamento dei combustibili fossili attraverso un aumento massiccio dei consumi, promuovendo inoltre una divisione internazionale del lavoro tra regioni destinate all'estrazione e altre destinate all'industrializzazione.

Tutto questo, dicono i ricercatori, sta semplicemente portando al collasso l'ecosistema terrestre.

Resa popolare dal Nobel per la chimica Paul Crutzen per designare un nuovo periodo geologico separato dall'Olocene (l'ultimo periodo geologico dell'era

Quaternaria), la nozione di Antropocene ci richiama all'impatto determinante, permanente e irreversibile del comportamento umano sulla superficie terrestre.

Nel suo libro tradotto in italiano come "Benvenuti nell'Antropocene", Crutzen argomenta che le prove per stabilire l'inizio del nuovo periodo sono già visibili sia nelle rocce (in forma di isotopi nucleari, sedimenti, scorie, particelle di alluminio, cemento, plastica e carbone), sia negli oceani e nelle zone costiere, con l'innalzamento del livello del mare conseguente allo scioglimento dei ghiacci.

L'aumento rapido dei gas serra è probabilmente segna l'inizio della nuova era, che si può collocare all'incirca verso la metà del 20° secolo. Negli ultimi decenni, aggiungono Conversi e Moreno in un'analisi su "Micromega", la crescita abnorme dei consumi di gran parte della popolazione terrestre ha prodotto gravi effetti sul nostro pianeta, con conseguenze potenzialmente catastrofiche per il futuro di tutte le specie viventi.

Purtroppo però questa massa di studi fatica a trovare spazio sui grandi media, spesso «ostacolata e contraddetta dalla visibilità istrionica di pseudo-scienziati portavoce, riconosciuti o meno, delle lobbies petrolifere e dei combustibili fossili». Data l'assenza di vere informazioni, «non c'è da sorprendersi che il pubblico sia più orientato a crucciarsi per i prezzi di consumo dell'energia elettrica piuttosto che a chiedersi come ridurre le emissioni».

Come ridurre il climate change? Nebbia fitta.

«Raggiungendo livelli sempre più alti, l'aumento costante dei gas serra, accoppiato alla diffusione della fratturazione idraulica (fracking), è in grado di produrre un impatto incontrollabile, minacciando la continuità stessa della vita sulla Terra».

L'attuale modello iper-consumistico «è stato responsabile non solo di un aumento senza precedenti delle emissioni di CO_2, ma anche di un processo a senso unico di omogeneizzazione culturale, a seguito del quale mai prima d'ora così tante persone hanno assunto abitudini di consumo originariamente proprie delle vecchie élites occidentali».

Processi che «hanno contribuito ad aumentare i livelli di povertà e di emarginazione sociale, sia nei paesi sviluppati che in quelli in via di sviluppo».

Secondo un noto rapporto di Oxfam (Organizzazione non profit), la stragrande maggioranza delle vittime del cambiamento climatico sono proprio coloro che vivono in paesi che contribuiscono di meno al fenomeno.

«E per di più, le regioni più vulnerabili ospitano circa la metà più povera della popolazione mondiale: un grafico assai rivelatore dell'ingiustizia climatica, che non lascia dubbi su come la metà più povera della popolazione mondiale produca solo il 10% delle emissioni globali di carbonio, mentre il 10% più ricco del pianeta contribuisce a oltre il 50% delle emissioni», aggiungono Conversi e Moreno.

Inoltre, questo sembra dimostrare che, sebbene il problema demografico non debba essere sottovalutato, l'impatto più consistente non è prodotto dai numeri di bocche da sfamare, ma da modelli acquisiti di consumo, sperpero, abitudini e stili di vita insostenibili. Intanto, sempre secondo Oxfam, l'81% dei decessi causati dai disastri ambientali colpisce le aree a reddito basso e medio-basso.

Secondo un altro studio, "Carbon and inequality from Kyoto to Paris", diretto da Lucas Chancel e Thomas Piketty della Paris School of Economics, l'1% delle famiglie statunitensi, singaporesi o saudite a reddito più elevato sono annoverabili tra i maggiori responsabili di inquinamento, con più di 200 tonnellate annuali di emissione di CO_2.

Di conseguenza, continuano Conversi e Moreno, una visione semplicistica della frattura Est-Ovest o Nord-Sud, appare inadeguata: tra l'1% dei super-emettitori vanno anche incluse le élites dei super-ricchi di Cina, Russia, India e Brasile, per fare un esempio.

E un terzo studio, pubblicato di recente ("The Carbon Majors Report" 2017) mostra che circa 100 aziende sono responsabili del 71% delle emissioni globali, cioè un numero significativamente infimo di grandi produttori legati ai combustibili fossili arreca un danno assolutamente sproporzionato rispetto ai guadagni astronomici di pochi.

In America Latina, quasi tre quarti dei cittadini – una delle percentuali più alte al mondo – riconoscono fermamente la gravità e la serietà del cambiamento climatico: i paesi latinoamericani e caraibici sono molto vulnerabili al problema del riscaldamento globale. «Un aumento rilevante e sostenuto delle temperature porterebbe in un intervallo non molto lungo a una riduzione drastica dei terreni coltivabili, alla scomparsa di atolli, barriere coralline, isole basse e intere regioni costiere, così come ad una estrema variabilità del tempo».

Per Conversi e Moreno, non sarebbe realistico ipotizzare una risposta unica ai difficili e complessi problemi legati al cambio climatico. I punti di vista normativi variano: dall'illusione di "miracoli tecnologici" all'espansione massiccia delle energie rinnovabili (dal 2019 la Volvo produrrà solo auto elettriche o ibride), dalla decrescita volontaria dei consumi alla rivalutazione delle conoscenze ecologiche tradizionali.

Si pensa alla protezione delle economie pre-industriali residue, all'economia circolare, al riciclaggio, alla pratica della "sovranità alimentare" (km zero, filiere corte), fino all'opzione estrema della geo-ingegneria, «che implicherebbe la costruzione di dighe per proteggere città o paesi dall'innalzamento delle maree e altre soluzioni provvisorie per tamponare effetti localizzati di un fenomeno che non ha nulla di locale». In ogni caso, aggiungono Conversi e Moreno, sarà vitale «ambire alla massima eterogeneità e creatività in termini di soluzioni, adattamento, conoscenze o tecniche di sopravvivenza».

Da parte sua, l'UE si sta adoperando per trasformare i rifiuti in materiali rinnovabili in una nuova "economia circolare". Secondo la Commissione Europea, l'Europa produce più di 2,5 milioni di tonnellate di rifiuti l'anno, oltre la metà dei quali (63%) è derivata dal settore minerario e delle costruzioni.

Ma spesso l'accento è posto sul cittadino, nonostante solo l'8% dei rifiuti sia di origine domestica. «Così l'Europa perde ogni anno circa 600 milioni di tonnellate di materiali contenuti nei rifiuti che potrebbero essere riciclati o riutilizzati –

mentre si ricicla solo il 40% dei rifiuti prodotti dalle famiglie».

A livello planetario, i problemi restano di portata incalcolabile. «Questa nuova geografia del cambiamento climatico, accompagnata dall'aumento delle disuguaglianze di reddito e dell'emarginazione sociale, rende più che mai urgente un'azione concertata da parte di tutti i paesi». Unica possibilità di salvezza, trovare i mezzi per «controllare questa ristretta élite, detentrice di un potere economico e mediatico immenso».

Ma le cose non stanno andando esattamente così: restano modesti gli obiettivi dei trattati internazionali finora firmati, da Rio (1992) all'accordo di Parigi del 2015, in vigore dal 2016 «in vista della sua piena applicabilità nel 2020», a seguito del Protocollo di Kyoto del 1997.

Non mancano ulteriori complicazioni: «Donald Trump ha annunciato il ritiro degli Stati Uniti dall'Accordo di Parigi, in conformità alle promesse elargite durante la campagna elettorale in combutta con le élites dei combustibili fossili».

In contrasto con l'allarme che si sta diffondendo in molti paesi, il nuovo protezionismo degli Stati Uniti, accompagnato dalle iperboli della negazione, «indica che ci stiamo avvicinando a passi da gigante verso il suicidio climatico, incoraggiato da un modello economico neoliberista inarrestabile», concludono Conversi e Moreno.

«Di fronte al pressoché unanime consenso scientifico sulle origini antropogeniche di un riscaldamento globale indotto da modelli di consumo selvaggio, si erge un revisionismo corporativo militante impostato sulla manipolazione dei mezzi di comunicazione e ostile a ogni possibile mobilitazione sociale volta a salvare il pianeta».

Ciò che si profila è un mondo nuovo, un "brave New World", come annunciava Aldous Huxley, condannato a finire in tempi brevissimi. «Un mondo, insomma, in cui una percentuale irrisoria ma ultra-potente del genere umano sembra pronta a immolare i destini della Terra sull'altare dei propri guadagni mai soddisfatti».

Conmversi e Moreno parlano di "classicidio", vista l'enorme sproporzione numerica tra vittime e carnefici, ancora più accentuata tra i redditi delle vittime e quelli dei carnefici. «Ma nessuno potrà ritenersi al sicuro ed esente dal pericolo di estinzione: se il secolo 20° è stato spesso definito il "secolo del genocidio", c'è da temere che il secolo 21° potrebbe essere identificato, da un punto di vista terminologico, come il "secolo dell'omnicidio", dello sterminio potenziale della gran parte delle specie viventi, tra cui bisognerà annoverare gli esseri umani».

Ma, onestamente, «piuttosto che di un epilogo casuale, è bene comprendere che si tratta una "cronaca" lungamente preannunciata». Bisognerà quindi «combattere il negazionismo, incarnato successivamente nell'anti-scienza, nella marginalizzazione degli esperti e nell'anarchia informativa della post-verità».

Appello inevitabile: «Contro quest'Idra dalle teste multiple, siamo chiamati a mobilitarci. Meglio tardi che mai».

IL MONDO È IMPAZZITO: IN EU E USA SONO IN ARRIVO OLTRE MEZZO MILIARDO DI PROFUGHI

Succede in Louisiana, Brasile, New York, Australia, Thailandia, Filippine, Alaska. Succede un po' dappertutto per le comunità di mare. Gente che vive sulle coste e che deve abbandonare le proprie case per colpa di erosione, innalzamento dei livelli del mare, tempeste violente, perdita di terreno.

Secondo un recente articolo pubblicato su "Nature Climate Change", sono circa 1 milione le persone che hanno dovuto abbandonare le proprie abitazioni. Per la precisione 1 milione e 300mila. E mentre fino a pochi anni fa si cercava di proteggere quello che c'era, adesso l'atteggiamento prevalente è di andare via.

Cosa fare infatti con l'arrivo di mareggiate senza precedenti, allagamenti e continuo innalzarsi del mare?

Si possono alzare le strade e le case, cercare di proteggere le lagune, migliorare i codici con cui si costruisce. Ma si può anche decidere di lasciare perdere, visto che i costi sono elevati, ed è certo che il clima e l'ambiente non torneranno quelli di prima. È questo il dilemma delle comunità costiere.

Storicamente, migrazioni di massa collegate alle condizioni climatiche sono molto ben documentate, e quello che viviamo adesso – appunto il milione e trecentomila anime che hanno dovuto lasciare le proprie case – è la manifestazione dei nostri tempi del problema.

Durante il secolo 1900-2000 i livelli del mare si sono innalzati di ben dodici centimetri. Le previsioni sono di varie decine di centimetri in questo secolo. Secondo alcuni studi circa 470 milioni di persone perderanno la casa. Alcuni ricorderanno l'uragano Sandy che colpì le coste del New Jersey nel 2012: molte delle case sono state rasate al suolo e mai più ricostruite.

Dopo il tifone Haiyan del 2013 le Filippine hanno messo il divieto di costruire a cinquanta metri dalla costa e hanno forzato l'evacuazione di 80.000 persone. Dopo lo tsunami del 2004, almeno 22.000 case sono state perse e non più ricostruite in zone costiere. A volte la gente via via in modo preventivo, e cioè prima che ci siano i disastri: le città vengono evacuate perché i cambiamenti climatici stanno piano piano portando via coste e case e non si vuole aspettare "il grande evento".

In Louisiana accade lo stesso: qui l'erosione dovuta alle estrazioni di petrolio e di gas ha fatto perdere case, terreni e coste. Il caso più eclatante è quello di Shishmaref in Alaska, città costruita sul ghiaccio e che è destinata a morire.

Siamo a 160 miglia dalla Russia, il ghiaccio scompare. Nevica sempre di meno, e sempre più tardi e il ghiaccio si scioglie prima o neanche si forma. L'erosione monta. L'assenza di ghiaccio fa sì che durante le tempeste pezzi interi di costa vengono triturati e finiscono in mare, senza protezione.

Una delle case è già crollata in mare nel 2006. Norman era un ragazzino che nel

2007 cadde risucchiato dal ghiaccio di Shishmaref che si scioglieva e morì. Ogni secondo pompiamo in atmosfera 1.200 metri cubi di CO_2. Il pianeta si è surriscaldato, in media di un grado centigrado dalla rivoluzione industriale ad oggi, una enormità.

L'Artico ha avuto livelli di aumento di temperatura doppi che il resto del pianeta. In Alaska ci sono almeno trentuno villaggi a rischio di scomparire, come Shishmaref: dodici di questi villaggi stanno cercando di capire dove e come evacuare, perché sanno che non c'è speranza.

Siamo noi a causare tutto ciò, bruciando fonti fossili a ritmi allarmanti. Se l'obiettivo è di contenere l'aumento della temperatura a due gradi centigradi, una sola cosa si deve fare: non pompare mai più petrolio.

Dall'altra parte del mondo, le isole Kiribati, le isole Marshall, le isole Fiji, lontanissime dall'Alaska ma tutte che rischiano di scomparire. Isle di Jean Charles in Louisiana che pure sprofonda a causa dei cambiamenti climatici. A Miami Beach, Florida, hanno dovuto installare pompe speciali per evitare allagamenti, collegati all'erosione. Non tutte le comunità hanno i soldi per programmare l'evacuazione e la risistemazione delle persone. È costoso, la gente è vulnerabile, è una strada a senso unico.

A Shishmaref sanno che non hanno scelta, e così la città ha deciso di evacuare prima che il mare porti via tutto. Ma non hanno i soldi. E dove evacueranno? Non si sa, forse verso l'interno. Ma questo significa perdita di identità: la maggior parte delle persone qui vive di pesca e di caccia e di tradizioni Inupiat collegate al mare.

Saranno lo stesso popolo? Perché devono evacuare loro, se il loro stile di vita, di indigeni, è molto meno impattante di quello di centinaia di milioni di persone che sprecano, bruciano, e generano molto più inquinamento e emettono molta più CO_2 di loro?

GIA' PROGRAMMATO L'ARRIVO DI OLTRE 300 MILIONI DI RIFUGIATI CLIMATICI

«Se pensate che i migranti di oggi siano un problema, non avete ancora visto nulla». Questo lo afferma il giornalista e saggista Paolo Rossi-Barnard con un rispetto angosciante per le stragi che avvengono giornalmente nel Mediterraneo. «Vi sembrano troppi 1 milione di arrivi via mare in Europa solo nel 2015? Ce ne sono 300 milioni in India che prima o poi partiranno. Dieci milioni in Bangladesh, come minimo. E in Africa del nord e Sahel le stime sono talmente alte che oggi gli esperti non sanno ancora quantificarle».

Cosa spingerà questo inimmaginabile tsunami di migranti verso di noi? La guerra? «No, questa è la causa secondaria».

Allora è la povertà?

Il vero motivo – che porta con sé guerra e fame – è un altro: il cambiamento climatico. «È provato oltre ogni dubbio», scrive Barnard sui media. «Basta sfogliare le relazioni presentate all'Accordo di Parigi sul Clima nel dicembre 2015, e i dati sono tutti lì. E sono orrore liquido.

Perfino in Siria, il 'Climate change' viene prima – molto prima – dei conflitti armati come causa di esodo. Il peggioramento climatico, tra cui la siccità che provoca la penuria di viveri è il vero inizio della crisi demografica in quel paese povero e martoriato.

Innanzitutto, è quindi la crisi climatica che ha portato i popoli ad una miseria assoluta e che poi ha alzato le tensioni per sfociare in una guerra senza fine».

Dal 2006 al 2011, racconta Barnard, una siccità senza precedenti nella storia del paese (mai visto un fenomeno così, dicono gli esperti di clima) spinse 2 milioni di contadini verso le città per non morire di fame.
«Il presidente della Siria: Bashar al-Assad non seppe gestire la crisi, e le tensioni esplosero in conflitti armati locali, per poi essere dirottati nella guerra civile. Il motivo provocante un'assurda guerra militare e civile è il clima, altro che Isis».

Ma la vera emergenza riguarda «il resto della marea umana» prossimamente in partenza verso i paesi occidentali più ricchi, a causa dell'impazzimento del clima.

«I 300 milioni di indiani in movimento fuggono dalla mancanza di acqua, è stato detto a Parigi, perché i ghiacciai dell'Himalaya si stanno riducendo».

Dal Bangladesh «fuggono dall'allagamento di milioni di ettari delle loro coste alla velocità del lampo». E gli africani «scappano dalle siccità, o straripamenti, o proliferazione di parassiti fuori controllo, ma anche dalle ondate di calore impossibili, che distruggono le fonti di cibo e acqua, affermano ancora gli esperti di 'Climate change'».

All'allarme «immane», stavolta, «ci sono arrivati anche i cosiddetti 'cattivi' cioè il Pentagono e il Dipartimento della Difesa americana». Documenti ufficiali: il Pentagono ha definito il cambiamento climatico «un moltiplicatore di rischio globale», additandolo come la vera causa di «guerre per l'acqua, che spediranno oceani di migranti verso nord».

«In un summit svoltosi ultimamente in Alaska, - continua Barnard – l'ex Segretario di Stato degli Stati Uniti, John Forbes Kerry, è stato esplicito: L'effetto serra ha creato una bomba demografica chiamata "rifugiati del clima". E ha aggiunto: «Voi per caso pensate che quello che vedete oggi sia un problema europeo causato dall'estremismo? Non avete ancora visto nulla, aspettate quando mancherà l'acqua, il cibo, e i popoli si faranno guerre per questo».

Quindi, conclude Barnard: «Centinaia di milioni di persone ci arriveranno addosso per sfuggire alle 'guerre da effetto serra', quelle per accaparrarsi un pezzo di fiume rimasto, una montagna dove ancora cresce da mangiare».

Per Francesco Femia, del 'Centre for Climate and Security di Washington': «Affrontare questa catastrofe alla radice non significa fermare le guerre, ma fermarle prima che scoppino, e questo significa affrontare e risolvere con assoluta urgenza i danni che sta provocando l'effetto serra sull'intero pianeta».

LA GRANDE PAURA STA ARRIVANDO

I segnali ci sono tutti: dazi doganali, immigrazione selvaggia, minacce Usa in precise aree del pianeta. Nessuno può sapere cosa accadrà di preciso, perché il futuro non si può prevedere, ma siccome gli indizi per una crisi epocale ci sono, non possiamo non tenerne conto. E questi segnali ci sono ora, non sono frutto della suggestione catastrofista.

Senza citare tutto, nell'elenco metterei l'ambiguità del fenomeno Greta Thunberg (la giovane attivista svedese per lo sviluppo sostenibile e contro il cambiamento climatico), la denatalità europea (diminuzione delle nascite), la burocratizzazione esasperata, l'assalto politico-militare ai paesi con risorse naturali come il Venezuela e l'Iran, l'inasprimento della politica protezionistica americana mentre leader russi e cinesi girano come trottole in un'estenuante attività diplomatica.

Insomma, c'è una certa puzza di morte nell'aria, ma nessuno sa se finirà così male, oppure se si tratta solo di percezione catastrofista. Non sempre dove c'è il fumo c'è l'arrosto, però fingere di non sentire l'odore e di non vedere il fumo è una colpa grave. Imperdonabile, poi, se a fare finta di nulla è l'informazione ufficiale. perché avvengono fatti così inediti in così poco tempo?

L'ipotesi più convincente è che la disparità delle risorse disponibili non sia molto diversa che in passato, ma con la differenza che ora tutti gli abitanti del pianeta la percepiscono come tale.

La popolazione mondiale, secondo le stime, ha oltrepassato i 7,7 miliardi di persone, ed è destinata a crescere fino a 9,2 miliardi entro il 2050. Dentro questo oceano di uomini e donne, solo 850 milioni godono di una situazione accettabile in termini di welfare, alimentazione, opportunità occupazionali, istruzione e sanità.

E gli altri 7 miliardi? No, tutti gli esclusi, che sono la stragrande maggioranza, vivono in una situazione di sostanziale indigenza, solo che, rispetto ai "miserabili" del passato, oggi loro ne hanno piena consapevolezza e coscienza.

Quanto potrà durare questa situazione?

Per quanto tempo 7 miliardi di persone continueranno ad accettare che poco più di 800 milioni di loro simili producano e consumino il 90% dei beni del pianeta?

In un intervento effettuato recentemente durante l'incontro "Fuori dagli Equivoci" a Torino, il giornalista Giulietto Chiesa ha riportato un aneddoto riferito al documentarista americano Douglas Ruskoff. Poco tempo fa un'associazione di miliardari americani ha chiesto a Rushkoff, noto nei media americani per essere un analista futurologo, di fornire loro una consulenza privata in cambio di un compenso incredibilmente generoso. Giunto all'appuntamento, lo hanno accompagnato in una saletta con solo 5 persone presenti.

Per una cifra vertiginosa, i 5 "eletti" potevano fare domande a Rushkoff su qualsiasi argomento. «Già mi aspettavo – riferisce dunque l'analista – che mi avrebbero chiesto dove investire i loro soldi in futuro. E invece…».

Cosa chiedevano? «Lei cosa pensa che succederà quando il denaro non varrà più nulla? Come dovremo pagare le nostre guardie del corpo?

Ci siamo già costruiti un bunker sotterraneo per le famiglie, in grado di resistere diversi mesi, ma che ne farò delle mie guardie del corpo?

Anche loro vorranno sopravvivere con le loro famiglie: cosa possiamo escogitare per far sì che non ci uccidano?».

Il tono e gli argomenti delle domande fatte al famoso futurologo erano tutte di questo tipo. I ricconi in questione non appartengono a quelle élites che decidono le sorti del pianeta, ma a quanto pare la loro preoccupazione è così forte, le informazioni o le sensazioni che possiedono sono molto preoccupate e preoccupanti.

Costoro sanno davvero qualcosa, oppure sono solamente paranoici?

Se i rapporti internazionali raccontati dai media sono sempre più tesi, perché non dovremo essere preoccupati anche noi?

LA CLASSIFICA FORBES DELLE PERSONE ATTUALMENTE PIÙ POTENTI DEL MONDO

Su 7,7 miliardi di persone a popolare il pianeta Terra nell'attuale 2020, soltanto 75 uomini e donne hanno in mano le chiavi principali che consentono di gestirne e manipolarne il suo destino. Il ranking annuale Forbes 'The World's Most Powerful People' ha individuato, ancora una volta, quell'uno su 100 milioni le cui azioni pesano di più.

I punti salienti della lista di quest'anno ruotano attorno al consolidamento del potere nelle mani di una piccola élite:

Xi Jinping, il segretario generale del Partito comunista cinese, si prende per la prima volta la prima piazza dopo aver emendato a propria vantaggio la costituzione nazionale, allargando la sua sfera d'influenza ed eliminando i limiti di mandato. È destinatario di un culto della personalità che non si vedeva dai tempi del Grande timoniere Mao.

La scalata di Xi ha detronizzato il presidente russo **Vladimir Putin** (adesso al secondo posto) che si era tenuto la vetta per un inedito periodo di quattro anni consecutivi di dominio. Putin governa la Russia dal maggio del 2000, e quest'anno è stato rieletto per un quarto mandato da capo dello Stato con quasi il 77% del voto. Si tratta del più grande margine di vittoria di un candidato alla carica dalla caduta dell'Unione Sovietica.

Dopo alcuni anni dalla sua entrata alla Casa Bianca, il miliardario **Donald Trump** scende alla terza posizione. Trump ha avuto poco successo nel far avanzare i suoi piani in un Congresso controllato dal suo stesso partito, è oggetto di indagini di diverse agenzie governative e non riesce a scrollarsi di dosso scandali che riguardano la sua vita privata e di imprenditore, ma è ancora il commander-in-chief della più grande potenza economica e militare del mondo.

La quarta persona più potente del mondo è anche la donna più potente: **Angela Merkel**, cancelliera di Germania. Leader de facto dell'Europa, Merkel ha vinto una tornata elettorale combattuta nel 2017 e ha creato una 'GROßE KOALITION' coi partner politici. Dovrà comunque aggrapparsi saldamente al timone dell'Unione europea, mentre quest'ultima attraverserà le incipienti tempeste della Brexit e di un sentimento xenofobo in crescita in Europa.

Nella lista di quest'anno ci sono 17 nuovi nomi, tra cui il principe saudita **Mohammed Bin Salman Al Saud** (8° posto). Suo padre rimane il re, ma "MBS" ha consolidato il suo potere oltre ogni dubbio e ha preso il controllo del Paese. Nel novembre del 2017 lanciò una campagna anti-corruzione che ha portato all'arresto di molti notabili sauditi, costretti a consegnare le loro fortune economiche.

Altre new entry sono quelle di **Jerome H. Powell**, presidente della Federal Reserve (11° posto); **Darren Woods** ceo di Exxon Mobil (34° posto);

Moon Jae-in, presidente della Corea del Sud (54° posto);

Robert Mueller, consigliere speciale del Dipartimento di Giustizia americano (72° posto).

Per mettere insieme il ranking 'The World's Most Powerful People', si sono presi in esame centinaia di candidati di diversi percorsi ed estrazioni, e misurato il loro potere in quattro ambiti: per prima cosa, gli analisti ed esperti si sono chiesti se il candidato aveva potere su molte persone.

Al 6° posto vi è **Papa Francesco** (Jorge Mario Bergoglio), egli è il leader spirituale di più di un miliardo di cattolici; **Doug McMillon** (23° posto), ceo del più grande datore di lavoro del mondo: la Wal-mart Stores Inc, una multinazionale statunitense avente alle sue dipendenze più di 2,3 milioni di lavoratori intorno al globo.

Poi sono state analizzate le risorse finanziarie in mano a ogni candidato. Per i capi di Stato sono stati esaminati i riferimenti ai dati del Pil, mentre per i ceo ai documenti societari. Quando i candidati hanno un patrimonio personale ingente, come quello dell'attuale uomo più ricco del mondo, **Jeff Bezos** (5° posto), si è considerato anch'esso.

Quindi, fu determinato se il candidato aveva influenza in più sfere. Ci sono solo 75 posti nella classifica, per cui dominare una certa area non è abbastanza. I volti scelti proiettano la loro influenza in una miriade di modi, ad esempio: **Elon Musk** (25° posto) dice la sua nel settore auto con 'Tesla Motors', in quello aerospaziale con 'SpaceX', ed è un miliardario, ma anche un rispettato visionario della tecnologia sofisticata e all'avanguardia.

Infine, è stato usato come termometro l'uso attivo che i candidati facevano del loro potere. Il dittatore nordcoreano **Kim Jong-un** (36° posto) ha un controllo quasi assoluto della vita dei 25 milioni di persone che vivono nel suo Paese, ed è noto per le tremende e mortali punizioni che riserva ai dissidenti.

Per calcolare il ranking finale, un gruppo di editor di Forbes ha generato una classifica per ognuna di queste quattro dimensioni del potere, e poi le quattro liste sono state unite in una finale.

La lista di quest'anno viene pubblicata in un momento di cambiamenti rapidi e profondi, e rappresenta il nostro migliore tentativo di calcolare e quindi di indovinare le personalità che rimarranno rilevanti nei prossimi dodici mesi.

LA TOP TEN DELLA WORLD'S MOST POWERFUL PEOPLE

#1	Xi Jinping	China	64
#2	Vladimir Putin	Russia	65
#3	Donald Trump	United States	71
#4	Angela Merkel	Germany	63
#5	Jeff Bezos	Amazon.com	54
#6	Pope Francis	Roman Catholic Church	81
#7	Bill Gates	Bill & Melinda Gates Foundation	62
#8	Mohammed bin Salman Al Saud	Saudi Arabia	32
#9	Narendra Modi	India	67
#10	Larry Page	Google	45

75 MOST POWERFUL PEOPLE IN THE WORLD

World's most powerful people

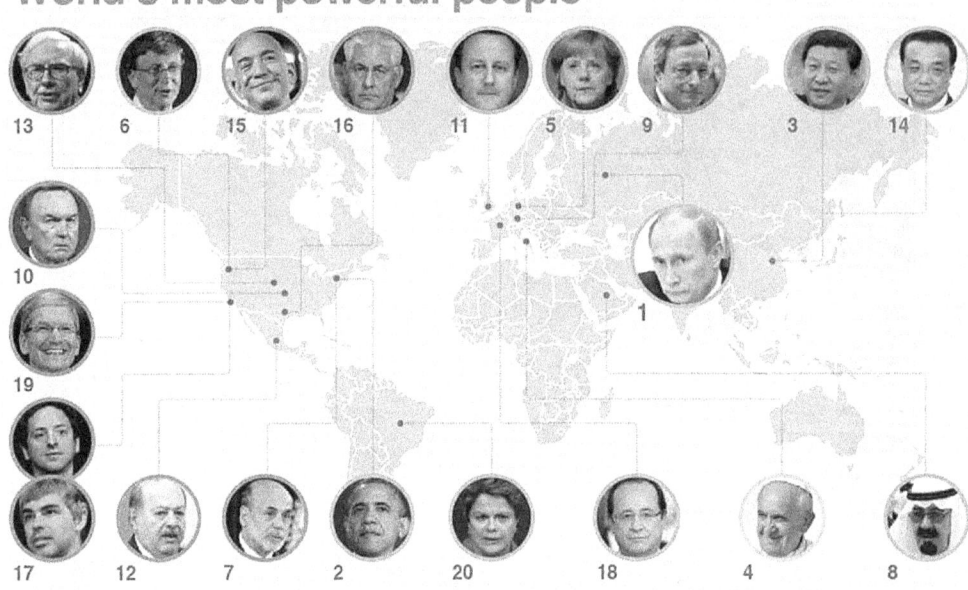

13 6 15 16 11 5 9 3 14

10

19

1

17 12 7 2 20 18 4 8

○ Politics   ○ Finance/business   ○ Philanthropy   Religion

1 Vladimir Putin
President, Russia

2 Barack Obama
President, United States

3 Xi Jinping
President, China

4 Pope Francis
Roman Catholic Church

5 Angela Merkel
Chancellor, Germany

6 Bill Gates
Co-chair, Bill & Melinda Gates Foundation

7 Ben Bernanke
Chairman, US Federal Reserve

8 Abdullah bin Abdul Aziz al Saud
King of Saudi Arabia

9 Mario Draghi
President, European Central Bank

10 Michael Duke
CEO, Wal-Mart Stores

11 David Cameron
Prime Minister, Britain

12 Carlos Slim Helu & family
Honorary chairman, America Movil

13 Warren Buffett
CEO, Berkshire Hathaway

14 Li Keqiang
Premier, China

15 Jeff Bezos
CEO, Amazon.com

16 Rex Tillerson
CEO, Exxon Mobil

17 Sergey Brin
Cofounder, Google

Larry Page
CEO/Cofounder, Google

18 Francois Hollande
President, France

19 Timothy Cook
CEO, Apple

20 Dilma Rousseff
President, Brazil

Source: Forbes

AFP

QUANTO SONO PAGATI I LEADER POLITICI DEL MONDO?

Il più pagato al mondo resta il primo ministro di Singapore: il 67enne Lee Hsien Loong, in carica dal lontano 2004, ha tuttora una retribuzione annua lorda pari a circa 1,7 milioni di dollari: quasi 135 mila dollari al mese, più di 6 mila dollari al giorno (circa 5.450 euro).

Una somma da capogiro per il governo di una minuscola repubblica che conta poco più di 5 milioni di abitanti, nonostante un taglio del 36% accettato qualche anno fa da Loong e dai suoi ministri per spegnere le proteste dell'opposizione contro il divario sociale. Tanto più se si confronta con lo stipendio di altri premier internazionali: basti pensare che la busta paga del presidente della superpotenza americana, Donald Trump, è di appena (si fa per dire) 33 mila dollari al mese per un totale annuo di 400 mila dollari.

L'elevata remunerazione di Loong è, però, in linea con la ricchezza del paese: l'esclusivo «modello Singapore», infatti, collega il salario di chi la governa al Pil pro-capite di chi è governato (questo sfiora oggi i 58 mila dollari) e alla crescita economica (seppure in rallentamento, al 2,6% nel 2019).

Juncker, Trump, Mattarella ecco quanto si guadagna ad essere presidente

SALARIO	Presidenti e premier	annuale	mensile	settimanale	giornaliero
Lee Hsien Loong	Singapore	1 611 682	134 306	30 993	6 198
Cristine Lagarde	FMI	551 700	45 975	10 609	2 121
Jean-Claude Juncker	Commissione europea	449 819	37 484	8 650	1 730
Donald Tusk	Consiglio europeo	449 819	37 484	8 650	1 730
Donald Trump	Stati Uniti	400 000	33 000	7 692	1 538
Scott Morison	Australia	381 685	31 807	7 340	1 488
Angela Merkel	Germania	364 000	30 339	7 001	1 400
Sebastian Kurz	Austria	312 313	26 026	6 006	1 201
Jacinda Ardern	Nuova Zelanda	283 575	23 631	5 453	1 090
Sergio Mattarella	ITALIA	281 137	23 428	5 406	1 081
Justin Trudeau	Canada	266 040	22 170	5 116	1 023
Cyril Ramaphosa	Sudafrica	254 096	21 174	4 886	977
Lars Løkke Rasmussen	Danimarca	241 015	20 084	4 634	926
Jimmy Morales	Guatemala	227 099	18 924	4 367	873
Enda Kenny	Irlanda	217 120	18 093	4 175	835
Emmanuel Macron	Francia	212 821	17 735	4 092	818
Shinzō Abe	Giappone	202 700	16 891	3 898	779
Juha Sipilä	Finlandia	202 502	16 875	3 894	778
Theresa May	Regno Unito	197 371	16 447	3 795	759
Nicola Sturgeon	Scozia	189 871	15 822	3 651	730
Mark Rutte	Paesi Bassi	186 826	15 568	3 592	718
Vladimr Putin	Russia	134 372	11 197	2 584	516
Sauli Niinistö	Finlandia	147 597	12 299	2 838	567
Recep Tayyip Erdoğan	Turchia	116 287	9 690	2 236	447
Antonio Costa	Portogallo	114 830	9 569	2 208	441
Joseph Muscat	Malta	110 112	9 176	2 117	423
Dalia Grybauskaitė	Lituania	102 439	8 536	1 969	394
Alexis Tsipras	Grecia	96 529	8 044	1 856	371
Pedro Sánchez	Spagna	93 077	7 756	1 789	357
Viktor Orbán	Ungheria	91 216	7 601	1 754	350
Peter Pellegrini	Slovacchia	70 973	5 914	1 364	272
Mateusz Morawiecki	Polonia	55 825	4 652	1 073	214
Nicolas Maduro	Venezuela	48 816	4 068	938	187
Kolinda Grabar-Kitarović	Croazia	46 050	3 837	885	177
Klaus Iohannis	Romania	45 557	3 796	876	175
Xi Jinping	Cina	20 500	1 708	394	78

FONTE: WageIndicator 2019 – Paywizard.org (retribuzioni lorde in dollari)

I premier dei paesi più avanzati guadagnano fra i 300 e i 200 mila dollari

Stando ai dati raccolti dalla 'WageIndicator Foundation', organizzazione no-profit attiva dal 2003 con un progetto di controlli sui trend salariali, si piazzano di gran lunga sopra i 300 mila dollari all'anno anche il Cancelliere tedesco Angela Merkel e quello austriaco, il 32enne Sebastian Kurz, entrambi possono contare su più di mille dollari al giorno.

Sotto questa soglia, invece, la maggior parte dei presidenti o capi di governo delle economie più avanzate come il canadese Justin Trudeau (266 mila dollari all'anno), il francese Emmanuel Macron (quasi 213 mila dollari) e il giapponese Shinzō Abe, classe 1954 (poco più di 200 mila dollari).

In questa fascia, anche il presidente della Repubblica italiana Sergio Mattarella.

Più in basso (con una remunerazione annua inferiore ai 200 mila dollari), si trovano altri premier di paesi grandi e piccoli come la britannica Theresa May (poco più di 197 mila dollari) e il russo Vladimir Putin (meno di 135 mila dollari), l'olandese Mark Rutte (187 mila) o il portoghese Antonio Costa (quasi 115 mila), mentre sfiora i centomila dollari la lituana Dalia Grybauskaitė.

«Monitoriamo le dinamiche retributive in 70 paesi di cinque continenti», spiega a panorama.it Paulien Osse, fondatrice della 'WageIndicator Foundation', nata ad Amsterdam per contribuire alla trasparenza nel mercato del lavoro.

«Abbiamo un team di esperti in tutto il mondo per aggiornare i dati e misurare le variazioni, i politici sono uno dei temi chiave. È chiaro che una busta paga mensile fra le 5 e le 10 volte superiore al salario minimo di quel paese è, in genere, la forbice massima. Ma va anche ricordato che, in alcuni sistemi, solo chi è già ricco di suo riesce a essere eletto».

Il cinese Xi Jinping fra i meno pagati al mondo

In fondo alla classifica, ovvero pagati meno di centomila dollari all'anno, ci sono il primo ministro greco Alexis Tsipras (96 mila), Pedro Sánchez (che, pur alla guida di un paese grande come la Spagna, ne prende appena 93 mila) e il presidente di un'altra superpotenza: il cinese Xi Jinping che, a seguito di un aumento dello stipendio base di tutti i funzionari pubblici nel 2015, dispone oggi di una busta paga di circa 22 mila dollari annui.

Pur se sono cifre da capogiro, questi salari sono una «miseria» se si paragonano agli altri politici del pianeta (pur parametrandolo al diverso potere d'acquisto da paese a paese).

Un po' meno se si pensa che un'inchiesta di 'Bloomberg' nel 2012 aveva rivelato che i familiari dei membri del Politburo cinese possiedono, nella vicina Hong Kong, proprietà di lusso, immobili e investimenti non riconducibili ai loro nomi. Frutto, verosimilmente, di "regalie" extra che consentono anche di pagare gli studi all'estero ai figli, con salatissime rette nelle più blasonate università inglesi e americane.

La carica grillina contro i salari dell'Ue

Situate ad alta quota anche le buste paga delle massime cariche Ue, di recente finite nel mirino delle accuse degli eurodeputati del Movimento 5 Stelle.

il presidente della Commissione europea Jean-Claude Juncker e quello del Consiglio europeo Donald Tusk possono contare su almeno 27.436,90 euro al mese. Poco meno per l'Alto rappresentante per la politica estera Federica Mogherini (25.845,35 euro), per i 5 vicepresidenti dell'Esecutivo Ue (24.852,26 euro) e per gli altri 21 commissari europei (22.852,26 euro al mese). Cifre che salgono ancora, grazie ad altre indennità variabili (quali residenza, espatrio e figli), i 1.500 euro al mese di spese di rappresentanza o altri benefit.

Una spesa che, solo per l'anno in corso, aumenterà di quasi 2,5 milioni di euro (salendo a un totale di 12.6 milioni) per il «cambio della guardia» fra commissari uscenti ed entranti in occasione del rinnovo dei vertici delle istituzioni europee (previsti rimborsi per le spese di viaggio di commissari e familiari, indennità di prima e di nuova sistemazione, spese di trasloco per entrata o cessazione dal servizio e 682 mila euro solo per le indennità transitorie dovute a titolo di "liquidazione" a fine mandato).

Politici e manager: produttività a confronto

Ma, ci si chiede, i politici dovrebbero essere retribuiti sulla base delle loro performance? Qualche anno fa ci provò Timothy Besley, docente di Economia alla prestigiosa 'London School of Economics', in uno studio sulla remunerazione dei politici che metteva in relazione i salari dei rappresentanti eletti con il reddito pro-capite nei rispettivi paesi, il bilancio del governo e la popolazione.

Ebbene, nel primo caso, i premier di Regno Unito e Usa risultavano pagati meglio di quello francese. Viceversa, in relazione al bilancio, la Svezia remunerava i suoi leader di governo più degli Stati Uniti. Nel terzo caso, infine, si allineavano fra i meglio trattati i premier svedese e quello britannico.

Trovare dei parametri, tuttavia, è complicato. Il Pil o il tasso di disoccupazione di un paese, per esempio, sono oggettivi e statisticamente rilevati. Ma da soli non bastano a quantificare la bontà di un'azione politica.

«Queste retribuzioni lorde possono sembrare alte tanto più perché non tengono conto di altre voci come viaggi, trasferte e servizi vari interamente gratuiti per una carica politica» commenta Francesca Contardi, fondatrice e managing director di 'EasyHunters', società innovativa nella selezione delle risorse umane attraverso una piattaforma digitale.

«Ma se confrontati con quelli dei manager di alcune multinazionali, a mio avviso, sono perfino bassi: basti pensare che il presidente degli Stati Uniti prende 400 mila dollari all'anno mentre il pacchetto retributivo di un Ceo delle prime cinque società al mondo, secondo la classifica di Fortune, arriva o supera i sei zero».

Eppure, politici e manager rispondono entrambi a livello civile e penale. Anche se i ruoli richiedono, talvolta, vite diverse. di fatto, un premier non va mai in vacanza e deve essere pronto a ogni emergenza, mentre un manager matura e ha diritto alle ferie come tutti i lavoratori. Alcune decisioni, per esempio una missione militare, pur se non strettamente necessaria, impone una responsabilità incomparabile con chi guida un'impresa.

Senza contare che l'incentivo per fare andare bene le cose è molto diverso: per un manager, un'azienda che cresce fa anche incassare un lauto bonus, per un politico tutto è misurato da quanto resta in sella ed è rieletto. Secondo la più celebre massima che «il potere logora chi non ce l'ha».

STIPENDI DEI POLITICI A CONFRONTO:
GLI ITALIANI SONO I PIÙ PAGATI?

Il dibattito sugli stipendi dei politici suscita malumori ogni qualvolta ritorna ad essere oggetto di discussione. Eppure, confrontando gli stipendi dei politici italiani con quelli dei politici stranieri, non sempre i membri del nostro governo risultano essere i più pagati.

NOTA: A tutte le retribuzioni menzionate si aggiungono altre somme di denaro quali: indennità, diaria, rimborsi, viaggi, trasferte anche non ufficiali (incluso vacanze), auto con autista privato, diversi privilegi, spese d'ufficio, amministrative e di vario genere, servizi vari interamente gratuiti e tanto altro ancora.

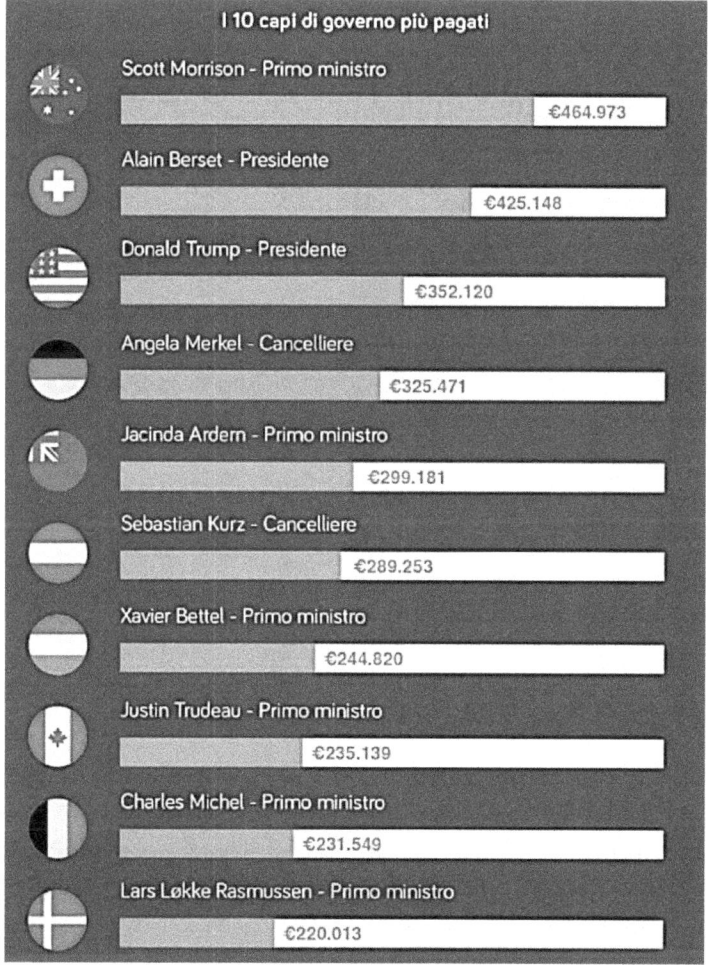

I 10 capi di governo più pagati al mondo

Secondo una recente indagine, il Presidente del Consiglio italiano si trova solo al 24° posto nella classifica dei capi di governo più pagati al mondo. Non solo, gli 88.936 euro del nostro premier si distaccano nettamente dal compenso percepito dal Presidente della Turchia Recep Tayyip Erdoğan collocato al 23° posto con 120.597 euro di stipendio annuo.

I politici stranieri più pagati

Vediamo in breve chi sono i politici stranieri più pagati nel mondo. Al primo posto troviamo il primo ministro australiano Scott Morrison, in carica dal 2018, guadagna 464.973 euro contro i 428.306 del suo predecessore (Malcolm Turnbull).

Al secondo posto c'è invece il Presidente della Svizzera Alain Berset con 425.148 euro di compenso annuale lordo. Segue al terzo posto Donald Trump, Presidente degli Stati Uniti d'America, il quale guadagna 352.120 euro. Sullo stipendio di Trump, bisogna aggiungere che ha deciso di donarlo in beneficenza al termine di ogni anno.

Appena giù dal podio, invece si posiziona la Cancelliera tedesca Angela Merkel, alla quale è riconosciuto uno stipendio annuo di 325.471 euro. Su un gradino più basso invece, il primo ministro della Nuova Zelanda Jacinda Ardern si piazza al quinto posto.

Gli stipendi dei capi di governo a confronto con gli stipendi dei cittadini

Se confrontiamo lo stipendio di ogni singolo capo di governo con lo stipendio medio dei cittadini che rappresenta, la classifica viene ribaltata in modo interessante.

Al primo posto troviamo il Presidente del Messico Andrés Manuel López Obrador, il più ricco capo di governo rispetto ai suoi cittadini.

Naturalmente i dati riportati si riferiscono agli stipendi medi di un'intera popolazione, non si tiene conto della differenza di salario che intercorre tra un operaio, un cameriere, un avvocato, un professionista che lavora per il miglior broker forex o un medico.

Gli stipendi dei politici italiani a confronto con i colleghi europei

Lo scenario cambia se paragoniamo lo stipendio dei parlamentari italiani con i colleghi dei parlamenti europei. Le indagini condotte negli ultimi anni – da OCSE, Eurostat, IPSA – indicano che i parlamentari italiani sono i politici più pagati d'Europa.

Un senatore italiano arriva tranquillamente a 144 mila euro lordi annui. Da notare, quasi il doppio del Presidente del Consiglio italiano.

Al secondo posto i parlamentari dell'Austria, i quali guadagnano 106.583 euro annui. Terzo posto per i politici olandesi, i cui parlamentari guadagnano 86.125 euro. Seguono quasi alla pari i politici tedeschi (84.108 euro) e quelli irlandesi (82.065 euro).

Gli stipendi dei politici italiani a confronto con il resto del mondo

I politici italiani risultano essere i più pagati anche rispetto ai colleghi parlamentari extra-UE. secondo un'indagine condotta dall'Indipendent Parliamentary Standards Authority inglese, sarebbero infatti i primi della classifica.

In questo caso i dati sono riportati in sterline: gli italiani sono i primi con 120.546 sterline, secondi gli australiani con 117.805 sterline, terzi i politici americani con 114.660 sterline, al quarto posto i canadesi con 100.160 sterline e ancora i politici norvegesi a 87.964 sterline lorde annue.

L'ultimo Paese della classifica è la Spagna, dove i parlamentari percepiscono un salario annuo pari a 28.969 sterline.

DAVVERO I PARLAMENTARI ITALIANI SONO I PIÙ PAGATI AL MONDO?

Sulla pagina web ufficiale del 'Movimento 5 Stelle' fu pubblicato il 3/1/2019 un post dove si sostiene esplicitamente che "L'indennità dei parlamentari italiani è quella più alta in tutto il mondo". La fonte di questa affermazione è uno studio britannico riportato dal quotidiano 'Il Mattino', anch'esso del 3/1/2019.

Si tratta di un'affermazione che contiene un nucleo di verità. Vediamo qual è l'esatta situazione.

Lo studio citato dal giornale 'Il Mattino':

'Il Mattino' parla di "salari, indennità, diaria, e rimborsi" dei parlamentari italiani, che sarebbero le più alte di tutto il mondo. Queste voci sommate ammonterebbero, riporta il quotidiano, a oltre 120.546 sterline in Italia, mentre in Australia a 117.805 £, negli Stati Uniti a 114.660 £, in Canada a 100.166 £ e in Norvegia a 87.964 £.

Assai più basse le cifre degli altri Paesi europei: Germania (78.979 £), Regno Unito (66.396 £), Francia (56.815 £) e Spagna (28.969 £). L'Italia dunque risulterebbe in testa alla classifica a livello mondiale.

Lo studio, con ogni probabilità, non è però nuovo. Le stesse identiche cifre riportate da 'Il Mattino', che non specifica quale sia lo studio preso in considerazione, erano già state riprese dalla stampa italiana a ottobre 2016: ad esempio da un articolo di 'Repubblica', che precisava la loro origine: l'*Independent parliamentary standards authority* (Ipsa). Questa è un'autorità indipendente del Regno Unito, creata nel 2009, con il compito di determinare stipendi e pensioni dei parlamentari e di regolare i loro costi e spese.

Lo studio dell'Ipsa non è pubblico ma e consultabile. I giornalisti hanno contattato l'autorità del Regno Unito per avere la documentazione necessaria, o quantomeno confermarne le cifre riportate.

La replica della Camera del 2016

L'articolo del 2016 di 'Repubblica' è prezioso anche perché riporta la risposta di Montecitorio dell'epoca. La 'Camera dei Deputati della Repubblica Italiana' aveva infatti allora replicato a questi numeri che "è difficile fare un raffronto fra importi lordi, che risentono di regimi fiscali e previdenziali non sempre pienamente confrontabili".

In altre parole, secondo la 'Camera dei Deputati', confrontare il lordo come fa lo studio britannico avrebbe poco senso, perché non terrebbe in considerazione il peso delle tasse e dei contributi, che varia da Paese a Paese e che cambia significativamente il netto che alla fine percepiscono gli onorevoli.

Ancora secondo quanto riportato da 'Repubblica': "Da Montecitorio all'epoca avevano anche sottolineato che l'Italia, riguardo alle indennità e grazie alle decisioni degli ultimi anni, è al quinto posto della classifica europea. Al primo c'è l'Europarlamento".

Il confronto fatto solo sull'indennità è parziale, perché deputati e senatori percepiscono anche altre somme connesse alla loro carica: ma verifichiamo comunque se è corretto o meno, anche considerando che il M5s nel suo post del 3/1/2019 parla proprio di "indennità" più alte al mondo.

Indennità: Parlamento vs Parlamento europeo

Senza la pretesa di allargare il confronto sull'indennità netta agli altri Paesi europei - impresa che è risultata quasi impossibile anche per una commissione governativa appositamente incaricata – verrà comunque verificato se è vero che l'Italia sia superata dall'Europarlamento.

Ai parlamentari italiani spetta un'indennità mensile lorda pari a 10.435,00 euro, un importo che non cambia dall'inizio del 2012. A questa cifra bisogna sottrarre le ritenute previdenziali (pensione e assegno di fine mandato), assistenziali (assistenza sanitaria integrativa) e fiscali (Irpef e addizionali regionali e comunali), e si arriva così a un netto di circa 5.000 euro al mese. Per i deputati che svolgono un'altra attività lavorativa, l'importo netto dell'indennità mensile ammonta a circa 4.750 euro.

Agli europarlamentari spetta un'indennità lorda pari a 8.611,31 euro al mese.

È soggetta a un'imposta dell'Ue e a una serie di contributi assicurativi, al netto dei quali la retribuzione ammonta a 6.710,67 euro. Ma, come spiega il sito del Parlamento europeo: "In diversi Stati membri essa è soggetta poi a un'ulteriore imposta nazionale".

Dunque, di nuovo, un confronto sul netto risulta quasi impossibile a causa dei diversi regimi fiscali e previdenziali che vigono nei vari Stati membri dell'Ue.

Che cosa aveva detto la commissione Giovannini

Il governo Berlusconi IV aveva previsto nel 2011, con il d.l. 6 luglio 2011, n. 98 (art. 1 co. 1), che la retribuzione complessiva di deputati e senatori dovesse essere pari o inferiore alla "media del costo relativo ai componenti dei Parlamenti nazionali [dell'area Euro]".

Lo stesso decreto istituì una commissione «presieduta dal Presidente dell'Istat e composta da quattro esperti di chiara fama, tra cui un rappresentante di Eurostat» che ogni anno avrebbe dovuto calcolare quella media.

La commissione ebbe però vita molto breve. Nella sua prima composizione, venne presieduta dal presidente dell'Istat Enrico Giovannini e terminò i lavori il 31/3/2012, quando era in carica il governo Monti.

I risultati vennero presentati in un rapporto, qui si leggeva che: "Le attività di raccolta e analisi dei dati sono subito apparse molto più complesse e difficili di quanto si presumeva, pur cautelativamente ipotizzato. L'analisi dei dati pervenuti, inoltre, ha evidenziato problemi di qualità e comparabilità".

La commissione arrivava alla conclusione che il compito a lei affidata fosse impossibile: "Queste considerazioni – sottolineava la Commissione – escludono palesemente che sia possibile giungere alla determinazione di 'tetti' retributivi che abbiano il valore loro assegnato dalla legge istitutiva della Commissione".

E infatti nelle "Conclusioni" che la Commissione scrisse che: "Nonostante l'intenso lavoro svolto, i vincoli posti dalla normativa, l'eterogeneità delle situazioni riscontrate negli altri Paesi e le difficoltà incontrate nella raccolta dei dati hanno impedito alla Commissione di produrre i risultati attesi. Nessun provvedimento può essere assunto dalla Commissione per i fini previsti dalla legge. La Commissione ritiene doveroso rimettere il mandato ricevuto".

Per i politici non è vantaggioso che altri sappiano quanto percepiscono

Stabilire se i parlamentari italiani siano o meno i più pagati, come hanno certificato nel 2012 l'allora presidente dell'Istat, un membro Eurostat e i tre professori esperti della materia, è di fatto impossibile anche solo nel confronto con la sola area euro. Certamente queste informazioni alquanto sensibili vengono appositamente nascosti, resi segreti e inaccessibili al popolo dai politici che hanno poltrone di potere alla Camera dei deputati della Repubblica Italiana e al Parlamento. Come risultato, oggi non ci sono abbastanza dati necessari per una comparazione valida.

I confronti che si possono fare sono quindi per forza molto approssimativi:

ad esempio prendendo in considerazione solo il lordo, come ha fatto in passato l'ente britannico Ipsa nello "studio inglese" citato da Il Mattino e dal M5s.

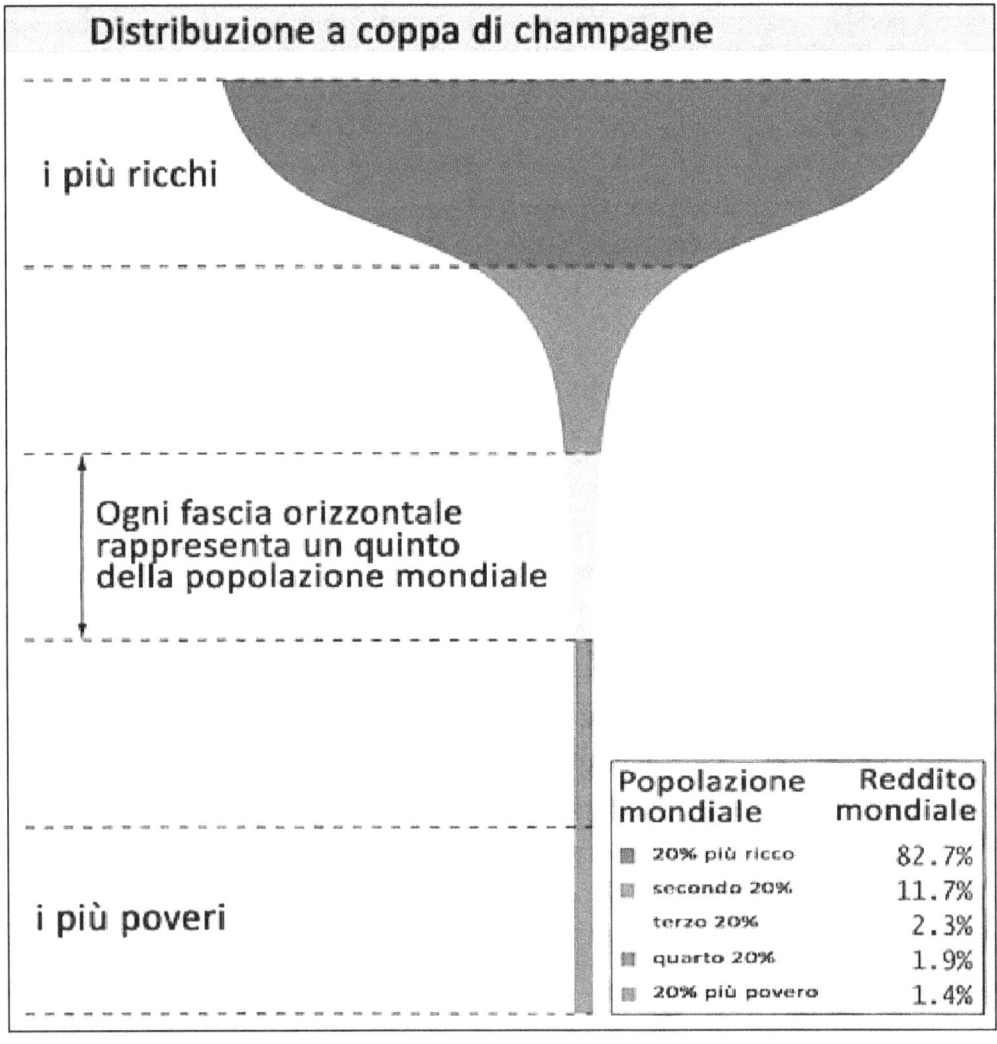

Popolazione mondiale	Reddito mondiale
20% più ricco	82.7%
secondo 20%	11.7%
terzo 20%	2.3%
quarto 20%	1.9%
20% più povero	1.4%

QUANTO GUADAGNANO I PARLAMENTARI,
I DEPUTATI E I SENATORI?

Dopo la riforma del taglio dei parlamentari l'attenzione adesso si sposta sugli stipendi dei nostri politici: ecco nel dettaglio quanto guadagnano al momento (anno: 2019/2020) i nostri deputati e senatori.

Quanto guadagnano esattamente i nostri deputati e senatori?

La domanda è lecita e non si tratta di antipolitica o di spirito giacobino visto che, in questi anni e sotto la pressione dell'opinione pubblica, sono state avanzate numerose ipotesi sulla riduzione dello stipendio dei parlamentari.

La recente approvazione definitiva del taglio dei parlamentari, riforma questa fortemente voluta dal Movimento 5 Stelle e licenziata alla Camera con il voto favorevole di quasi tutti i partiti, ha acceso di nuovo i riflettori su quelli che sono i costi della politica in generale.

Vediamo allora quanto incassa mensilmente in Italia chi siede alla Camera o al Senato, dando uno sguardo anche a tutti quei tentativi, spesso molto fumosi, che sono stati intrapresi in Parlamento per tagliare l'entità degli stipendi.

NOTA: A tutte le retribuzioni menzionate si aggiungono altre somme di denaro quali: indennità straordinarie, diaria con surplus, rimborsi particolari, spese di alloggio, viaggi, trasferte anche non ufficiali (incluso vacanze), auto con autista privato, diversi privilegi, spese d'ufficio, amministrative e di vario genere, servizi vari interamente gratuiti e tanto altro ancora.

Attualmente i deputati hanno diritto a un'indennità lorda di 11.703 euro. Al netto sono 5.346,54 euro mensili più una diaria di 3.503,11 e un rimborso per spese di mandato pari a 3.690 euro. Ad essi si aggiungono 1.200 euro annui di rimborsi telefonici e da 3.323,70 fino a 3.995,10 euro ogni tre mesi per i trasporti.

I senatori invece ricevono un'indennità mensile lorda di 11.555 euro. Al netto la cifra è di 5.304,89 euro, più una diaria di 3.500 euro cui si aggiungono un rimborso per le spese di mandato pari a 4.180 euro e 1.650 euro al mese come rimborsi forfettari fra telefoni e trasporti.

Facendo un rapido calcolo e senza considerare le eventuali indennità di funzione i componenti del Senato guadagnano ogni mese 14.634,89 euro contro i 13.971,35 euro percepiti dai deputati.

Uno studio inglese sugli stipendi dei parlamentari in Europa ha calcolato che il costo di un parlamentare italiano è di circa 120.500 sterline all'anno. Praticamente il doppio dei colleghi inglesi che percepiscono 66.000 sterline, molto di più di quelli dei politici tedeschi e francesi e addirittura sei volte tanto di quelli spagnoli.

I tentativi di diminuire gli stipendi

Nella scorsa legislatura il Movimento 5 Stelle ha presentato una proposta di legge per dimezzare almeno le indennità, che sono una delle voci di spesa che alla fine dei conti pesano più di tutte al bilancio finale.

Un tentativo di taglio degli stipendi di deputati e senatori venne intrapreso anche nel 2011, quando l'allora presidente del Consiglio Mario Monti incaricò una Commissione di livellare le retribuzioni delle cariche pubbliche alla media europea: dopo qualche mese l'iniziativa si concluse con un nulla di fatto.

La riforma costituzionale del governo Renzi avrebbe invece eliminato le indennità dei senatori, tuttavia un documento che sta circolando, sparendo e ritornando nuovamente in questi ultimi periodi in Parlamento sulla necessità di concludere: "il processo di armonizzazione delle discipline relative al trattamento giuridico ed economico dei senatori e dei deputati in vista della creazione dello status unico dei parlamentari" sembrerebbe voler salvare stipendi e rimborsi.

Ora che sono al governo, i 5 Stelle sono tornati alla carica proponendo uno stipendio da 3.500 euro più una diaria da 3.000 euro. Contraria però la Lega, all'epoca alleata di governo, visto che la misura non è presente in maniera esplicita nel famoso contratto gialloverde.

Le proposte elettorali sugli stipendi

Proprio nell'ultima campagna elettorale molto si è parlato di un taglio ai costi della politica. In particolare il Movimento 5 Stelle ha insistito molto sul tema inserendo nel proprio programma una specifica proposta.

Per prima cosa si dovrebbe commisurare la pensione di ex parlamentari ed ex consiglieri regionali ai contributi versati, ridurre il numero dei parlamentari e stabilire un tetto per gli stipendi e i rimborsi.

Nella campagna elettorale del 2013 era stato invece il Partito Democratico a proporre, per bocca del senatore Vannino Chiti, una riforma degli stipendi dei parlamentari.

Sostanzialmente si tratterebbe di equiparare l'indennità parlamentare a quella del sindaco di Roma, ovvero 9.762 euro lordi al mese. Netti quindi sarebbero poco più di 5.000 euro a ogni mensilità.

Oltre a questa parte fissa, ci sarebbe una diaria per le spese di alloggio di 2.000 euro per i parlamentari non residenti a Roma e di 1.000 invece per quelli che risiedono nella capitale.

Una proposta questa che però, come le altre, è caduta nel vuoto nella scorsa legislatura. Vediamo se invece in questa appena iniziata possa cambiare qualcosa, anche se i sentori non sono dei migliori.

STIPENDI COL TRUCCO.
ECCO IL REDDITO CHE PIACE AI DEMOCRATICI.
PARLA LA CAPOGRUPPO M5S IN AFFARI COSTITUZIONALI,
MACINA:
«CALANO LE INDENNITÀ E AUMENTANO I RIMBORSI ESENTASSE»

«Con un gioco di prestigio il Pd abbassa le indennità parlamentari ma allo stesso tempo alza i rimborsi. è chiaro che non permetteremo mai che una proposta del genere passi».

La capogruppo M5S in commissione Affari costituzionali, Anna Macina, stronca il DDL targato Partito democratico che punta ad adeguare il trattamento economico dei parlamentari italiani a quello degli eurodeputati:

Cosa pensa della proposta del Pd di agganciare la retribuzione dei parlamentari italiani a quella degli eurodeputati. E quale sarebbe l'effetto se venisse approvata?

"Guardi, prima di tutto voglio rassicurare lei e i lettori perché il Movimento 5 Stelle non farà mai passare una proposta del genere. Questa è l'ennesima follia di un partito che si spaccia per nuovo da quando c'è Zingaretti, ma che proprio con lui in poche settimane ha già preso posizione a favore del Tav, rifiutato un confronto sul salario minimo orario e criticato il Reddito di Cittadinanza. Adesso vogliono riempirsi ancora di più le tasche dei loro portafogli. Davvero un triste spettacolo".

In realtà lo stipendio (indennità) dei parlamentari nazionali finirebbe addirittura per diminuire, dai circa 10mila euro lordi mensili attuali agli 8.757 sempre lordi e sempre al mese degli eurodeputati. In che modo finirebbe per salire?

"La proposta del Pd somiglia ad un gioco di prestigio: abbassano l'indennità ma alzano i rimborsi (non tassati). Le do solo qualche numero. Un parlamentare andrebbe a percepire 1.300 euro in più ogni mese solo di diaria. Poi ci sono le spese per esercizio di mandato: In Italia ogni deputato ha a disposizione tra i 3600 e i 4000 mila euro e con questi soldi ci deve pagare anche i collaboratori. Se passasse la proposta del Pd non solo ci sarebbe un aumento di almeno 500 euro al mese, ma questi soldi non potrebbero essere spesi per i collaboratori. Per loro i deputati europei hanno 24 mila euro di budget ogni mese. Ecco cosa vuole il Pd".

Politicamente, che messaggio arriva a suo avviso dal DDL del Pd?

"A me viene da pensare ad un brutto dipinto. Anche se gli cambi la cornice rimane sempre brutto. E questo è il messaggio che arriva da questo ddl: il Pd è sempre lo stesso. Un partito che brancola nel buio e fa proposte assurde. Un partito che ancora pensa a come fare più soldi invece di aiutare il parlamento a risolvere i problemi dei cittadini che non arrivano a fine mese".

Nella passata legislatura il M5S propose di dimezzare l'indennità parlamentare. Il taglio degli stipendi di deputati e senatori annunciato mesi fa da Di Maio andrà in questa direzione?

"Il taglio degli stipendi dei parlamentari sarà legge entro quest'anno. È una nostra battaglia storica e come è accaduto per il Reddito di Cittadinanza, Quota 100 e la legge anticorruzione sarà presto realtà".

Sempre il Pd ha presentato anche un DDL per reintrodurre il finanziamento pubblico ai partiti che lo stesso Pd (Letta) aveva abolito nel 2013. Un ritorno al passato?

"Anche su questo le garantisco che finché ci saremo noi al governo un ritorno al passato è impensabile. Diciamo che le proposte di questo "nuovo Pd" sono semplicemente un ritorno alla natura stessa del Pd, un partito di palazzo che vive una realtà parallela dimenticando chi sta fuori".

C'è chi sostiene, però, che i tagli a quelli che voi considerate privilegi sarebbero in realtà un attacco ai necessari costi della democrazia…

"Guardi, gli attuali costi della democrazia sono esorbitanti. Glielo garantisco. Quello che fa il Movimento 5 Stelle è tenere sempre a mente che in democrazia i politici fanno sempre il bene dei cittadini. E mi permetta di dire che aver restituito a loro quasi 100 milioni di euro ci ripaga e ci dà la carica per andare avanti. Noi abbiamo dimostrato che si può fare politica anche senza soldi, perché contano le idee e la volontà di metterle in atto. Il Pd se vuole essere nuovo forse dovrebbe prendere esempio da noi".

STIPENDI DEI PARLAMENTARI, IL MANDATO È D'ORO

Fin dove arriverà il vero e definitivo disegno di legge presentato e parzialmente attuato dai Cinque Stelle alla Camera per dimezzare lo stipendio dei deputati?

Probabilmente non molto lontano, visto che il conflitto di interesse in questo caso è enorme e difficilmente assisteremo a un atto eroico totale di deputati e senatori.

Ma al netto delle prese di distanza e delle dichiarazioni populiste il problema oggettivamente esiste, perché troppi parlamentari italiani hanno gli stipendi esageratamente più alti del mondo.

Avete capito bene, sì, del mondo. Come ci informa una puntuale inchiesta di Monica Rubino su "Repubblica", in un confronto elaborato dall'Independent parliamentary authority (Ipsa):

«Gli italiani guidano la classifica mondiali con un salario di 120.546 sterline, seguiti dall'Australia (117.805) e dagli Stati Uniti (114.660)».

Ma è in Europa che non temiamo confronti. Secondo gli studi dell'Istat, dell'Fmi e dell'Ocse-Eurostat, un parlamentare italiano guadagna sei volte e mezzo in più di un elettore medio e il 60% in più della media dei parlamentari dell'Unione Europea.

Proviamo a fare i conti in tasca ai nostri onorevoli:
l'indennità parlamentare è di 11.703 euro lordi (5.486 netti), cui dobbiamo aggiungere le spese per il soggiorno (4 mila euro), altre 4 mila per i portaborse, oltre mille euro per i trasferimenti da casa alla stazione o all' aeroporto e 2.500 per spese informatiche.

Inoltre, va tenuto conto che i parlamentari viaggiano gratis in autostrada, in aereo (e in elicottero se lo tengono opportuno) e in treno (prima classe). L'assegno di fine mandato è di 46.814 euro per una legislatura, ma arriva fino a 140.443 per tre legislature.

E il vitalizio? «Altro che abolito!!!», come ripetono i parlamentari quando qualcuno glielo chiede. La rendita vitalizia, che prevede un reddito alquanto sostanzioso per tutta la durata della vita di chi ne fruisce c'è ancora è vive tranquillo in mezzo a noi. È pari ad un minimo di 2.486 euro al mese netti dopo i 65 con un mandato, quasi 5 mila dai 60 anni con due mandati e 7.460 euro con tre. Ed è il triplo rispetto ai vitalizi in altri paesi europei.

Senza precipitare nella demagogia (uno stipendio buono è garanzia di indipendenza politica, lo inventò Pericle (leader di stato ateniese) per permettere a contadini e marinai di partecipare alla vita pubblica di Atene, si chiamava "misthos") una sforbiciatina ci vorrebbe.

Tanto per fare qualche raffronto, l'indennità dei parlamentari europei è di 6.200 euro, quella dei parlamentari britannici 6.350, quella dei francesi 7.100 euro e dei tedeschi 7.668 euro. Come si vede, un conto sono le garanzie di indipendenza e un altro i privilegi di "casta".

Anche perché non è che i nostri brillino per stakanovismo. Il record ce l'ha l'onorevole Ghedini, che ha totalizzato una percentuale di assenze del 99,16%. Presentarsi al parlamento? "Ma va là!" Risponderebbe lui.

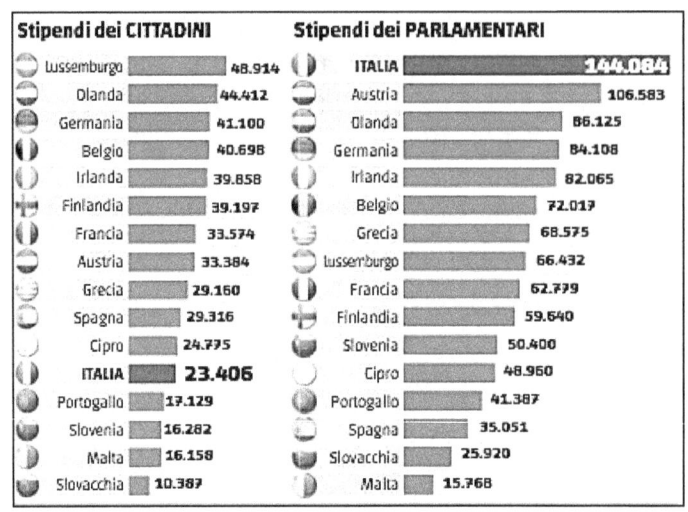

Stipendi dei CITTADINI

Paese	€
Lussemburgo	48.914
Olanda	44.412
Germania	41.100
Belgio	40.698
Irlanda	39.858
Finlandia	39.197
Francia	33.574
Austria	33.384
Grecia	29.160
Spagna	29.316
Cipro	24.775
ITALIA	23.406
Portogallo	17.129
Slovenia	16.282
Malta	16.158
Slovacchia	10.387

Stipendi dei PARLAMENTARI

Paese	€
ITALIA	144.084
Austria	106.583
Olanda	86.125
Germania	84.108
Irlanda	82.065
Belgio	72.017
Grecia	68.575
Lussemburgo	66.432
Francia	62.779
Finlandia	59.640
Slovenia	50.400
Cipro	48.960
Portogallo	41.387
Spagna	35.051
Slovacchia	25.920
Malta	15.768

IL CONFRONTO EUROPEO

	ITALIA	FRANCIA	GERMANIA	SPAGNA
Indennità parlamentare importo lordo mensile (€)	11.283,3	7.100,2	7.668,0	2.813,9
Diaria diaria mensile/ indennità di residenza (€)	3.503,1	Alloggio a tariffe agevolate in residence di proprietà Assemblea	3.984,4	1.823,9 eletti fuori Madrid, 870,56 eletti di Madrid
Viaggio circolazione	Libera circolazione ferroviaria, autostradale, marittima e aerea	Carta ferroviaria + 40 viaggi a/r tra il collegio e Parigi + 6 viaggi a/r fuori collegio	Ferroviaria + rimborso per i voli domestici a piè di lista	Diaria 150 € al giorno per viaggi all'estero, 120€ viaggi interni
Trasporto valori mensili (€)	1.331,7	Utilizzo di vetture di servizio o rimborso a piè di lista	Utilizzo di vetture di servizio all'interno di Berlino	Rimborso 0,25€ per km, 250 € al mese ticket taxi
Spese di segreteria e rappresentanza valori mensili (€)	3.690 erogato al gruppo parlamentare del deputato	6.412,0	Plafond max 1.000 € + 255 € annui per il neo deputato per il primo anno	Nessuna informazione sul deputato base

P&G Infograph

I COSTI DELLA POLITICA

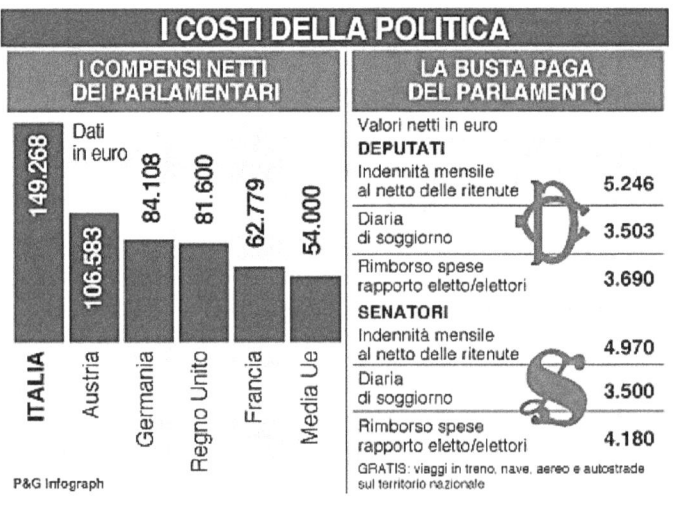

I COMPENSI NETTI DEI PARLAMENTARI

Dati in euro

Paese	€
ITALIA	149.268
Austria	106.583
Germania	84.108
Regno Unito	81.600
Francia	62.779
Media Ue	54.000

P&G Infograph

LA BUSTA PAGA DEL PARLAMENTO

Valori netti in euro

DEPUTATI

	€
Indennità mensile al netto delle ritenute	5.246
Diaria di soggiorno	3.503
Rimborso spese rapporto eletto/elettori	3.690

SENATORI

	€
Indennità mensile al netto delle ritenute	4.970
Diaria di soggiorno	3.500
Rimborso spese rapporto eletto/elettori	4.180

GRATIS: viaggi in treno, nave, aereo e autostrade sul territorio nazionale

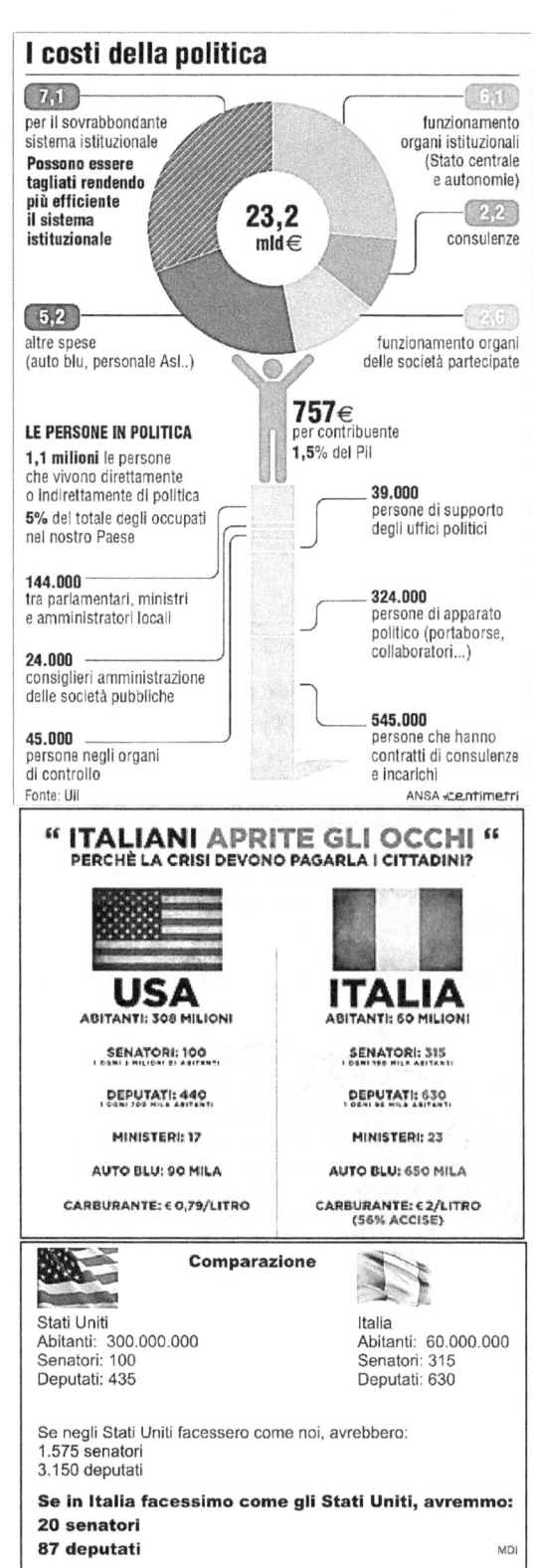

I costi della politica

7,1 per il sovrabbondante sistema istituzionale
Possono essere tagliati rendendo più efficiente il sistema istituzionale

6,1 funzionamento organi istituzionali (Stato centrale e autonomie)

2,2 consulenze

23,2 mld €

5,2 altre spese (auto blu, personale Asl..)

2,6 funzionamento organi delle società partecipate

757 € per contribuente
1,5% del Pil

LE PERSONE IN POLITICA

1,1 milioni le persone che vivono direttamente o indirettamente di politica
5% del totale degli occupati nel nostro Paese

144.000 tra parlamentari, ministri e amministratori locali

24.000 consiglieri amministrazione delle società pubbliche

45.000 persone negli organi di controllo

39.000 persone di supporto degli uffici politici

324.000 persone di apparato politico (portaborse, collaboratori...)

545.000 persone che hanno contratti di consulenze e incarichi

Fonte: Uil

ANSA ·centimetri

" ITALIANI APRITE GLI OCCHI "
PERCHÈ LA CRISI DEVONO PAGARLA I CITTADINI?

USA
ABITANTI: 308 MILIONI

SENATORI: 100
1 OGNI 3 MILIONI DI ABITANTI

DEPUTATI: 440
1 OGNI 700 MILA ABITANTI

MINISTERI: 17

AUTO BLU: 90 MILA

CARBURANTE: € 0,79/LITRO

ITALIA
ABITANTI: 60 MILIONI

SENATORI: 315
1 OGNI 190 MILA ABITANTI

DEPUTATI: 630
1 OGNI 95 MILA ABITANTI

MINISTERI: 23

AUTO BLU: 650 MILA

CARBURANTE: € 2/LITRO
(56% ACCISE)

Comparazione

Stati Uniti
Abitanti: 300.000.000
Senatori: 100
Deputati: 435

Italia
Abitanti: 60.000.000
Senatori: 315
Deputati: 630

Se negli Stati Uniti facessero come noi, avrebbero:
1.575 senatori
3.150 deputati

Se in Italia facessimo come gli Stati Uniti, avremmo:
20 senatori
87 deputati

MDI

In Italia 670.000 auto blu, negli USA 72.000, tg2

AUTO BLU
Pubblica Amministrazione 2009

Italia	627.760
Stati Uniti	72.000
Francia	61.000
Regno Unito	55.000
Germania	54.000

Fonte: Associazione Contribuenti Italiani Tg2

QUANTE SONO — 574.215

ITALIA	
Usa	73.000
Francia	65.000
Regno Unito	58.000
Germania	54.000
Turchia	51.000
Spagna	44.000
Giappone	35.000
Grecia	34.000
Portogallo	23.000

I numeri del Campidoglio

- AUTO A NOLEGGIO DEL COMUNE (esclusa polizia municipale): **226** (254 autisti)
- AUTO PER FUNZIONI OPERATIVE: **117** (117 autisti)
- AUTO DI RAPPRESENTANZA: **109** (137 autisti)

Rappresentanza	auto	autisti
segreteria del Sindaco	2	4
il Capo di Gabinetto	1	2
il vice segretario generale	1	1
il Gabinetto del Sindaco	17	17
il Capo del cerimoniale	1	2
il Presidente dell'Assemblea capitolina	1	2
i vicepresidenti dell'Assemblea capitolina	2	2
i segretari d'Aula	2	2
gli assessori della Giunta capitolina	12	24
i capigruppo dell'Assemblea capitolina	9	9
l'Ufficio Stampa del Sindaco	1	2
il Segretario generale	1	2
i direttori e per i segretari dei Dipartimenti	30	30
i Presidenti di Municipio	19	19
i direttori di Municipio	19	19
il Direttore esecutivo	1	2
TOTALE	**109**	**137**

Spese ogni anno

5 milioni per
il noleggio

3,5 milioni per
il carburante

9 milioni per
la retribuzione
di 254 autisti

TOTALE:
17 milioni di euro

QUANTO GUADAGNA UN PORTABORSE IN ITALIA?

La recente vicenda del portaborse Antonello Nicosia e della deputata Giuseppina Occhionero (Italia Viva) ha riacceso i riflettori sui collaboratori dei nostri parlamentari: ecco quanto e cosa guadagnano in Italia e in Europa un Galoppino, cioè, chi lavorando per un personaggio potente, si mostra disponibile fino al servilismo.

In teoria il loro vero mestiere sarebbe: 'Collaboratori parlamentari', ma in Italia sono da sempre meglio conosciuti con il termine di portaborse, un epiteto povero e meschino che rappresenta una figura della bassa borghesia che ha anche ispirato un celebre film di Daniele Luchetti.

Dopo la clamorosa protesta avvenuta durante la scorsa legislatura e il caso riguardante Antonello Nicosia e la deputata di Italia Viva Giuseppina Occhionero, stanno emergendo particolari poco gratificanti per la nostra classe politica riguardo le modalità e, soprattutto, i pagamenti del lavoro in questione denominato: Galoppino.

Come spesso accade in questi casi, è stato inizialmente un servizio televisivo, della trasmissione *'Le Iene'* questa volta, a far conoscere una situazione lavorativa più che precaria sconosciuta ai più, ma che invece è ben nota da sempre alla nostra classe politica.

Nello stipendio di ogni parlamentare italiano ogni mese viene versata una lauta somma per pagare i propri portaborse, dovendone poi rendicontare ogni quattro mesi soltanto la metà. I collaboratori però, nella maggioranza dei casi, vengono pagati poco o anche nulla, nonostante abbiano un contratto regolare ma che rappresenta in realtà un'autentica chimera.

Da qui ecco che è scaturita la protesta davanti Montecitorio dei portaborse, con una delegazione della loro associazione di categoria che nell'ottobre 2017 è stata ricevuta dalla ministra Laura Boldrini, membro della Camera dei Deputati italiana.

L'allora Presidentessa della Camera si era impegnata poi di cercare di risolvere questa situazione dove però serve l'avallo dei parlamentari, tanto che anche in questa nuova legislatura le cose non sembrerebbero essere cambiate.

Precisamente, quanto e cosa guadagnano i portaborse in Italia?

Dietro il lavoro di ogni deputato e senatore c'è da sempre l'attività di uno o più collaboratori. Attivi in pratica sette giorni su sette, notte e giorno sempre disponibili e senza orari fissi di lavoro, i portaborse sono gli autentici *'deus ex machina'* che di fatto portano avanti la macchina parlamentare.

Durante la scorsa legislatura, alla Camera ne erano registrati 628 mentre al Senato il loro numero si aggirava sui 300. Un servizio de *'Le Iene'* del 2017 però ha acceso i riflettori sulla condizione lavorativa molto precaria dei portaborse.

Con una telecamera nascosta, una giovane collaboratrice del deputato centrista Mario Caruso ha smascherato i poco corretti usi di molti politici: portaborse pagati poco, non pagati per niente o pagati in nero o in natura, nessuna garanzia assicurativa, pensionistica o di altro genere fiscale e nell'occasione anche delle presunte avances sessuali.

Portaborse alla ribalta

Da qui ecco che è montata la protesta dei collaboratori parlamentari, che davanti a Montecitorio hanno dato vita a un sit-in per chiedere maggiori tutele. Ma allora, quanto guadagnano i portaborse in Italia?

Oltre al proprio stipendio e quant'altro, ogni mese i senatori ricevono 4.180 euro e i deputati 3.690 euro per le spese riguardanti l'esercizio di mandato, soldi quindi che servono per pagare i propri collaboratori e che ogni parlamentare deve rendicontare per il 50% ogni quattro mesi.

I pochi portaborse fortunati che possono vantare di avere un contratto regolare guadagnano all'incirca 1.200 euro al mese, mentre per tutti gli altri la media va dai 500 agli 800 euro. Al Senato il minimo sindacale è 375 euro, un'asticella che invece non esiste alla Camera.

Senza contare poi i tanti che lavorano a gratis, con i parlamentari che in questi casi li definiscono "volontari". Antonello Nicosia, ex portaborse della deputata Giuseppina Occhionero eletta tra le fila di 'Liberi e Uguali' e ora passata con 'Italia Viva', dopo il suo arresto si è scoperto come a registro prendesse solo 50 euro lordi al mese.

In cambio però poteva utilizzare a suo piacimento il tesserino da collaboratore parlamentare, che usava, secondo gli inquirenti, per fare da tramite tra i mafiosi in carcere e quelli fuori grazie alla possibilità di poter effettuare incontri in carcere.

Ma che fine fanno quindi i soldi versati ogni mese a deputati e senatori? Semplice, rimangono nelle disponibilità e quindi nelle tasche dei parlamentari, con il paradosso massimo di quel politico che anni fa andò a licenziare il proprio collaboratore portaborse, perché a sua detto, con quella somma doveva pagarci il mutuo della propria casa.

La differenza con l'Europa

Durante la protesta dei rappresentanti dell'Aicp, ovvero l'associazione di categoria dei collaboratori parlamentari in Italia, sono stati ricevuti da Laura Boldrini che si disse più che disponibile a sollecitare un intervento per risolvere questa situazione poco gloriosa per la politica nostrana.

In teoria basterebbero due delibere fatte dall'ufficio di presidenza del Senato e da quello della Camera per regolamentare la loro posizione, ma come già avvenuto nel 2015 il fronte politico questa volta è più che mai bipartisan nell'opporsi a ogni provvedimento che possa limitare le losche azioni libertine dei ministri.

Al Parlamento Europeo e negli altri paesi dell'Unione le cose funzionano in maniera differente: i politici scelgono i loro collaboratori che poi vengono assunti, oltre che pagati, direttamente dall'istituzione centrale.

I portaborse europei quindi possono contare su un regolare contratto di lavoro, con stipendi da 1.800 a 7.200 euro al mese, oltre a tutta una serie di tutele legali e assicurative, specie in materia previdenziale.

L'Italia invece rimane un mondo di ladri e in primis vi sono i politicanti. Difatti, i parlamentari nostrani tendono spesso a considerare il lavoro dei portaborse quasi un favore che fanno a giovani aspiranti politici, ed invece di dar loro il giusto salario in denaro che le spetta gli offrono in cambio, come paga, un ipotetico grosso bagaglio di conoscenza politica e di rapporti (public relations). Le pacche sulle spalle però difficilmente possono servire ai portaborse a pagare l'affitto della propria casa, le bollette e altre spese quotidiane.

Se venisse adottato anche da noi il metodo europeo, i nostri parlamentari però si vedrebbero togliere dal loro stipendio un'importante voce di entrata. Vedremo dunque se deputati e senatori durante questa legislatura acconsentiranno a fornire queste garanzie, che sarebbero basilari in ogni democrazia occidentale, ponendo fine alla precarietà dei loro preziosi portaborse.

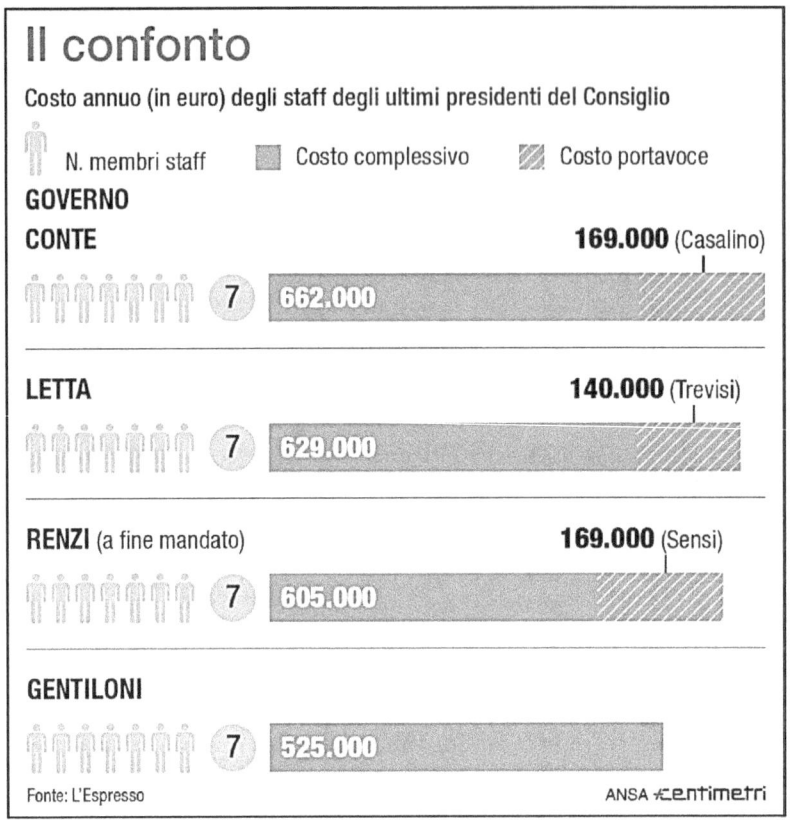

Il confonto

Costo annuo (in euro) degli staff degli ultimi presidenti del Consiglio

N. membri staff   Costo complessivo   Costo portavoce

GOVERNO

CONTE   **169.000** (Casalino)

7   **662.000**

LETTA   **140.000** (Trevisi)

7   **629.000**

RENZI (a fine mandato)   **169.000** (Sensi)

7   **605.000**

GENTILONI

7   **525.000**

Fonte: L'Espresso   ANSA *centimetri*

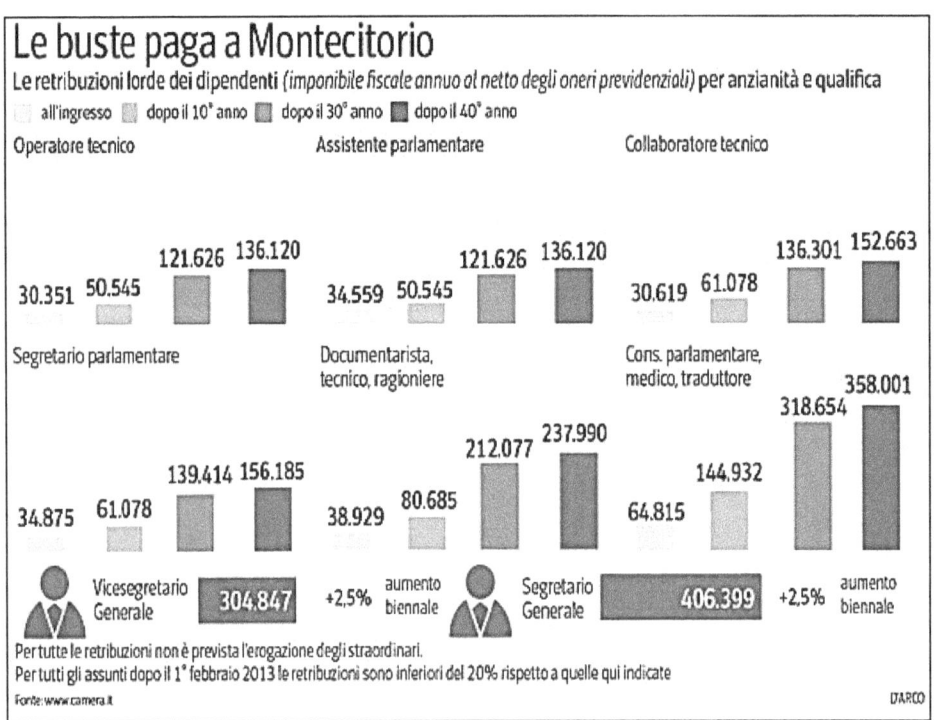

Le buste paga a Montecitorio

Le retribuzioni lorde dei dipendenti *(imponibile fiscale annuo al netto degli oneri previdenziali)* per anzianità e qualifica

all'ingresso   dopo il 10° anno   dopo il 30° anno   dopo il 40° anno

Operatore tecnico   Assistente parlamentare   Collaboratore tecnico

30.351 50.545 121.626 136.120

34.559 50.545 121.626 136.120

30.619 61.078 136.301 152.663

Segretario parlamentare   Documentarista, tecnico, ragioniere   Cons. parlamentare, medico, traduttore

34.875 61.078 139.414 156.185

38.929 80.685 212.077 237.990

64.815 144.932 318.654 358.001

Vicesegretario Generale   **304.847**   +2,5% aumento biennale

Segretario Generale   **406.399**   +2,5% aumento biennale

Per tutte le retribuzioni non è prevista l'erogazione degli straordinari.
Per tutti gli assunti dopo il 1° febbraio 2013 le retribuzioni sono inferiori del 20% rispetto a quelle qui indicate

Fonte: www.camera.it   D'ARCO

SECONDO STUDI IMPORTANTI
MOLTI DEL POPOLO ITALIANO SONO.....
IGNORANTI IN MOLTE MATERIE

Per strano che possa sembrare, l'Italia, era nell'antichità la culla della cultura e del sapere, oggi invece è diventata per molti la 'Patria dell'ignoranza in molte materie'.

Certo è che la frase: 'Ignoranti in molte materie' non è indirizzata a te che stai leggendo ed il fatto che hai letto quest'intero libro è una prova tangibile che di cultura e di vaste conoscenze in varie materie ne hai da vendere.

Secondo i ricercatori che hanno condotto lo studio: 'Perils of Perception', per Ipsos-Mori (società di ricerche di mercato nel Regno Unito), la maggior parte delle persone "ignora" la realtà e non conosce come stanno realmente le cose.

In ogni regione d'Italia, la ricerca ha analizzato le conoscenze generiche di migliaia di cittadini italiani su diversi temi di pubblico interesse: dal tasso di disoccupazione agli immigrati, dall'aspettativa di vita alla percentuale di cristiani e di musulmani, dalla politica all'economia, dal sistema monetario finanziario al commercio inter-nazionale e molte altre materie sociali.

Ebbene in tutti i paesi analizzati (Italia, Polonia, Francia, Spagna, Germania, Belgio, Ungheria, Svezia, Gran Bretagna, Giappone, Corea del sud, Australia, Canada e Stati Uniti), la conoscenza di molti temi di pubblico interesse sono risultate le più basse fra gli italiani.

Decenni di cattiva informazione e di disinformazione hanno ottenuto risultati deludenti e oggi troppi italiani non sanno cosa avviene intorno a loro.

Ad esempio: nel Bel Paese, la gente pensa che il 30% della popolazione sia composta da immigrati, ma in realtà questi sono "solo" il 7%.

Se è pur vero che l'età media sta aumentando, non è vero, però, come crede la maggioranza degli italiani, che il 48% della popolazione è over 65 (in realtà è solo 21%).

Per non parlare di aspetti legati all'economia: la maggioranza degli intervistati pensa che il tasso medio di disoccupazione per l'anno 2019 sia del 49% (in realtà è inferiore al 12%).

Questa è una situazione tragica sintomo di una voglia di sapere che in Italia ormai non c'è più. Lo confermano i dati dell'Aie, l'associazione italiana editori, presentati alla Buchmesse, la Fiera del libro di Francoforte. Gli italiani non leggono più. Ciò non sorprende, i dati peggiori sono manager, dirigenti e politici: più della metà della popolazione (il 58,8%) non legge nemmeno un libro in un anno. Ben diversa la situazione in altri paesi: in Spagna a non leggere è il 37,8%, e il 30% in Francia.

Una mancanza di "fame di sapere" che riguarda anche i "dottori": oltre un quarto dei laureati dopo aver conseguito il titolo smette di leggere per svago o nel tempo libero. E se si cerca tra gli individui più potenti, i più ricchi, i politici e i dirigenti di multinazionali la situazione è ancora peggiore: il 39,1% non legge, nemmeno un volume ogni dodici mesi.

Ancora una volta impietoso il confronto con altri paesi: in Spagna e Francia i laureati, i politici e i dirigenti di piccole e grandi aziende che non sentono il bisogno di apprendere sono meno della metà rispetto all'Italia.

«Un dato impressionante – ha riferito Federico Motta, presidente dell'Aie – che porta a una semplice riflessione: Viviamo nella modernissima società della conoscenza all'avanguardia, dove la capacità competitiva del paese risiede proprio nella sua cultura. Con questi dati siamo destinati al declino».

Le conseguenze sono sotto gli occhi di tutti: politici e manager che leggano così poco sono un problema dato che come ha ripetuto Motta: «È questa la categoria che amministra l'Italia. Ma questo, certamente nemmeno loro lo sanno».

È un problema che comincia già in tenera età: i giovani, distratti da social network, programmi tv e discoteche, non sono più stimolati a leggere (e ad apprendere oltre che a crescere culturalmente).

«Il tema vero è che l'Italia è un paese che non parte dall'inizio, dalla scuola, dai ragazzi, che non fa crescere ed educare la gioventù nella cultura della lettura, e quindi evidentemente non forma un popolo di lettori», hanno sottolineato i ricercatori di Mori (Market and Opinion Research International).

Un problema che pare i politici italiani non comprendano (del resto come potrebbero essendo loro i primi a non leggere): i fondi destinati ai libri e alla lettura in Italia sono sempre di meno e, anche in questo settore il confronto con gli altri paesi è pietoso.

Promesse rimaste senza attuazione come quelle fatte da Ilaria Carla Anna Borletti Dell'Acqua, coniugata Buitoni, ex sottosegretario del ministero dei Beni e delle Attività Culturali:

«Non si può avere sviluppo civico, prima ancora che culturale e sociale, senza il libro: chi vorrebbe consegnarlo al passato, pensa solo al suo supporto materiale. Non considerando che esso potrà cambiare con il mutare delle tecnologie, senza con ciò esaurire la insostituibile funzione del libro nella civiltà moderna».

Quali saranno le conseguenze di tutto ciò?

A dare una risposta è stato uno studio condotto in Francia che ha creato un indice: 'Youthonomics', per calcolare quali nazioni offrano le maggiori opportunità professionali per i ragazzi tra i 15 e i 29 anni sulla base di 59 parametri. I risultati per il 2015 hanno visto primi in classifica Norvegia e Svizzera. Settima la Germania. Solo 32esima l'Italia su 64 paesi esaminati (ma per alcune voci, come "capacità di accesso al mondo del lavoro" il risultato è preoccupante: i giovani italiani sono quasi ultimi, 62esimi).

Questi citati sono numeri, studi e analisi che dovrebbero far pensare. Ammesso che qualcuno, nelle stanze del potere, legga ancora.

EPILOGO

LA GLOBALIZZAZIONE: CHI VUOLE IL SUPER GOVERNO MONDIALE?

In un recente articolo intitolato "Perché serve una leadership mondiale" a firma del prof. Giulio Sapelli, l'autorevole professore ed economista offre una ricostruzione delle cause e delle dinamiche che hanno prodotto la crisi sistemica dell'economia mondiale.

Prendendo le mosse dalla mancanza di una leadership mondiale, l'analisi del professore mette sotto la lente d'ingrandimento i meccanismi di malfunzionamento della governance europea e mondiale, e in particolare l'incapacità delle banche centrali di rispondere alle crisi finanziarie, quando queste banche non godono più della fiducia dei mercati a causa della loro incapacità di rispondere ad una crisi sistemica, che non scaturisce più semplicemente da una contingenza passeggera negativa, ma da cause strutturali e permanenti.

In questo caso la risposta a questi squilibri, secondo Sapelli, è da cercarsi nella creazione di una leadership mondiale che si prenda la responsabilità di rimediare ai guasti delle politiche degli attori attuali, da essere sostituiti con dei nuovi organismi di carattere sovranazionale che il professore non identifica chiaramente, e soprattutto non fornisce coordinate esaustive sui meccanismi di determinazione di questa nuova supergovernance mondiale.

Questa nuova struttura sovranazionale da chi e da cosa sarebbe legittimata?

Quali sono i suoi componenti?

Una questione che al momento ancora non sembra chiarita, ma a suscitare perplessità è il capovolgimento di causa ed effetto di quest'analisi, ovvero individuare la soluzione nel problema stesso.

Come può essere l'accrescimento di potere e influenza della governance mondiale sulle singole politiche nazionali la risposta al problema, quando fino ad oggi essa ha permesso e incoraggiato quelle crisi sistemiche scaturite dalla liberalizzazione dei mercati finanziari?

Le origini della globalizzazione

Già nel lontano 1995 fu pubblicato un rapporto delle Nazioni Unite redatto dalla Commissione ONU sulla governance globale, dal titolo "Our global neighbourhood", nel quale viene descritto il futuro che in particolare oggi (periodo dal 2020) stiamo vivendo e i nuovi meccanismi di regolazione dell'economia mondiale, del diritto internazionale e dei cambiamenti climatici.

La soluzione che viene avanzata per risolvere i problemi delle società contemporanee passa attraverso l'istituzione di una nuova governance sovranazionale di carattere mondiale che regoli tutti i principali settori delle società moderne, dall'economia all'ambiente, passando per la regolazione degli armamenti.

Lo scopo di questa nuova alba della globocrazia, secondo i suoi promotori, sarebbe quello di rimuovere le diseguaglianze sociali e favorire il dialogo tra gli stati nazionali, attraverso lo strumento del diritto internazionale, divenuto cogente anche per quegli attori nazionali che rifiutano la sua legittimità.

La visione che viene offerta dalla commissione delle Nazioni Unite, di conseguenza, considera superati e inadeguati i singoli stati nazione e la loro capacità di far fronte da soli alle sfide che solamente una leadership mondiale può superare.

Quello che viene taciuto nella relazione, intenzionalmente o meno, è il fatto che se i singoli stati nazione non riescono più a rispondere adeguatamente alle crisi economiche e sociali del proprio paese, è perché essi sono stati privati dei loro fondamentali strumenti di intervento nell'economia e nella legislazione sociale.

Si prenda, ad esempio, il caso della Banca Centrale Europea (BCE), accusata di aver perso la fiducia dei mercati e di non saper rispondere efficacemente alle tensioni deflazionistiche che affliggono l'eurozona.

Questa osservazione trascura che la BCE è priva di tutti gli strumenti tradizionali dei quali sono dotate tradizionalmente le banche centrali, dal momento che essa non può agire né da prestatore di ultima istanza, né può finanziare il deficit degli stati membri in modo tale da sostenere quelle politiche anticicliche essenziali per accelerare la ripresa della domanda aggregata.

La BCE è stata strutturata osservando un preciso modello ideologico adottato anche dalle altre istituzioni della governance europea e mondiale, che assegnano un ruolo negativo alla presenza dello Stato nell'economia e prevede un'astensione di questo attore nell'indirizzo dei processi economici e sociali.

Su questo il prof. Sapelli non manca affatto di riconoscere i limiti di applicazione di questo modello e puntualizza "la disgrazia della perdita della sovranità monetaria nazionale", sulla quale oramai convergono anche gli economisti un tempo più vicini alle ragioni dell'euro.

A non convincere sono i passaggi successivi del ragionamento, che piuttosto che auspicare un ritorno alla sovranità monetaria, si spingono fino ad approdare nel territorio sconosciuto della supergovernance globale.

Sostanzialmente quella che viene chiamata governance mondiale altro non è che l'adozione del modello economico e sociale statunitense, e il trasferimento delle sovranità degli stati nazionali nelle mani di Washington, ciò non ha fatto altro che ampliare enormemente il suo raggio d'azione e la sua capacità d'ingerenza in Europa grazie soprattutto alla creazione dell'Unione europea, che lungi dall'esaltare le sovranità degli stati membri si è rivelata una tigre di carta piegata dagli interessi degli Stati Uniti.

Dunque qual è il senso di invocare l'esigenza di una leadership mondiale ancora più forte, oramai divenuta inderogabile secondo i suoi profeti, quando essa ha completamente fallito fino ad oggi in ogni settore della vita economica e sociale?

Vengono in mente a tal proposito le parole di Ettore Gotti Tedeschi, ex presidente della "Banca vaticana" (IOR), che in una recente intervista al Giornale ha dichiarato che ci sono forze che "vogliono un supergoverno mondiale".

La riflessione che ancora non viene fatta negli ambienti vicini alla governance globale, è quella di interrogarsi sui rischi che tutto questo comporta.

Imporre un processo di cessione di sovranità ancora più forte all'Europa rischierebbe sul serio di far deflagrare una volta per tutte le tensioni già fortissime in una spirale di rivolte dagli esiti imprevedibili.

Purtroppo sembra ancora una volta che si decida di perseguire a ogni costo un'idea che la storia e l'economia hanno già condannato, e forse la lezione non è stata ancora appresa appieno.

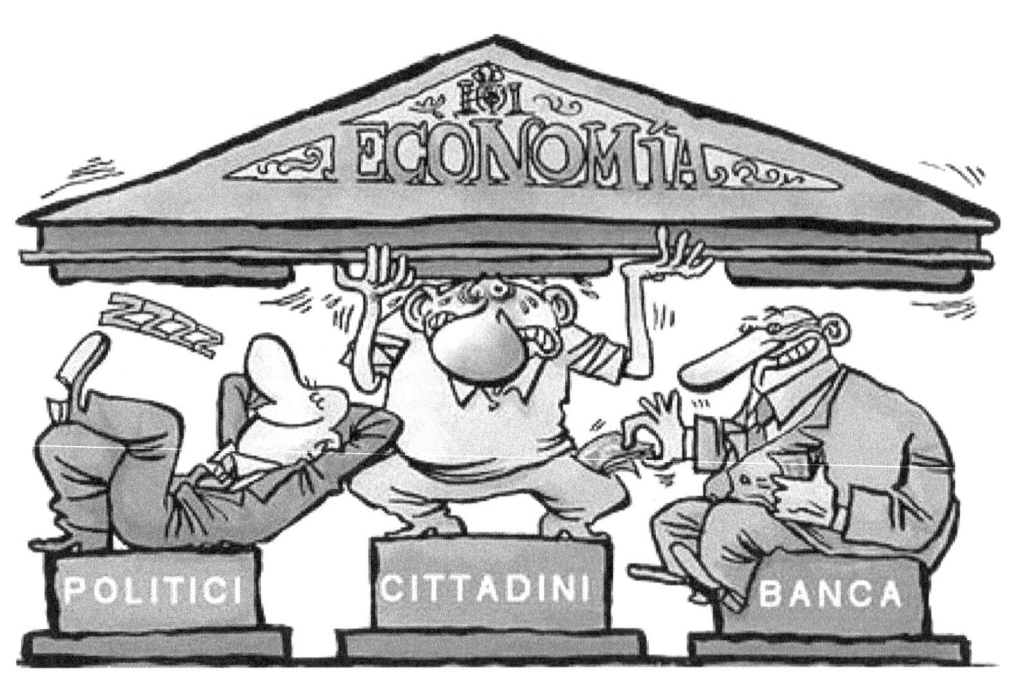

Presidente

Camera dei deputati

Governatori

Municipio

FONDI

Il popolo

RINGRAZIAMENTI

L'Autore ringrazia vivamente la disponibilità ottenuta da Autori, Editori, Giornalisti, Fotografi e altri nella ricerca, supporto e gentile concessione della delibera ricevuta sui diritti letterari e iconografici ottenuti a prestito/uso attraverso basilari edizioni, pubblicazioni, articoli di cronaca, stampe propagandistiche, opuscoli, elenchi e cataloghi d'informazione culturale, sociale e materiale didattico riguardanti il tema: "I DOMINATORI DEL MONDO ATTUALE".

Questa cooperazione di collegamento ha portato a sublimare l'obiettivo dell'Autore, pervenendo a risultati di notevole efficacia a favore del comune interesse pubblico riguardo alla prestigiosa attività enologica e la disciplina tecnica della viticoltura nazionale.

L'Autore si dichiara pienamente disponibile ed in particolare verso gli aventi diritto, a qualsiasi titolo, per gli articoli e le opere letterarie descritte e riportate in questo libro, ma non potuti in precedenza ed in nessun modo possibile e ripetutamente trovarne e reperirne gli Editori, Autori e chi in possesso dei diritti riservati.

Augurandoci di non aver commesso errori di attribuzione e di non aver omesso, contro la nostra volontà, qualche indicazione di fonte, l'Autore elenca di seguito tutti coloro che, direttamente e indirettamente, hanno contribuito o concesso la propria collaborazione, e a buon rendere li ringrazia nuovamente.

Gino Strada:
"le guerre sono state sempre decise dai ricchi e dai potenti che hanno mandato a morire i figli dei poveri"

NOTA INFORMATIVA & COPYRIGHT

BIBLIOGRAFIA & FONTI DI RIFERIMENTO

• Pag. 7 – 8: ilfattoquotidiano.it/2017/07/09/i-1000-fantasmi-che-governano-il-mondo/3715065/

• 9 – 11: saper-link-news.com/padroni-del-mondo-usano-queste-25-regole-soggiogarci-tutti-leggi-la-lista/

• 17 – 24: cosco-giuseppe.tripod.com

• 25 – 30: mednat.org/misteri/nuovo_ordine.htm
macroedizioni.it - nuovo libro di Marcello Pamio.

• 31 – 42: nodo50.org/ceprid/spip.php?article1238
Comité Independencia y Soberanía para América Latina (CISPAL)
Traducido por Alba Canelli

• 43 – 50: it.wikipedia.org/wiki/Teoria_del_complotto_del_Nuovo_ordine_mondiale

• 63 – 67: bilderbergmeetings.org/index.html - nwo.it/lista2019.html - nwo.it/signori.html
nwo.it/bilderberg-analisi.html

• 69 – 70: controinformazione.info/il-vaticano-al-club-bilderberg/ - Il Pensiero Forte - di Roberto Pecchioli

• 71 – 74: (Leonardo Boff, sintesi dell'intervista: "La teologia della liberazione" rilasciata a "Ihu on line" e ripresa da
"Megachip".
libreidee.org/2012/10/boff-capitalismo-terrorista-e-la-chiesa-ne-e-complice/

• 75 – 79: - andreabizzocchi.it/il-controllo-dellumanita-e-cosa-fare/ - Andrea Bizzocchi.

• 81 – 89: Global Research 7/6/2011 - ilupidieinstein.blogspot.com
thelivingspirits.net/la-grande-cabala-mondiale-alias-l-elite-alias-spietatezza-e-predazione/
di Cristina Bassi.

• 91 – 93: controinformazione.info/i-veri-padroni-del-mondo-sconosciuti-al-pubblico/
Alfredo Jalife Rahme - Luciano Lago.

• 95 – 97: Sputnik Mundo - Luciano Lago
controinformazione.info/chi-governera-il-mondo-dopo-la-morte-di-david-rockefeller/

• 99 – 105: libreidee.org/2012/05/barnard-attenti-a-quei-30-sono-loro-che-ricattano-il-mondo/

• 107 – 110: libreidee.org/2012/08/padroni-del-mondo-la-mappa-del-super-potere-invisibile/
C.Alessandro Mauceri
ilsovranista.it/nuova-classifica-dei-piu-potenti-del-mondo-e-renzi-non-ce/

• 111- 114: globalresearch.ca/pentagon-concludes-america-is-not-safe-unless-it-conquers-the-world-us-plans-war-against-
russia/5461706
controinformazione.info/si-prospetta-un-ordine-post-occidentale/
Luciano Lago - Cristina Bassi
news.usni.org/2015/07/02/document-2015-u-s-national-military-strategy

• 115 – 116: youtube.com/watch?v=ILQepXUhJ98
traduzione e sintesi Cristina Bassi, per www.thelivingspirits.net
thelivingspirits.net/george-carlin-avete-chi-vi-possiede-non-la-liberta-di-scelta/

• 117 – 128:
contropiano.org/news/news-economia/2019/01/13/leuro-non-e-un-errore-di-calcolo-0111382
ilfattoquotidiano.it/2016/01/18/quelli-che-leuro-era-giusto-ma-il-cambio-era-sbagliato/2385235/
ilfattoquotidiano.it/2019/02/25/euro-studio-tedesco-la-germania-ci-ha-guadagnato-piu-di-tutti-per-gli-italiani-perdita-di-
73mila-euro-pro-capite/4996163/

• 137 – 141: L'ARTICOLO È LIBERAMENTE ISPIRATO AL SAGGIO DI NICK PARKINS SU NEW DAWN: "DO
PSYCOPATHS RUN THE wORLD?".

maurizioblondet.it/psicopatici-al-potere-plasmano-la-societa-della-malevolenza/
"BEHAVIOURAL sCIENCES AND THE lAW" by P. Babiak, C.S. Neumann, R.D. Hare, Corporate psychopathy:
Talking the walk
(D. Pearse, "Facebook's dark side: study finds link to socially aggressive narcissism," THE GUARDIAN, 17 March 2012).
newdawnmagazine.com/articles/do-psychopaths-run-the-world
businessinsider.com/steve-jobs-jerk-2011-10?IR=T
noticiasurbanas.com.ar/noticias/hugo-marietan-donde-hay-poder-hay-psicopatas/
INTERVISTA DI LAURA DI MARCO - Trad. Gabriella Maddaloni
M.E: Thomas: "CONFESSIONI DI UNA sOCIOPATICA. vIAGGIO NELLA MENTE DI UNA
mANIPOLATRICE".
en.m.wikipedia.org/wiki/Pizzagate_conspiracy_theory

• 143 – 145: medicaldaily.com/psychopath-definition-may-be-different-you-thought-7-facts-about-psychopaths-
361112?rel=most_shared1
thelivingspirits.net/psicopatia-e-psicopatici-in-7-punti/
artedisalvarsi.wordpress.com/2018/09/18/psicopatici-e-potere-politico/
Hugo Marietán

• 147 – 151: libreidee.org/2012/04/speculano-sulla-fame-lonu-tagliamo-i-viveri-alla-finanza/
libreidee.org/2013/11/la-grande-sete-senza-cibo-per-tutti-un-futuro-di-guerre/

• 153 – 157: libreidee.org/2017/09/inuit-e-nasa-i-ghiacci-disciolti-inclinano-lasse-terrestre/
libreidee.org/2017/08/sos-rischiamo-unestinzione-di-massa-la-sesta-sulla-terra/

• 159 – 163:
libreidee.org/2017/04/clima-impazzito-ce-il-rischio-di-mezzo-miliardo-di-profughi/
libreidee.org/2016/11/apocalisse-in-arrivo-oltre-300-milioni-di-rifugiati-climatici/
micidial.it/2019/05/sta-arrivando-ma-nessuno-vi-dice-cosa/
libreidee.org/2019/05/la-grande-paura-sta-arrivando-ma-nessuno-vi-dice-cosa/
Maria Rita D'Orsogna, Fisica e docente all'Università della California - Massimo Bordin

• 169 – 172: panorama.it/news/stipendi-politica-stipendi-paghe-presidente/
Anna Maria Angelone

• 173 – 178: montecarlonews.it/2019/01/29/notizie/argomenti/business/articolo/stipendi-dei-politici-a-confronto-gli-
italiani-sono-i-piu-pagati.html
agi.it/fact-checking/stipendi_parlamentari_m5s-4799457/news/2019-01-05/

• 179 – 184: money.it/Taglio-parlamentari-cos-e-testo-riforma-cosa-prevede
money.it/Stipendi-parlamentari-quali-piu-alti-in-Europa-quanto-spende-l-Italia
money.it/Movimento-5-Stelle-programma-elettorale-elezioni-politiche
m.famigliacristiana.it/blogpost/stipendi-dei-parlamentari-il-mandato-e-d-oro.htm
money.it/Stipendi-parlamentari-senatori-deputati
lanotiziagiornale.it/onorevoli-stipendi-col-trucco-ecco-il-reddito-che-piace-ai-dem-parla-m5s-macina/
Antonio Pitoni - Alessandro Cipolla

• 187 – 189: money.it/quanto-guadagna-portaborse-stipendio-Italia-Europa
Alessandro Cipolla

• 191 – 192:
ilsovranista.it/italiani-popolo-di-ignoranti-secondo-certi-studi/
istat.it/it/archivio/disoccupati
C. Alessandro Mauceri

**LIBRI IN FORMATO
CARTACEO E DIGITALE**

Sergio Felleti è uno scrittore italo-olandese.
Oltre che in molte lingue, in italiano ha scritto più di 60 libri che trattano svariati argomenti.
Alcune delle sue opere sono divenute Best-Seller in tutto il mondo.

Tutti i suoi libri si possono acquistare e/o ordinare
nelle migliori librerie fisiche,
oppure, direttamente presso tutti gli Store online, tra cui:
https://www.sergiofelleti.it
www.youcanprint.it/autori/10961/sergio-felleti.html
www.amazon.it/Sergio-Felleti/s?k=Sergio+Felleti

Amazon Independently published

Disponibile su

www.ingramcontent.com/pod-product-compliance
Lightning Source LLC
Chambersburg PA
CBHW080827220526
45467CB00008B/2214